JN202342

唱歌教育の展開に関する
実証的研究

嶋田 由美

【著】

学 文 社

1. 文中の「唱歌」,「唄」,「歌唱」,「唱え」という用語については,以下に基づいて区分している。

    「唱歌」については,教科としての「唱歌」を示す場合には,「唱歌」または「唱歌科」と表示する。

    本書が扱う時期において作られた歌唱教材を「唱歌」という用語を用いて表す。

    「唄」は,特に「数えうた」などの俗謡を表す場合に用いる。

    「歌唱」は歌うという音楽的な行為を表す。

    「唱え」は,「唱歌」あるいは「唱歌集」と表記されているものでも,楽曲が付されていなかったり,楽曲が付されていたとしても旋律を伴わずに,歌詞のみを音に表出する活動について用いる。

2. 引用文献の旧字体漢字は,原則として原文のままとする。また個人や書籍名などの旧字体も原文のままとする。なお,本書が対象とする時期の刊行物には1冊の唱歌集や1つの記事の中に新旧の字体が混在しているものが多いが,本書では引用する箇所の表記のままとする。

3. 平仮名・片仮名交じり文は原文のままとしたが,変体仮名は原則,通用の字体とする。

4. 曲集については『 』を用い,個々の曲については《 》内に曲名を表記する。ただし,『地理教育鐵道唱歌』などのように明治期出版の長い歌詞を持つ唱歌の中には1曲のみが冊子体で出版される場合も多く,このように冊子体で出版されている場合には『 』で表記する。また《軍歌》のように歌詞のみの出版のものの中にも唱えることでリズムを得て歌唱行為に繋がる歌詞も多く,その場合には唱えのみの歌と見なし《 》を用いて歌詞名を表記する。

5. 文字の脱字・誤字等については〈ママ〉を付す。

6. 引用資料の出版は年月まで示すが,一部,新聞や『教育時論』などのよう

に毎日，もしくは月間に複数回，出版された資料については月日まで示す。

7．資料，及び譜例は可能な限り原著から複写し，各々の出典を出所）として記す。

8．表は巻末に通し番号を用いて表記する。

9．注は各章ごとの脚注とし，また，資料と譜例には各章ごとに通し番号を付す。

序　論
研究の課題と方法

1.　問題意識と課題の設定

　1872（明治5）年に「學制」によって，はじめて「唱歌」という科目名が示されて以降，小学校において全国的な規模で唱歌教育が展開され，形を整えるまでには，40年近くに及ぶ年月が必要であった。西洋音楽が導入されて間もないこの時期にあって，音楽教育の必要性を啓蒙し，唱歌教材を整え，唱歌教員の養成にも努めながら，学校教育の教科として唱歌科を確立させていく過程には，さまざまな困難があったことは想像に難くない。新しく「唱歌」という科目を加設し，教科としての必要性を人びとに認知させるにあたって，唱歌教育は何に依拠して，推進されようとしたのであろうか。

　開始当初の紆余曲折を経て，唱歌教育が一応，全国で実施されるようになったと考えられる1910年前後，すなわち，明治末年には，唱歌教育というものの姿の輪郭はかなり明確にされてきていた。それは，一言でいうならば，「徳性ノ涵養」に資する唱歌教育の内容と方法であった。

　これまで，音楽教育の歴史を語る時，唱歌教育の開始期から戦前に至って，一貫してこの「徳性ノ涵養」のための唱歌教育という表現がなされてきた。勿論，この間の学校教育そのものが，「徳性ノ涵養」，すなわち，徳育を中心として展開されていた以上，唱歌教育もこの問題と当然，不可分ではあり得なかった。しかし，唱歌教育によってどのように徳性を涵養しようとしたのか，何故，この問題が大きく唱歌に委ねられたのか，あるいは，徳育に向けて邁進する学

校教育全体の中で，唱歌がどのように寄与していたのかという問題に及んだ研究の成果は決して十分とは言えないように思われる。

この間に出版されたさまざまな唱歌集の分析，教員養成の歴史，あるいは，主導的な立場にあった個別な唱歌教育者に関する研究，さらには，各地における唱歌教育の展開に関する事例研究など，個々には研究が推進されてきているが，これらの事象を生み出すに至った当時の学校教育の思潮や，音楽文化的な側面を視座に入れた研究の中でこそ，これら個々の研究の成果も語られるべきではないであろうか。

「唱歌」が持つ特性が，当時の教育が目指したものに，どのように寄与したのかという点を踏まえ，学校教育全体の流れの中で，唱歌という教科に課せられた役割と位置づけを明らかにしてはじめて，「唱歌」に立脚して推進されてきた日本の音楽教育の特殊性が明確になると考える。そして，そこから，今後の音楽教育を考える上での多くの示唆も得ることができるであろう。

本書はこのような課題意識に基づき，わが国における唱歌教育展開の特殊な要因を探り，その展開の過程を明らかにしようとするものである。この期の学校教育が目指していたものと，それを取り巻く社会の唱歌の捉え方や音楽文化を横軸とするならば，これまでの研究で明らかにしてきた唱歌教育推進に大いに貢献したと考えられる諸教材，たとえば，「数えうた」，軍歌，一連の郷土地理唱歌，及び歴史唱歌という唱歌教材の移り変わりを縦軸とし，その両軸が輻輳的に織りなす様相を関連させて眺めた時に，唱歌教育の展開の全体像が明確になると考えるのである。

ところで，ここに記した唱歌教材には，共通した特徴が見出される。それは，いずれも，ある一定の音数律の型による歌詞をもつという特徴である。すなわち，これらの唱歌のほとんどは，七五という音数律を基に，その音数律に合わせて，替え歌詞的に延々と続く長い歌詞が付けられるという共通の特徴を有している。一方，楽曲の面では，これらの唱歌の大部分は，この七五調の歌詞を調子よく唱えるに適した，付点を伴う同音反復のリズムを主体とする，ある種，定型的な曲調で作られるのが常であった。加えて，人びとの唱歌に関する関心

は，楽曲面にではなく，その歌詞に何が詠われているかという点に向きがちであったことが，唱歌について述べられたさまざまな文献史料から明らかである。

　唱歌教育の展開の時期に先立つ1880年代は，『新體詩抄』発刊を契機として，いわゆる「新体詩」運動が起こり，七五調による歌詞が盛んに作られ，唱えられていた時代であった。そして，唱歌教育もまた，この「新体詩」運動から大きな影響を受けていた。このような，歌詞偏重とも言える唱歌の捉え方こそが，時の教育観をうまく歌詞に取り込める要因となり，唱歌教育を展開していく際に大きな作用を及ぼしたのではなかろうか。端的に言えば，歌詞による徳育に向けた唱歌教育のあり方こそが，唱歌教育推進の大きな要因となったと考えられるのである。

　何をもって唱歌教育が展開したと考えるのかは，このような研究推進にあたっての大きな課題であるが，本研究では，展開期を，1890年前後から1910年前後までの約20年間と考える。それは以下のような理由による。1890（明治23）年はわが国の教育史にとって大きな意味のある年であった。すなわち，10月に「小學校令」が公布され，「教育勅語」が発布されたからである。ここで教育目標が明確に示されたこと，そして，「教育勅語」の翌年には「小學校教則大綱」が出され，教科の内容が詳細に定められたことにより，この後，徳育を中心とする公教育の内容が明確にされていくことになるからである。とりわけ唱歌教育にとっては，他教科よりも一層，この一連の法令整備は大きな意味を持っていた。何故なら，それまで遅々として進まなかった唱歌の加設が，ここへ来て，一気に推進される傾向が見られたのである。また，「教育勅語」と「小學校教則大綱」で示された具体的な徳目は，唱歌の歌詞の内容をそこに求めることによって，唱歌の必要性を人々に認知させるという唱歌教育の依拠すべきところを示したという点で，他教科以上に大きな意味を唱歌にもたらしたのであった。加えて，儀式を中心とする学校行事の確立は，日々の唱歌教育の充実を促すものであった。

　このように，1890年を区切りとして，教育全体の方向性が明確になったことが，唱歌教育推進の直接的なきっかけになったと考えられる。そして，1910年

前後には，ほぼ全国的な規模で唱歌の加設が終わり，唱歌教育は新しい局面を迎えることになる。それは，1910（明治43）年に文部省が『尋常小學讀本唱歌』を発刊し，引き続き，大正初期までの数年間にわたって『尋常小學唱歌』を編纂発行したことによる。国定教科書ではなかったものの，小学校用としては『小學唱歌集』以来の大がかりな官製の唱歌集の刊行は，唱歌教育のあり方を方向づけるものであった。またこの『尋常小學讀本唱歌』，及び『尋常小學唱歌』所収の唱歌の多くは，明治年間に作られた一連の唱歌とは異なる曲調を持つものであった。

　以上のような視点から，本研究では1890年から1910年前後に至る約20年間を，唱歌教育展開の時期として捉え，研究の対象時期とする次第である。

　さらに，この20年の間には，わが国の音楽文化にとって記憶しておかなくてはならない大きな事象があった。それは，日清戦争を契機とした軍歌の台頭と，1900（明治33）年の『地理教育鐵道唱歌』出版に端を発する一連の郷土地理唱歌の隆盛である。これら軍歌や郷土地理唱歌は，流行と同時に，唱歌教育の中にも教材として積極的に採り入れられ，むしろ，唱歌教育の主教材的な扱いを受けて教授されていくことになった。そして，これらの軍歌や唱歌の楽曲面でのスタイル，すなわち，七五調の歌詞に合わせた付点を持つ同音反復の曲の形態は，今日に至っても，この時期の唱歌特有のスタイルとしての共通のイメージを与えるものになった。

　このような意味で，本書が対象とする時期は，140年余に及ぶ日本の音楽教育史の礎を築く重要な時期であり，唱歌教育展開の要因とその実態を明らかにすることは，音楽教育史研究にとって必須の課題であると考える。

2．先行研究について

　本書は前項でも述べたように，歌詞による徳育のための唱歌教育のあり方が，唱歌教育推進の大きな要因となったという仮説に基づき，唱歌教育が展開されていくその要因と実態を明らかにしようとするものである。この観点からこれ

までの先行研究を眺めると，同時期を扱ったものとしては，直接的に先行研究として挙げられるものが少ない。しかしながら，次の二つの研究者の研究とその成果としての著作は，本研究とは対象の時期が若干異なってはいるが，洋楽導入から唱歌教育の開始，そして展開へと続く一連の唱歌教育史研究の流れの中で，本研究にも多大な示唆を与え，かつ，研究の方法を示してくれた貴重な先行研究としてここに記しておかなければならない。

　その一つは，山住正己の『唱歌教育成立過程の研究』（1967年初版　東京大学出版会）である。同書については，これまでにも多くの研究者がその研究成果をさまざまな機会に論じてきたので，ここで改めて言うまでもないが，ここに示されたあらゆる方面からの精力的な史料収集の方法とその精査，そして，史料に基づく唱歌教育成立の過程の解明は，本書にとって多くの示唆を与えてくれるものであった。この研究の中で山住は，京都女学校が出版した『唱歌』の内容や1880年前後の俗歌の改良などに触れながら，唱歌教育が開始されようとしていた当初から，「唱歌が徳育の手段として期待されていた」（p.20）ことを論じている。そして，音楽取調掛関係資料の丹念な調査発掘によって，『小學唱歌集』の編纂にあたって文部省が「徳性ノ涵養」を歌詞に盛り込むことを求め，この唱歌集が「緒言」によって，「唱歌教育の目的が『徳性ノ涵養』『人心ヲ正シ風化ヲ助クル』ところにあると，はっきりきめ」（p.96）られていく過程を明らかにした。さらに山住は，「祝日大祭日唱歌」が制定されたことが，唱歌教育の成立に大きな影響を与えたと指摘し，なおかつ，日清戦争が近づくに及んで軍歌が唱歌教育でも扱われ始めたことにも言及している。唱歌教育が成立していく過程について山住が明らかにしたこれらの諸点は，本書が対象とする，唱歌教育が展開されていく時期の中にも，基本的に受け継がれている点である。したがって，本書では，山住が明らかにした成立期以降，唱歌教育が全国的な規模で展開されていく時期に，「徳性ノ涵養」と定められた目的のもとで，唱歌教育がさまざまな種類の教材を得て実施され，その結果として，学校教育の中で確固とした位置づけを得るに至った過程を実証的に解明していくことが必要となろう。

先行研究として挙げるべきいま一つは，河口道朗の『音楽教育の理論と歴史』（1991年　音楽之友社）と『近代音楽教育論成立史研究』（1996年　音楽之友社）である。この両著作もまた緻密な史料検討に基づいた，唱歌教育の原理と方法の体系に関する優れた研究成果であり，研究手法に関してここからも多くの示唆を得ることができた。河口が前著において，「かくて，本来，『新曲』である唱歌は国楽創成への方向よりも，もっと現実的で功利的な役割を担い，学校教育において，はじめは体育と徳育の両側面において，後には，〈中略〉つまりは徳育の手段となっていった。」（p.192）と述べていること，また，後著において，伊澤修二自身の唱歌に関する「演述」を詳細に検討した上で，この当時の唱歌教育について，「唱歌はその歌詞を通して『徳育』の役割を担い」（p.270）というように歌詞による徳育との関係を明確にし，さらに，「徳育としての唱歌教育」（同上）と結論づけていることは，本研究を進めるにあたって大きな動機づけとなるものであった。本研究は，この河口が指摘した「歌詞を通して」徳育の役割を担った唱歌教育が，全国的に展開されていく過程に関して，唱歌教材の歌詞の具体的な内容を検討しながら実証的に論じようとするものである。

このような先行研究を踏まえ本書では，唱歌教育が成立した後に，「徳育の手段」となり，実際にはどのように展開されていったのかを明らかにするために，これまでの学会誌等掲載の研究論文に加筆，修正し，整序するという手順をとって学術書としてまとめてみたいと考えたのである。

従来，唱歌教育の展開の実際については，まとまった研究成果が明らかにされなかったが，それは，研究対象の複雑さによる要因もさることながら，特に，史料的な側面の問題によるところが大きかったと思われる。

今日，国立国会図書館等所蔵のこの時期の貴重な史料がマイクロフィルム化され，「国立国会図書館デジタルコレクション」をはじめとして閲覧に供されているとは言え，これらはあくまで中央に集められた史料にすぎない。しかし，唱歌教育自体は，この時期，全国各地でさまざまな形によって試みられており，その全体像をこれらの代表的な史料で語ることには無理が生じる。加えて，本

書が対象とする小学校は，他の校種に比べその校数自体も圧倒的に多く，一言で唱歌教育と言っても，その実態はさまざまである。さらに，中等教育機関のものと比しても，史料として今日残されている小学校の実践記録はごく限られている。その中で，教科としての位置づけが，「土地ノ情況ニ依リ加フルコトヲ得」，あるいは，「土地ノ情況ニ依リ缺クコトヲ得」とされるようなものであった唱歌に関する史料は，一層，限られたものになっている。

　このような史料的な制約が，これまでの研究推進の大きな障壁となってきたことは否めない。しかし，今後，史料のさらなる劣化や散逸を考えると，これらの史料的制約を踏まえた上で，現在入手し得る史料を駆使しながら，唱歌教育の展開に関する特殊な要因を明らかにし，そこに立脚した唱歌教育の実態を明らかにしておくことは音楽教育史研究が抱える緊要な課題であると考え，本研究に着手したのである。

3.　研究の方法

　本書は序章と終章を含めて6章構成となっている。序章では，唱歌教育の展開に関する基本的な視点として以下の諸点を提示し，これらの視点が，唱歌教育の展開にどのような根拠や意味づけを与えたのかについて述べる。

　第一に，唱歌教育の展開に最も大きな影響を及ぼしたものは，1890（明治23）年の「教育勅語」発布と，翌年の「小學校教則大綱」であった。すなわち，ここで示された徳育に資するという教育方針が，唱歌教育の方向性も決定し，かつ，「教育勅語」で示された徳目を歌詞に詠い込んだ唱歌を教授することを通して，唱歌教育が学校教育の有益な教科としての位置づけを得ることになったからである。本研究では，徳育に資する唱歌教育という点を，唱歌教育の展開の基盤として捉え，序章においてこの点を明確にしておく。

　加えて，「教育勅語」発布以降，儀式が学校教育の重要な位置を占めるに至ることを鑑み，この儀式における唱歌の利用という点が，唱歌教育普及にとっても重要な意味を持っていたと考え，儀式成立とそこにおける儀式用唱歌の扱

いの問題にも論及する。

　第二に，こうした学校教育と一見，離れているかのように見えるところで，実はこの時期の唱歌教育に大きな影響を及ぼしたものとして軍歌の流行が挙げられる。「唱え」的な軍歌から楽曲としての軍歌が派生していく過程を明らかにするとともに，これらの軍歌が兵式体操や行事と密接に結び付けられながら，学校教育に取り込まれていく過程を明らかにする。

　第三に，「教育勅語」発布の翌年に出された「小學校教則大綱」において，各教科間の関連づけが図られたことが，唱歌教育の推進に大きな作用をもたらしたと考え，特に地理と歴史教科との関連性について明らかにする。すなわちこれらの教科の内容を歌詞に持つ唱歌の教授を通して，唱歌は他教科の補助的手段としての役割を担えることになり，そのことが，唱歌が学校教育の一教科として認められることに繋がったと考えるからである。

　第四に，1880年代後半の「新体詩」運動からの影響を，唱歌教育が推進されていく際の一つの要因と考え，「新体詩」で示された七五調という歌詞の形態が，唱歌特有の一つのパターンを生み出すに至った過程を考察する。そして，こうしたパターンに則った唱歌の作り方が，この時期に多くの唱歌教材を提供し，徳目を詠った歌詞による唱歌教育を推進させる原動力となったことと，その反面，歌詞偏重の唱歌という捉え方を助長する基礎となったことを明示しておく。

　序章で明確にした唱歌教育展開の基本的視点を踏まえて，第 1 章以下では，1890年前後から，1910（明治43）年に文部省により新たな官製唱歌集として『尋常小學讀本唱歌』が刊行されるに至る期間に発行された多種多様の唱歌集を収集し，そこに所収された唱歌教材を分析することに努める。同時に，この期間に発行された全国規模の教育や音楽関係諸雑誌，及び各地教育会雑誌に掲載された唱歌教材をも広く収集し，史料として扱う。これらの唱歌教材を，その楽曲形態と歌詞の内容から唱歌教育の展開に大きな意味を与えた教材として，「数えうた」「軍歌」「郷土地理唱歌」「歴史唱歌」の 4 つに分類した上で，各々の唱歌教材としての特殊性を明らかにし，また各地編成の唱歌教授細目の分析

により，これらの特殊性を持った唱歌教材が，学校教育全体の中でどのような役割を課せられて教授されていたのか，その実態を実証的に考察する。

　本研究は，唱歌教育の展開期を研究対象の時期とするものであり，前述のように，当然，史料的な面でかなりの制約がある。明治期に刊行されたもののうち現存する唱歌集，唱歌教授細目等の多くは，既に国立国会図書館や国立教育政策研究所教育図書館，あるいは，筑波大学附属図書館などに収集保存されている。しかし，これらの施設に収集されたものは，全国的な規模で考えれば，発刊された総数のうちのごく僅かの代表的なものにすぎない。この時期の，いまだ全国的に足並みが揃った状態ではなかった唱歌教育の実態を鑑みるとき，これらの中央に集められた史料ではなく，各地の多様な実践を記す記録の考察と分析は必須の課題となる。本研究の推進にあたっては，でき得る限り，全国各地の公立図書館の所蔵史料の調査と収集を行うことや，各地大学附属図書館が所蔵する史料についても，史料閲覧及び複写の供与を得ることに努め，収集した史料を総体的に考察することによって，唱歌教育展開期の特徴と実態を解明することができるように留意した。また，唱歌教育の実態を明らかにするために，本書のある部分では，幸いにして十分な史料収集が可能であった地域を特に採り上げ問題を論じることもあるが，ここでの事例は，あくまでその地域の事例であったとは言え，同時期の他地域での事例の検討を通して決して特殊なものではなく，全国的な流れを代表する事例として扱い得ることを確認し，考察の対象としたものである。

　本書のもとになった論考は，以下のような形で公表されたものである。なお，本書にまとめるにあたり，再構成したり，大幅に修正・加筆した部分もある。

　序章の主旨は，「唱歌教育の普及過程」として，『音楽教育史論叢　第Ⅱ巻　音楽と近代教育』（河口道朗監修　2005（平成17）年12月　開成出版）の第１章に収められたものである。また，序章では，『音楽教育学』（第16号　1987（昭和62）年３月）に掲載された論文，「小学校校歌制定に関する研究　―明治後期における東京府内小学校校歌制定過程の分析を通して―」の一部も使用している。

　第1章は，「明治期小学校唱歌教育における『数えうた』の研究　―歌詞内容の分類と唱歌教授細目の分析を通して―」（『大阪女子短期大学紀要』第19号 1994（平成6）年12月）を基に大幅に加筆修正したものである。

　第2章第1節の一部と，第2節，及び第3節の一部は，「『大捷軍歌』と明治期小学校唱歌教育」（『大阪女子短期大学紀要』第24号　1999（平成11）年12月）を基にしたものである。

　第3章は，「郷土地理唱歌の隆盛と小学校唱歌教育　―明治年間出版の郷土地理唱歌の分析を通して―」（『音楽教育学』第24-3号　1994（平成6）年12月）及び，「『地理教育鉄道唱歌』　―他教科教育の補助的手段としての唱歌教育―」（江崎公子編『音楽基礎研究文献集別巻』　1991（平成3）年2月　大空社）の内容を再構成したものである。

　第4章は，『和歌山大学紀州経済史文化史研究所紀要』（第26号　2005（平成17）年12月）に掲載された論文，「明治期唱歌教材にみる『楠公』　―『忠孝』を主軸とする徳育の補助的手段として―」によっている。

　本書は日本近代教育史における唱歌教育の展開の特殊性を明らかにするために，1890年代から1910年代初頭（明治20年代～同40年代）をその画期と捉え，唱歌教材，唱歌教授細目，新聞雑誌掲載記事等の分析と検討によって実証するという手続きのもとに論述したいと考える。そこではじめに，その基本的視点を提示しておかなければならない。

1．「教育勅語」と唱歌教育

（1）「徳目」と唱歌教授

　1890（明治23）年秋は学校教育にとって大きな節目の季節であった。すなわち，この年10月 7 日には「小學校令」が公布され，同月30日には「教育ニ關スル勅語」（以下，「教育勅語」と記す）が発布されたからである。そして，この「小學校令」と「教育勅語」に基づいて翌年には「小學校教則大綱」が出され，そこで「徳性ノ涵養」を根幹とした小学校教育の内容が規定された。このことは，その後の教育全体に大きな影響を及ぼすものであったが，とりわけ唱歌教育にとっては，これ以後，半世紀以上にわたる唱歌教育の進むべき道が決定されるほどの大きな出来事であった。

　「唱歌」という科目名自体は，1872（明治 5 ）年の「學制」で「下等小學校」の教科として示されながら，教材や教授法等の問題でなかなか実施には至らず，1881（明治14）年の「小學校教則綱領」でも，「唱歌ハ教授法等ノ整フヲ待

テ之ヲ設クヘシ」[1] とされていた。この背景には，洋楽が導入されて間もない時期にあって，西洋の音楽を教えることの必要性や，明確な目的を人びとに示すことができず，その結果，唱歌教育への理解を容易には得られずにいたという状況があった。

1884（明治17）年に出された『音樂取調成績申報書』（以下，『申報書』）の中の「音楽ト教育トノ關係」では，「道徳上ノ關係」として，

> 音楽ハ人性ノ自然ニ基キ其心情ヲ感動激觸スルモノニシテ喜悦ノ歌曲ハ人心ヲ喜バシメ悲哀ノ歌曲ハ人心ヲ悲歎セシムル等ノ如ク一モ心情ノ感動ヲ生ゼザルモノナシ[2]

と，音楽の人心に訴えかける力が述べられ，さらに，

> 此幼稚ニ授クルニ至良ノ歌曲ヲ以テセバ温良純正ノ徳性ヲ發育スルニ足ルヤ疑ヲ容レズ[3]

と，子どもの教育におけるその有効性も説かれていた。しかし，これらの記述は唱歌教育を実施するにあたっては，具体性の乏しいものであった。勿論，この記述に続き，《進め進め》《霞か雲か》《螢の光》《忠臣》《君か代》《皇御國》など[4]，「識ラズ知ラズ善ニ化シ邪ヲ去ルノ意ヲ寓シ専ラ徳育ニ資スルトコロ」[5] の曲名が例示されていた。しかし，これらの曲名が示されても，実際に唱歌教育実施のためには，学校教育全体の中での唱歌科の位置づけとそこで求められる役割が明確ではなく，したがって，唱歌教育推進の根拠を簡単には見出せずにいたというのが実態であったと考えられる。

このような中で，より具体的に唱歌教育の必要性を人びとに認識させる手だてが，唱歌は健康上に資するという論点を前面に打ち出すことであった。この

1）「小學校教則綱領」文部省『文部省布達全書』1882（明治15）年6月
2）伊澤修二編『音樂取調成績申報書』（河口道朗監修『音楽教育史文献・資料叢書第1巻　音楽取調成績申報書』1991（平成3）年10月　大空社）p.150
3）同上　p.151
4）同上　p.155
5）同上　p.155

時に論拠とされたものは，『申報書』の「健康上ノ關係」の項目の，唱歌は，「聲音ヲ錬リ體格ヲ正シ呼吸ヲ適度ニ使用シテ胸膈ヲ開暢シ以テ肺臟ヲ強健ナラシムルノ効益アル」[6] という一文であった。この論調は，京都における三吉艾[7] や，和歌山における恒川鏐之助[8] 等の唱歌教育の推進者達が，唱歌教育の啓蒙活動を行う際に積極的に活用された。

　こうした流れの中で，1880年代後半から唱歌教育は，師範学校附属小学校を中心として開始されてはいたものの，依然として進むべき方向性が確定できずにいたが，「教育勅語」発布によって，唱歌教育の展開のための新しい側面を迎えることとなった。

　「教育勅語」で示された「國體ノ精華」のための「父母ニ孝ニ兄弟ニ友ニ夫婦相和シ朋友相信シ恭儉己レヲ持シ博愛衆ニ及ホシ學ヲ修メ業ヲ習ヒ」[9] という文言は，「小學校敎則大綱」では修身に関する第二條で具体的に次のように示された。それは，

　　第二條　脩身ハ敎育ニ關スル　勅語ノ旨趣ニ基キ兒童ノ良心ヲ啓培シテ其
　　德性ヲ涵養シ人道實踐ノ方法ヲ授クルヲ以テ要旨トス
　　尋常小學校ニ於テハ孝悌，友愛，仁慈，信實，禮敬，義勇，恭儉等實踐ノ

6）伊澤修二編『音樂取調成績申報書』（河口道朗監修『音楽教育史文献・資料叢書
　　第1巻　音楽取調成績申報書』1991（平成3）年10月　大空社）p.149
7）1886（明治19）年6月13日に，京都下京区明倫校で開催された京都教育会小集会
　　の席上，唱歌普及のための演説を行った三吉艾は，唱歌教育の効用の第一に「体
　　育」の問題を掲げていた（「唱歌ノ話」『京都教育會雑誌』第7号　1886（明治19）
　　年6月28日）。
8）恒川鏐之助が1887（明治20）年に著した『音樂入門』の大窪實識による「序」に
　　は，呼吸器の錬磨による身体強化という点が唱歌の効用として強調されていたし，
　　『音樂入門』の上巻も呼吸法の問題から起筆されていた（恒川鏐之助『音樂入門』
　　1887（明治20）年10月）。また，恒川は，『紀伊教育會雑誌』に『申報書』の「音樂
　　ト教育トノ關係」を転載し，身体強化という観点からの唱歌教育開始に向けた啓蒙
　　活動を行っていた（恒川鏐之助述「音樂ト教育トノ關係」『紀伊教育會雑誌』第18
　　号　1888（明治21）年11月30日）。
9）『官報』第2203号　1890（明治23）年10月31日

　　方法ヲ授ケ殊ニ尊王愛國ノ志氣ヲ養ハンコトヲ努メ

　〈以下省略〉[10]

というものであったが，ここで，「孝悌，友愛，仁慈，信實，禮敬，義勇，恭儉」という德目が，端的な用語で明確に示されたのであった。そして，特に，「殊ニ尊王愛國ノ志氣ヲ養ハンコトヲ努メ」という一文は，他の教科目の場合と同様に，これ以降，半世紀以上にわたって，唱歌教育が目指すところとなった。

　唱歌の目的自体は「小學校敎則大綱」には，

　　唱歌ハ耳及發聲器ヲ練習シテ容易キ歌曲ヲ唱フコトヲ得シメ兼ネテ音樂ノ
　　美ヲ辨知セシメ德性ヲ涵養スルヲ以テ要旨トス[11]

というように抽象的な文言で示されていたが，その「涵養」すべき「德性」の中味が，修身科の中で具体的に示されたことにより，唱歌科の目的は，その具体的な德目を教え，「德性ヲ涵養スル」こと，そして，最終的に「尊王愛國ノ志氣」を育成することに向けられることになったのであった。

　このように，具体性をもって唱歌教育が資するところを人びとに認知させられることは，唱歌教育の推進にとっては重要なことであり，「教育勅語」発布は，唱歌教育の展開に大きな意味をもたらすものとなった。

　しかし，一方で，西洋音楽には未習熟であった当時の人びとにとって，各々の唱歌が德目に関連づけられているかどうかを判断できるのは，その歌詞によってのみであり，その結果，唱歌は専ら歌詞の問題として捉えられる傾向に拍車がかけられることになった。つまり，德育に資することを重要な目的に据えた唱歌教育は，そのことによって飛躍的に展開する機会を得ると同時に，唱歌の音楽的な側面よりも歌詞を重視する唱歌教育を推進することにもなったと言える。

10）「小學校敎則大綱　第二條」『官報』第2516号　1891（明治24）年11月17日
11）「小學校敎則大綱　第十條」『官報』第2516号　1891（明治24）年11月17日

（2）　学校行事と唱歌

　1890（明治23）年の「教育勅語」発布，そして翌年の「小學校教則大綱」公布と並んで，唱歌教育の展開に大きな影響を及ぼしたと考えられるものに，1891（明治24）年6月17日の「小學校祝日大祭日儀式規程」制定と，これに基づく「祝日大祭日歌詞竝樂譜」告示（1893（明治26）年8月12日）が挙げられる。即ち，それまで唱歌教育推進のための積極的な方策を見出せないでいた唱歌教育界にとって，唱歌教育を通して学校行事を支えるという具体的な目標をもって唱歌教育を展開していくという意味で，「儀式規程」の制定は，唱歌教育の展開にとって大きな契機となったと考えられる。

　学校行事の中心である儀式の中で，式に相応しい歌の唱和が採り入れられ，次第に唱歌が式次第の中にも位置づけられていく過程については，既に，山本信良と今野敏彦の研究[12]や，『東京芸術大学百年史　東京音楽学校篇』（第1巻）[13]などに詳述されているところである。また卒業式における歌の唱和の歴史に関しては有本真紀の著作『卒業式の歴史学』[14]に詳しい。さらに地方教育会が発行していた教育雑誌等にも，1880年代後半から各地の師範学校附属小学校を中心として，唱歌を採り入れた儀式が挙行されていく記録が残されている[15]。

　ところで，附属校に限らず全国的な規模で，唱歌が儀式を構成する重要な要素として位置づけられ，唱歌を含めた儀式次第が確立されていくのは，1888（明治21）年以降のことであると考えられる。何故なら，この年，文部省は2

12）山本信良・今野敏彦『近代教育の天皇制イデオロギー　明治期学校行事の考察』（1973（昭和48）年12月　新泉社）参照

13）東京芸術大学百年史編集委員会編『東京芸術大学百年史　東京音楽学校篇』（第1巻　1987（昭和62）年10月　音楽之友社）参照

14）有本真紀『卒業式の歴史学』2013（平成25）年3月　講談社

15）たとえば，京都師範学校で1886（明治19）年11月に挙行された「天長節ノ拝賀」式では，生徒一同が『小學唱歌集　初編』第23曲の《君が代》を歌ったことが『京都教育會雑誌』記事から明らかである（『京都教育會雑誌』第12号　1886（明治19）年11月28日）。

月には《紀元節の歌》（後の《紀元節》）を，そして11月初旬までには《天長節歌》を選定したが[16]，これと前後する形で，同年内には各地で儀式に関する訓令や通達が相次いで発せられていたからである[17]。

　学校において最も重要な儀式と位置づけられた紀元節や天長節の式の中で，文部省が選定した両曲を歌うということは，唱歌教育を開始していない一般の学校には困惑をもたらしたであろうが，反面，唱歌教育を開始するための大きな契機となったと考えられる。何故なら，子どもが儀式の歌を歌うことにより，儀式がより，儀式らしさを加味して成立するということは，学校における唱歌教育の必要性を人びとに認知させるのに恰好の機会となり，この後の唱歌教育の加設を促進させることになったと推察されるからである。そして，《紀元節の歌》や《天長節歌》の選定以降のこのような，儀式のための唱歌教育の推進という気運は，「教育勅語」発布によって一層，顕著となり，その後の唱歌教育の展開へと繋がったと考えられる。

　儀式用の唱歌の問題と関連して，1890年代中頃からの校歌の制定が，各校の唱歌教育の推進に果たした役割についても触れておかなくてはならないであろう[18]。各校で独自の校歌を制定し，これを儀式などで子どもに歌わせることは，愛校心の育成にも繋がり，また，対外的には校歌を制定してこれを指導す

---

16)《紀元節の歌》の作曲の経緯や出版時期などに関しては，遠藤宏『明治音楽史考』
　（1948（昭和23）年4月　有朋堂）pp.196-197，《天長節歌》については「天長節歌」
　（『官報』第1606号　1888（明治21）年11月5日）等を参照。
17）たとえば，大阪府下大鳥泉郡役所學務課は，1888（明治21）年3月24日に「祝日
　祝賀式唱歌実施」に関する通達を発し，「式ハ専ラ唱歌ニ由ルヲ可トスト雖トモ，
　唱歌ヲ未ダ実施ナキ校ハ当分適宜ノ方法ヲ以テ之ヲ挙行セバ自ツカラ忠君愛国ノ志
　気ヲ興シ教育ノ上進モ亦大ニ利スル所アルベシ」と記していた（「祝日祝賀式唱歌
　実施の件」大阪府教育委員会編『大阪府教育百年史　第三巻　史料編（二）』1972
　（昭和47）年3月　pp.466-467）。
18）校歌の制定に関しては，嶋田由美「小学校校歌制定に関する研究　―明治後期に
　おける東京府内小学校校歌制定過程の分析を通して―」（『音楽教育学』第16号
　1987（昭和62）年3月）参照。

ることができるという学校の力量を示す一つのバロメーターにもなっていたと考えられる。特に，1894（明治27）年に「唱歌用ニ供スル歌詞及樂譜」に関する訓令第7号が出されて以降，1900年代には，文部省による歌曲採用許可曲の大半が各地小学校校歌によって占められており，校歌制定も，儀式用唱歌の教授と同様に，唱歌教育の推進を促すものであったことが明らかである。

　しかし一方で，唱歌教育を推進していくためには，唱歌を教授し得る教員の養成という大きな課題もあった。唱歌教育が全国的なレベルで展開されるためには，東京音楽学校や都市部の私的な唱歌会等に頼った教員養成では，到底，必要な教員を供給することはできない状態であった。このような時に，「教育勅語」発布を受けて，地方教育会や師範学校教師が中心となった即席の唱歌講習が，各地で開催されることになった[19]。これらの短期間の講習会では，唱歌講習の端緒として，緊要な儀式用の唱歌が主に講習されたが，こうした講習会での即席の唱歌講習を受けた教師の指導による儀式時の歌唱が，儀式を儀式らしく成立させ，そのことによって，学校における唱歌教育の必要性を人びとに認知させ，教科としての加設に向けた気運の礎を築くことに一役を担ったと考えられる。

　こうして開始された唱歌教育の中でも，儀式用の唱歌は，必然的に唱歌教授の中心となる教材であり，教授細目には，既に文部省が選定していた《紀元節の歌》や《天長節歌》[20]は勿論のこと，他にも《祝歌（春季皇靈祭）》[21]のよ

19）「教育勅語」発布以降，教育雑誌や音楽雑誌等には，各地で開催される儀式用の唱歌講習の模様が相次いで報じられるようになった。たとえば，1891（明治24）年8月の新潟県三島郡での事例（「講習會臨時會」『教育報知』第279号　1891（明治24）年8月29日）や，北海道岩内教育会が開催した唱歌講習会の事例（「岩内通信」『北海道教育會雑誌』第10号　1892（明治25）年2月25日）などが挙げられる。

20）東京茗溪會編輯兼発行『高等師範學校附属小學科教授細目』（1892（明治25）年7月　pp.219-220）や京都府尋常師範學校附属小學校編『多級尋常小學科教授細目』（1893（明治26）年2月　pp.184-185）など参照。

21）京都府尋常師範學校附属小學校編『多級尋常小學科教授細目』1893（明治26）年2月　p.184

うな表記で各学期に歌うべき儀式用の唱歌が編成されていた。また，「祝日，大祭日等ニ用フベキ唱歌ハ常ニ練習シ」[22] というような表現で，これらの唱歌を常に練習すべき旨が附言されるのが一般的であった。さらには，「祝日大祭日ニ用フル歌曲ハ平生戯ニ之ヲ唱ハシム可カラズ其之レヲ唱フヤ何所ニアリテモ端坐謹嚴ナラシム可シ」[23] という一文に見られるように，儀式用の唱歌を「戯」に歌うことを禁じ，また歌唱の際には，常に，「端坐謹嚴」の姿勢で歌うことを求める記述も見られた。儀式用の唱歌の歌詞は当然，忠君的な内容のものであり，こうした唱歌を「端坐謹嚴」の姿勢で歌うことは，まさに徳育に資するための唱歌教育という面を如実に示すものであった。

　1893（明治26）年 8 月12日には「祝日大祭日歌詞竝樂譜」が告示され，学校の儀式で歌われるべき 8 曲が示されると，儀式を念頭においた唱歌指導の傾向にはますます拍車がかけられた。そして，儀式を支える唱歌教育という考え方は，学校教育における必須の科目としての唱歌の位置づけを確固としたものにしていくことになった。

２．軍歌の生成と唱歌教育

（１）　軍歌の出現と流行

　堀内敬三は，わが国の音楽教育を回顧し，明治後半に急速に音楽教育が普及していったことに触れて，

　　音楽を教え得る教員の増加と，国産リード・オルガンの普及と，それに日
　　清戦役前後の軍歌流行も因をなして，全国各小学校の唱歌科と師範・中等

22）瓊浦同窓會編『尋常高等小學科教授細目』1892（明治25）年10月　　p.284

23）千葉教育會編『小學校各教科教授細目　算術・習字・唱歌之部』1893（明治26）年 2 月　p.132　同様の記述は，『有渡安倍郡尋常小學校各教科目教授細目』（静岡縣有渡安倍郡役所　第壹課編　1894（明治27）年 3 月）などにも見られる。

学校の音楽科は急速に拡張されていった。[24]

と述べている。堀内にこのように言わせたように，日清戦争期の数多くの軍歌の流行は，歌の創作活動自体を盛んにさせると同時に，人びとに歌うということを身近な活動にさせ，唱歌教育を推進させる源となっていたのであった。

　軍歌という言葉自体は，既に日清戦争以前から存在しており，1880年代後半には，各地の学校で盛んに行われていた兵式体操の際に，軍歌の指導も合わせて行われていたことが，教育会雑誌等から明らかであり[25]，その成果が，運動会や行軍時にも発揮されていたようである。しかし，ここで言う軍歌とは，おそらく，今日我々が考える楽曲としての軍歌ではなく，歌詞を唱えることに終始するものに近かったと考えられる。中には，当時，流行していた《抜刀隊》などのメロディーを用いて軍歌の歌詞を歌うということも行われていた可能性も考えられる。しかし，兵式体操や行軍と軍歌という組み合わせから考えると，この場合に必要とされたのは，志気を鼓舞するような，また，唱えながら一斉に行進をするのに適した，ある一定のリズムを持った軍歌の歌詞であったと推察される。このような，行進の訓練時に唱えるのに適したものが，当時，「新体詩」運動によって大流行となっていた七五調の詩形であり，1880年代後半から1890年代にかけては，この七五調に則った多くの歌詞が「軍歌」として出版された。

　この時代の軍歌には，《抜刀隊》のような一部のものを除いて，まだメロディーが付されてはいなかったが，これらを兵式体操などの際に，一斉に調子よく唱えるように訓練されたことは，その後の，唱歌教育の展開の基盤を作るものであった。すなわち，それまで，調子を合わせて歌うという場を持ち合わせていなかった当時の人びとに，この軍歌の指導は，少なくとも一斉に歌う

---

24) 堀内敬三『音楽明治百年史』1968（昭和43）年9月　音楽之友社　p.95
25) たとえば「東牟婁郡下里地方兵式体操傳習の景況」（『紀伊教育會雑誌』第16号 1888（明治21）年9月23日）や，「兵式体操傳習」（『紀伊教育會雑誌』第31号 1889（明治22）年12月25日）など参照。

（唱える）ことを可能にし，唱歌教育の下地を作ったと考えられるからである。

　そして，このような唱えることから派生した楽曲としての軍歌が，教材として唱歌教育の中で盛んに扱われるようになるのは，日清戦争を契機としてのことであり，堀内が言うように，「日清戦役前後の軍歌流行も因をなして」，唱歌教育が促進されることになったのであった。

　いまだ七五調の音数律に則った歌詞のみの軍歌が主流であったものが，曲としての形態を備えた軍歌として広く歌われ始めた最初の代表的なものは，《婦人従軍歌》（1894（明治27）年10月　ほづつのひびき／とおざかる）や《勇敢なる水兵》（1895（明治28）年2月　けむりもみえず／くももなく）であった。これらの曲は，七五調の，志気を鼓舞するような歌詞に，付点を伴う同音反復を多用したメロディーが付けられるという特徴を持っていたが，唱え的なものから派生したリズムを持ったこれらのメロディーは，西洋音楽の素養のない当時の人びとにとっても耳から覚えやすく，一斉に歌うことや行進にも適した曲であった。また，このような曲のスタイルは，作曲に際しての技量を余り必要としないものでもあったことも加わり，この形態の軍歌を次々と生み出すことにも繋がった。さらに，この曲のスタイルは1900年以降，『地理教育鐵道唱歌』に端を発する一連の郷土地理唱歌の作曲の際にも受け継がれ，この後，明治末年に至る間に，膨大な数の軍歌や唱歌がこのスタイルで作られることになった。これらの曲には，軍歌，あるいは唱歌として括られる特有のイメージが形成され，どの歌を聞いても似通った印象を与えるという側面もあるが，声を揃えて聞き知った曲を一斉に歌うということを身近なこととし，かつ，多くの唱歌教材を提供したという点で，この時期の唱歌教育のみならず音楽文化の発展にとって大きな作用を及ぼすものであった。

（2）　軍歌と学校教育

　前項で述べたように，既に，兵式体操時や運動会，行軍などの学校行事に際し，軍歌を歌うということは行われていたが，日清戦争を契機として，学校教育の中で子どもに軍歌を積極的に教授する傾向はますます顕著になっていっ

た。そして，師団の歓迎や，教育集会，戦勝祝賀会などにも学校単位で参加さ
せた生徒児童に軍歌を歌わせることが頻繁に行われるようになっていたが[26]，
これらの場に臨んで軍歌を披露するためには，当然，学校の唱歌教育で軍歌を
教材として扱い，指導する必要性が生じていた。

　このような学校における軍歌の扱いを加速させることになったものが，文部
省による訓令第6号であった。1894（明治27）年7月末に豊島沖の海戦が始ま
り，翌8月1日に日清両国宣戦布告という慌ただしい状況の中で，文部省は，
8月29日には，「體育及衛生」に関する訓令第6号を発した。それは，戦局に
臨んで文部省が，「教員及生徒カ學問知識ノ進歩ニ急ニシテ動モスレハ智育ノ
一方ニ偏嚮セル事及社會一般ノ衛生ノ必要ヲ感スルコト未タ深切ナラサル
事」[27]というような状況に危機感を抱き，小学校における体育や衛生教育に関
する留意事項を9項目にわたって詳細に示したものであった。これによって，
学校における兵式体操は一層，重視されるようになるが，この訓令は唱歌教育
にとっても大きな影響を及ぼすものであった。すなわち，訓令の第2項で，

　　二　高等小學校男生徒ニハ兵式體操ヲ課スルノ際軍歌ヲ用井體操ノ氣勢ヲ
　　　壯ニスルコトアルヘシ又随意科トシテ簡單ナル器械體操ヲ授クヘシ[28]

と述べられていたが，この前段の「兵式體操ヲ課スルノ際軍歌ヲ用井」という
部分が，唱歌教育における軍歌の扱いを決定づける要因となったのであった。

　この訓令に関する各地教育界の反応は素早く，東京[29]，静岡，長野[30]など
で相次いで文部省訓令に基づく各県訓令が出された。中でも，静岡県では採用

26）「福嶋縣白河通信」（『音樂雑誌』第49号　1894（明治27）年11月25日）や，「國家
　教育社第四回大集會概況」（『教育時論』第347号　1894（明治27）年12月5日）な
　ど参照。
27）「文部省訓令　第六號」『官報』第3354号　1894（明治27）年9月1日
28）同上
29）「東京府訓令　第三十六號」『官報』第3357号　1894（明治27）年9月5日
30）『信濃教育會雑誌』第96号（1894（明治27）年9月25日）には「文部省訓令　第
　六號」の全文と「長野縣訓令第百五十□號ハ明治廿七年九月七日文部省訓令第六號
　ヲ参照スヘシ」という一文が掲載されている。この他，福島県ではやや遅れて11月

すべき軍歌を巡ってさまざまな議論が起こり[31]，同県は文部省に軍歌採用に
関する伺いを行うことになったが，文部省は，同年末に《朝日に匂ふ》《進め
矢玉》などの静岡県から採用伺いが出されていた計6曲の軍歌に対し，軍歌採
用許可を与えた[32]。この軍歌採用許可の直後に文部省は，小学校唱歌用の歌
詞及び楽譜に関する訓令第7号を発し[33]，この採用認可制度により，粗製濫
造気味に作られていた唱歌の教材としての扱いに規制をかけることになった。
こうした意味で，「體育及衛生」に関する訓令第6号は，単に兵式体操時にお
ける軍歌の扱いに留まらず，その後の唱歌教育の内容にも大きな影響を及ぼす
ものとなったのであった。
　一方，日清戦争前後には，

　　東京音樂學校嘱託教授上眞行氏は，這度の日清事件に關する義勇奉公的の
　　軍歌，校歌を新作し，其曲譜を求めらるゝ向へは，公務の餘暇作譜して贈
　　呈せらるゝ由[34]

というように，音楽界からも積極的に軍歌を作曲しようという動きが見られ，

　　12日に「訓令甲第四十九號　小學校生徒体育及衛生ニ關スル件」が出された（福島
　　県教育委員会編『福島県教育史資料　第一集』1971（昭和46）年1月　福島県教育
　　委員会発行参照）。
31)「甲第二十三號」（『静岡縣教育新誌』第23号　1894（明治27）年9月25日），「清
　　國征討に就き附属小學校の注意」（『静岡縣教育新誌』第23号　1894（明治27）年9
　　月25日），「法令解義」（『静岡縣教育新誌』第24号　1894（明治27）年10月25日），
　　「雑録」（『静岡縣教育新誌』第24号　1894（明治27）年10月25日），「文部省訓令第
　　六號實施ニ就キテノ某有力教育家ノ意見」（『静岡縣教育新誌』第25号　1894（明治
　　27）年11月25日），「文部省訓令第六施行上ニ關スル質義應答」（『静岡縣教育新
　　誌』第26号　1894（明治27）年12月25日）など参照。
32)『官報』第3440号　1894（明治27）年12月14日　この前月には北海道庁から軍歌
　　採用許可の伺いが提出されていたが，文部省は，伺いのあった『討清軍歌』のうち，
　　「第三ますらを」だけを許可していた（『官報』第3423号　1894（明治27）年11月24
　　日）。
33)「文部省訓令　第七號」『官報』第3452号　1894（明治27）年12月28日
34)「上眞行氏の特志」『教育時論』第338号　1894（明治27）年9月5日

膨大な数の軍歌集が出版された。その中でも《婦人従軍歌》や《勇敢なる水兵》などの曲や，当初から学校教育を対象として出版された『大捷軍歌』（全7集）に掲載された軍歌は，積極的に唱歌教育の教材として採り上げられ，中には，教材の大半がこうした軍歌で占められている教授細目も編成されるほどであった。

　日清戦争を契機とする軍歌の流行は，勇壮活発な歌詞を声を揃えて歌うことにより，志気が昂揚されるという歌が持つ力を認識させることに寄与すると同時に，付点を伴う同音反復という歌のスタイルに基づいて容易に歌を作ることを可能にし，その結果，軍歌や唱歌創作の隆盛を導くことになった。加えて，音楽界からの積極的な軍歌創作の動きは，多くの唱歌教材を提供することになり，軍歌の教授が唱歌教育の主たる部分を占める状況さえも生み出していた。

3．地理歴史教育と唱歌教育

（1）　地理唱歌

　「教育勅語」発布の翌年に公布された「小學校教則大綱」第一條では，
　　各教科目ノ教授ハ其目的及方法ヲ誤ルコトナク互ニ相連絡シテ補益センコ
　　トヲ要ス[35]
というように，各教科間の関連を図ることの必要性が明記されていた。そして，ここで示された「互ニ相連絡シテ補益センコト」という文言は，その後，唱歌教材採用の際の観点の一つとして大きな意味をもたらすことになった。つまり，唱歌の歌詞が，いかに修身を筆頭とする他教科の内容と関連があるかという点が教材選択の観点となり，教授細目もこの点を重視して編成されるようになったのである。このような傾向は，「小學校教則大綱」公布以降，明治年間を通して根強く見られたものであり，たとえば，1909（明治42）年になって

35）「小學校教則大綱　第一條」『官報』第2516号　1891（明治24）年11月17日

も，

> 總て學科の何たるに論なく其の目的は等しく吾人の心意の教養を以て主と
> するにあり，故に萬般の學科何れも皆多少の關係を有せざることなしと雖
> も殊に唱歌の如く諸學科に多大の關係を有するものは盖し少し，唱歌は修
> 身國語歷史地理の諸科に對しては最も親密なる關係を有し殆んど相離るべ
> からざるものなり[36]。

という論調で，唱歌と他教科との密接な関係を強調する記事も見られた。

「教育勅語」体制の中で，当然，唱歌にも，修身との密接な関連づけが求め
られたが，修身以外では唱歌は地理及び歴史に関連づけられる傾向が強く見ら
れた。

そもそも地理は，1886（明治19）年の「小學校ノ學科及其程度」では，

> 地理ハ學校近傍ノ地形其郷土郡區府縣本邦地理地球ノ形狀晝夜四季ノ原由
> 大洋大洲ノ名目等及外國地理ノ概略[37]

とされていたように，学校近隣の地形，その拡大としての本邦地形や地名等，
さらには，外国地理の概略を学ぶ科目であった[38]。それが，1891（明治24）年
の「小學校教則大綱」において，

> 日本地理及外國地理ハ日本ノ地理及外國地理ノ大要ヲ授ケテ人民ノ生活ニ
> 關スル重要ナル事項ヲ理會セシメ兼ネテ愛國ノ精神ヲ養フヲ以テ要旨ト
> ス[39]

というように，「愛國ノ精神ヲ養フ」という一文が付加され，ここで，「忠君愛
国」に向けた国民意識を形成することが，地理においても重要な教育目標とし

36）燕樂子「小學校唱歌教授私見」『音樂世界』第 3 巻第 7 号　1909（明治42）年 7
　　月15日

37）「小學校ノ學科及其程度」『官報』第867号　1886（明治19）年 5 月25日

38）この点に関しては，新保磐次も中等学校用地理書の「緒言」にではあったが，
　　「從來ノ地理書ハ，山ハ山，川ハ川，産物ハ産物ト相離レテ，分解的ナリ亦記簿的
　　ナリ。」と述べていた（新保磐次『修正　内國地誌』1898（明治31）年 3 月発行
　　1900（明治33）年 9 月修正再版　金港堂）。

39）「小學校教則大綱　第六條」『官報』第2516号　1891（明治24）年11月17日

て定められたのであった。

　近い将来の諸外国との交戦が次第に現実味を帯びてくる中で，「人民ノ生活ニ關スル重要ナル事項」を子どもに教えておくことは，急務と考えられるようになって来ており，地理を，「土地ノ情況ニ依リ〈中略〉加フルコトヲ得」[40]とされた尋常小学校においても，

　　尋常小學校ノ教科ニ日本地理ヲ加フルトキハ郷土ノ地形方位等兒童ノ日常
　　目撃セル事物ニ就キテ端緒ヲ開キ漸ク進ミテ本邦ノ地形，氣候，著名ノ都
　　會，人民ノ生業等ノ概略ヲ授ケ更ニ地球ノ形狀，水陸ノ別其他重要ニシテ
　　兒童ノ理會シ易キ事項ヲ知ラシムヘシ[41]

と，日本地理に関する具体的な指導の段階が詳細に明記されていた。

　ただし，「小學校ノ學科及其程度」でも，また，「小學校教則大綱」においても，地理の学習の展開は，子どもを取り巻く近隣の地理的事項の教授から，やがて「本邦地理」へ，そして将来的には外国地理を，という構図に則るという共通点が窺える。

　「小學校教則大綱」公布までは，各地小学校では，唱歌科と同様に，地理科の教授を余り推進できてはいなかった模様である。そして，各地の教育会雑誌を見る限りにおいては，開始した地理教育の成果を問いつつ，地理教育に関する論議が展開されるのは，ようやく，1900年前後になってからであり，日清戦争が勃発して，急速に地理科の必要性が再確認されるに至ったように考えられる。

　時を同じくして，音楽界で一躍，脚光を浴びることになったのが，1900（明治33）年5月に第1集が出版された『地理教育鐵道唱歌』であり，これに続く郷土地理唱歌[42]の流行であった。郷土地理唱歌が作られた背景には，多かれ

---

40)「小學校令　第三條」『官報』第2183号　1890（明治23）年10月7日
41)「小學校教則大綱　第六條」『官報』第2516号　1891（明治24）年11月17日
42) 地理的事項を歌詞に用いた地理唱歌の他に，これに類するものとして，当時，郡や町村単位の郷土に関する事項を歌った歌詞を持つ歌も数多く作られていた。本書では，これらを総称して「郷土地理唱歌」と称することにする。

26

少なかれ，「これを兒童に用ゐしめていささか其愛郷心を養成せんがための微意に外ならないのですこれが他日國を思ひ君に盡すの基ともならば望外の至りです。」[43) という考え方があったと思われる。このような意図で作られた郷土地理唱歌は，愛国心の養成に向けられた地理教育にとっても，補助的教材の有用性が認められるものであったと推察される。

（2） 歴史唱歌

　前項の地理と同様に，歴史も1890（明治23）年の「小學校令」においては，尋常科では日本歴史が「土地ノ情況ニ依リ加ヘルコトヲ得」[44) る科目であった。しかし，「教育勅語」で「國體ノ精華」[45) が詠われ，また「我カ皇祖皇宗ノ遺訓ニシテ子孫臣民ノ倶ニ遵守スヘキ所之ヲ古今ニ通シテ謬ラス之ヲ中外ニ施シテ悖ラス」[46) とされると，必然的に歴史教育の重要性が高まることになった。そして，「教育勅語」発布を受けて，翌年の「小學校教則大綱」では，

　　日本歴史ハ本邦國體ノ大要ヲ知ラシメテ國民タルノ志操ヲ養フヲ以テ要旨トス[47)

と，歴史科では特に日本歴史の学習を通して，「國體ノ大要」を教え，「國民タルノ志操」を育成することが目的として明記された。さらに，

　　尋常小學校ノ教科ニ日本歴史ヲ加フルトキハ郷土ニ關スル史談ヨリ始メ漸ク建國ノ體制　皇統ノ無窮　歴代天皇ノ　盛業，忠良賢哲ノ事蹟，國民ノ武勇，文化ノ由來等ノ概略ヲ授ケテ國初ヨリ現時ニ至ルマテノ事歴ノ大要ヲ知ラシムヘシ[48)

と，教授内容の詳細が示された。ここで注目すべき点は，「郷土ニ關スル史談

---

43)「緒言」松本信治『揖保郡郷土唱歌』1902（明治35）年6月　梅林書店
44)「小學校令　第三條」『官報』第2183号　1890（明治23）年10月7日
45)『官報』第2203号　1890（明治23）年10月31日
46) 同上
47)「小學校教則大綱　第七條」『官報』第2516号　1891（明治24）年11月17日
48) 同上

ヨリ始メ」という文言であり，ここから明らかなように歴史においても地理の場合と同様に，子どもの身辺に近い部分から教授し，そこから学習の対象が，いわば同心円的に拡大されていくことが期待されていたことであった[49]。

　前項で述べた郷土地理唱歌の中には，しばしば，「地理歴史唱歌」というように歴史の名称も併せ持つ曲名の唱歌も見られたが，これらの唱歌には，郷土の地理的事項の他に，郷土にちなむ史実や，郷土の偉人の遺業に関わる歌詞が散見される。このような郷土の歴史に関する事項を扱った歌詞の内容は，まさに，「郷土ニ關スル史談ヨリ始メ」る歴史教育に適しており，郷土を詠った唱歌の隆盛に寄与することに繋がるものであった。

　また，「歴史唱歌」という歴史そのものを名称に冠する唱歌集も相次いで出版されるようになるが，ここには，上記の歴史教育の内容の中でも特に，「忠良賢哲ノ事蹟」や「國民ノ武勇」が題材として扱われる傾向が見られた。「忠良賢哲ノ事蹟」などを歌詞に並べ，それを唱えさせることによって，子どもに歴史上の偉人の遺訓を教え込むことができ，さらに，メロディーに乗せてその歌詞を繰り返し歌わせることによって，より確実にそれを子どもの脳裏に刻み込ませることが意図されたと考えられる。そして，このような唱歌の作用を意図して，第4章でも詳述するように，楠木正成父子を代表とする歴史上の「忠臣」達の遺訓は，歴史唱歌の題材としてしばしば採り上げられた。同時に，唱歌教授細目にもこれらの題名を持つ唱歌が教材として編成され，そこでは「連絡すべき教科」として歴史の教科名が明示されたのであった。

　明治期に編成された唱歌教授細目における他教科との関連に関して，歴史は，修身，地理に次いで多く見られるが，これはこの時期の唱歌教育が，歴史教育と密接に関連づけられていたことを示すものである。唱歌教育の側から考えれば，唱歌科というものが修身，地理の他に，歴史科の教育にも関与できる

49）実際に歴史科の教授細目でも，高等小學科第1学年の冒頭に，「郷土ニ關スル史談」という記述が見られる（「高等小學歴史科教授細目」恵那郡教育會編『尋常高等小學科教授細目』1893（明治26）年6月参照）。

教科であることを示すことは，唱歌科そのものの存在理由をより一層，明確に
できるものであった。しかし，反対にそれは，地理科の場合と同様に，唱歌が
歴史教育の補助的手段として利用されていたことを物語ることでもあった。

4．唱歌の特徴

（1）「新体詩」と「唱え」⁵⁰⁾の唱歌

　1882（明治15）年の『新體詩抄』の発刊は，わが国の文学史にとって大きな
出来事であったが，音楽教育の歴史にとってもまた，今日に至る長い期間にわ
たって重要な影響を及ぼすものとなった。つまり，『新體詩抄』に於いて「新
体詩」という形で示された七五調による詩形は，その後，日清戦争を契機とす
る軍歌の流行，さらには，1900（明治33）年発刊の『地理教育鐵道唱歌』をは
じめとする一連の明治期の唱歌の歌詞の主形態となり，この七五調の歌詞に合
わせて，今日，唱歌特有のスタイルとして認識される楽曲形態が生れたからで
ある。

　「新体詩」は，外山正一，矢田部良吉，井上哲次郎らによって刊行された
『新體詩抄』から始まったもので，七五調で貫かれるものであった。そして，
『新體詩抄』に収められた作品は，

　　創作たると翻譯たるとを問はず，すべて，確固明白な目的―新しい詩體を
　　興さうといふ意識を以て試みられたものである。これらの詩が特に「新體
　　詩」と呼ばれて居る事は，軽々に見るべきではない。それは，「新作の詩

50）1880年代には楽曲を持たず歌詞だけのものも，しばしば「唱歌」と称されており，
　　兵式体操時の軍歌指導などには，歌詞を唱えることのみによる軍歌の指導も盛んで
　　あった。本書では，一斉に唱えることから生じた一定のリズムが，唱歌特有のリズ
　　ムのパターンを生み出したと捉えており，歌詞のみの唱和もまた，唱歌教育史に
　　とって重要な意味を持つものであったと考える。故に，こうした一斉の唱えを本書
　　では「唱え」として表記する。

歌」ではなく「新體の詩歌」なのである[51]

と言われるように，元来，「新しい詩體を興さうといふ意識を以て試みられた」「新體の詩歌」であったが，この点は，唱歌教育史と関わって看過できない点である。と言うのも，『新體詩抄』発刊以降，唱歌の歌詞の作り方は，「新体詩」運動の趣旨と離れ，七五という音数律だけを利用した，「唯，朗誦・記憶に便ならしめるために韻文の形式を借りた」[52] ものに加速度的に変化していったからである。それは裏を返せば，「新体詩」の詩形自体が，容易に言葉の置き換えを可能にするものであり，そのため明治以前から「偶々七五調を以て」[53] と表現されるように書き表していた韻文の作り方に，『新體詩抄』の発刊がますます拍車をかけたと言えるであろう。

　この『新體詩抄』が近代詩の始まりとまで評価されるに至ったのは，そこに収められた《抜刀隊》が，当時の人口に膾炙したことにもよっているが，この《抜刀隊》は，音楽教育史的にも重要な意味を持つものであった。と言うのも，《抜刀隊》の詩に添えられた，

　　　西洋にてハ戦の時慷慨激烈なる歌を謡ひて士氣を勵ますことあり即ち佛人
　　　の革命の時「マルセイエーズ」と云へる最と激烈なる歌を謡ひて進撃し普
　　　佛戦争の時普人の「ウオツチメン，オン，ゼ，ライン」と云へる歌を謡ひ
　　　て愛國心を勵ませし如き皆此類なり左の抜刀隊の詩ハ即ち此例に倣ひたる
　　　ものなり[54]

という一文から，この《抜刀隊》が，他国の戦時における歌の利用の例と同様に，「歌を謡ひて愛國心を勵」まし，人びとの「士氣」を昂揚させるためのものであったことが明らかであり，後の軍歌の歌詞に繋がるものと考えられるか

51)　矢野峰人「創始期の新體詩―『新體詩抄』より『抒情詩』まで―」(『明治文學全集　60　明治詩人集（一）』) 1972（昭和47）年12月　筑摩書房　p.363
52)　同上
53)　同上
54)　外山正一・矢田部良吉・井上哲次郎全撰『新體詩抄　初編』(『明治文學全集　60　明治詩人集（一）』) 1972（昭和47）年12月　筑摩書房　p.13

らである。

　加えて，1885（明治18）年にはこの歌詞に，フランス人ルルーが曲を付け，それが鹿鳴館で陸軍軍楽隊によって初演されたが[55]，これによって，《抜刀隊》は一層の流行を来し，必然的に，この七五調という詩の形は，唱歌のみならず軍歌の隆盛にも大きな影響を及ぼすことになった。

　《抜刀隊》に曲が付けられた翌年，すなわち1886（明治19）年4月に出版された河井源藏編輯の『軍歌』もこの「新体詩」の影響を強く受けた歌詞集であった。『軍歌』の中でも特に《軍歌》という歌詞は，全編七五調の，忠君愛国的で，かつ志気を鼓舞するものであった。この《軍歌》の歌詞の冒頭部分の「来れや来れいさ来れ」や「進めや進めいさ進め」に見るような，七五調のリズムに乗った繰り返しは，調子よく唱えるのに適し，七五の音数律による詩作を加速度的に普及させることになった。そして，このような志気を昂揚させる歌詞を調子良く唱えることは，この頃，盛んに行われた兵式体操時の行進の訓練に適したものであり，1880年代後半（明治20年前後）には，数多くの「唱え」を目的とする歌詞集が出版された[56]。

　これらの歌詞の多くは，先述したような『新體詩抄』の詩作の趣旨からはかけ離れたもので，「唯，朗誦・記憶に便ならしめるために韻文の形式を借りた」ものにすぎなかったが，敢えて言うならば，単に「韻文の形式を借りた」だけ

55）堀内敬三『定本　日本の軍歌』1969（昭和44）年9月　実業之日本社　p.34
56）この時代には，歌詞だけのものも一般的には唱歌として分類されており，曲譜が掲載されない，歌詞のみの唱歌集が数多く出版された。その代表的なものは次のような唱歌集であった。三尾重定『生徒必読教訓歌』1886（明治19）年10月刻成出版／加々井仙次郎編『勸學運動歌』1886（明治19）年12月刻成／車次郎七編『勸學運動歌』1887（明治20）年3月刻成／鈴木幹興編『新撰愛國之歌　全』1887（明治20）年3月出版／富田昌壽『小學生徒勸學運動歌　全』1887（明治20）年4月出版／矢羽根孝太郎編『小學生徒用游戯唱歌集』1887（明治20）年8月出版／鶴橋愛次郎編『男女子供運動歌』1887（明治20）年10月出版／鶴橋愛次郎『小學男女運動歌』1888（明治21）年3月再版／中村朝次郎編『勸孝唱歌　全』1888（明治21）年11月出板（ママ）／愛國壯士編『志氣振興の歌』1888（明治21）年9月出版／服部永吉編『小學生徒必携修身愛國之歌』1891（明治24）年6月出版

であったからこそ，多くの替え歌詞を付けることを容易にし，それらを子ども
に簡単に繰り返し唱えさせ，その歌詞に込められた勧学や孝行などの徳目を教
え込むことができたのであった。結果的に，これらの「唱え」の歌詞は，徳育
に寄与することになり，また，次項で述べるような，「唱え」から発展した唱
歌特有のリズムのパターンを生み出すことにも繋がったと考えられる。

（2）　七五調と替え歌詞の唱歌

「新体詩」を契機として盛んに作られた七五調の歌詞は，繰り返し唱えられ
ることによって，やがて一定のリズムのパターンを生み出し，唱歌特有のスタ
イルを確立していくことになった。

添田知道は，当時のこうした七五調の歌詞について，

　　七五調は民衆の耳に親しかった。これが多少なりとも節にのって，伝えら
　　れるのであったし，それはそのまま復唱できるものであった。民衆はそれ
　　を「自分のもの」としてうたうことができた[57]

というように，「民衆」に親しまれた七五調の歌詞が「節」を得て復唱され，
歌となっていく過程について言及している。

この添田の記述からは，『軍歌』をはじめとする多くの歌詞集に収められた
戦意昂揚的，あるいは，徳目的な歌詞が，「多少なりとも節」やあるリズムに
乗って，人びとに復唱されている様子が目に浮かぶようである。こうした「唱
え」的な七五調の歌詞が，調子，つまりリズムを得て復唱されていくには，こ
の時代ならではのいくつかの要因があったと考えられる。一つには学校という
場で声を合わせて唱えるということであり，もう一つには，兵式体操時にも求
められた行軍に際しての「唱え」である。

学校という集団の場で，皆が声を合わせて先述のような七五調の歌詞を唱え
る際には，速さを一定に保つことと，同じ箇所で息継ぎをすることが必要であ

57）『添田唖蝉坊・知道著作集4　演歌の明治大正史』1982（昭和57）年11月　刀水
書房　p.5

る。このような場合に，七五調の音数律は，大変都合のよいものであった。つまり，七五調が持つ7音と5音は，

　（○は7及び5音を示し，●は休み（息継ぎの箇所）を示す。）

と表示できるような調子で唱える時に，速さを一定に保つことと，一斉に休み，呼気を入れてその後，再び一斉に唱え始めることを容易にする。このような調子で唱えることは，七五調の歌詞を延々と復唱することをも可能にし，教室での秩序ある一斉の「唱え」を容易にするものであったと言える。

　一方，この時代には，儀式に際し，軍歌を唱えながら行進して式場に入場することが盛んに行われていたが[58]，このような際に唱えられる歌詞は，一糸乱れずに声高に唱えられることが必要であった。そして，歩調を整えるために，次第に，唱えの歌詞に一定のリズムが付けられ，調子よく，かつ勢いよく唱えられるようになっていったと推察される。つまり，そのようにして生み出されたものが付点のリズムであった。なおかつ，一足を一拍で唱えるうちに，自然に，同拍内が同じ音程で唱えられ，それがやがて，同音反復という特徴を持つ節へと発展していったのではないかと考えられる。こうした七五調の歌詞に付点を伴う同音反復のメロディーを持つ曲は，《勇敢なる水兵》（作詞：佐々木信綱　作曲：奥好義）に代表されるように，1890年代半ばに日清戦争を契機として盛んに作られるようになり，今日，「軍歌」として括られる曲のスタイルを確立した。

　その特徴は，歌詞の面では，七五調4句を一区切りとするという特徴を持

58）この時期の雑誌記事にはしばしば，「軍歌に歩を合せつゝ，参校されたる其勇壮活潑なる實に感嘆の外なかりき」（「市野々小學校開校式の景況」『紀伊教育會雑誌』第49号　1891（明治24）年12月），「一同隊列を揃ひ堂々肅々軍歌を唱ひつゝ，式場に入る」（「天長節並園遊會」『音樂雑誌』第49号　1894（明治27）年11月25日）などの記述が見られた。

ち，楽曲の面では，その七五調の歌詞をうまく当てはめるために，付点を伴った同音反復を多用した旋律という特徴を持つものであった。

　そして，《勇敢なる水兵》に典型を見るいわゆる「軍歌調」の楽曲スタイルを，唱歌という名称を持つ曲の中で継承し，さらに，その傾向を強めて明治期特有の唱歌のスタイルを確立させたものが，1900（明治33）年の『地理教育鐵道唱歌』の出版と，これに端を発した一連の郷土地理唱歌であった。とりわけ，『地理教育鐵道唱歌』は，全5集が，七五調4句の延々と続く長い歌詞で構成されており，また，多梅稚が作曲し，大流行となったメロディーによって明治年間を通して広く歌われたという点からも，この唱歌特有の曲のスタイルの確立に大きな作用を及ぼしたものであった。

　『地理教育鐵道唱歌』第1集で示された多梅稚作曲の付点を含む同音反復のメロディーを持つ楽曲形態は，延々と続く七五調の歌詞の1句ごとが，16小節の楽曲中の各段，即ち，4小節にうまく収められる仕組みのものであった。さらに言えば，七五調の7音と5音の部分が，楽曲の4小節1段の2小節ずつに収められ，如何なる部分の七五調の歌詞にも対応できる大変，便利な形態であった。そして，この形を踏襲して多くの郷土地理唱歌が作られ，さらには，『教科適用幼年唱歌』という広汎に使用された唱歌集にもこれが多用されたことにより，この唱歌特有のスタイルは広く浸透していくことになった。故に，本項では，『地理教育鐵道唱歌』の七五調歌詞と唱歌特有のスタイルの確立との関連について，『地理教育鐵道唱歌』の歌詞の七五調の音数律と4小節内の音符の数との関係について考察しておく。

　七五調の音数律のうち，7音の部分を二分割するとすれば，3＋4，4＋3，2＋5，5＋2，などの組み合わせに分類される。その他，『地理教育鐵道唱歌』から例をとれば，「西陣織の」「友禅染の」（第1集第52番），「五十三次」（第1集第65番），「弘法大師」（第5集第44番）のように，7音と数えられる場合も多い。加えて，七五調でありながら，しばしば，4＋4，あるいは，「日清戦争」（第2集第17番）のように，8音を数えるものも見られる。このように，七五調の7音の箇所には，色々な組み合わせが考えられるが，『地理教

育鐵道唱歌』全5集に出現する七五調の7音の部分（総計1336回出現）を分類
すると，その約8割が，3＋4，あるいは，4＋3の二つの型で占められてい
ることがわかる。

　楽曲形態上，七五調1句は4分の2拍子の楽曲の場合，4小節分に相当し，
7音の箇所は，小節数でいうと2小節分に当るが，上記の3＋4，あるいは，
4＋3，というさまざまなパターンの7音を充足するメロディーが，まさに，
『地理教育鐵道唱歌』に顕著な，同音反復のリズムパターンによるものであっ
た。以下の『地理教育鐵道唱歌』第1集の冒頭部分（譜例序－1）は，その典
型である。

キーテキ　イッセイ　シンバシ　ヲ
みーぎは　たかなわ　せんがく　じ
マドヨリ　チーカク　シナガハ　ノ

譜例序－1　　『地理教育鐵道唱歌』の冒頭1段目のメロディー

出所）『地理教育鐵道唱歌』第1集　明治33年5月

　譜例序－1に示した冒頭の2小節分にあたる1番から3番の歌詞は以下の通
りである。

　　　　1番　　きてき　　　いっせい　（3＋4）

　　　　2番　　みぎは　　　たかなわ　（3＋4）

　　　　3番　　まどより　　ちかく　　（4＋3）

　このように第1集では，1番，2番の歌詞の冒頭は，「きてき」「みぎは」の
ように各々，3音であるが，3番は，「まどより」と4音の歌詞になっている。
この3，及び4音の歌詞を同時に処理する方法として，1小節目1拍目に見ら
れるような拍内同音反復は，大変有効である。即ち，記譜上は同音反復の2音
で示しながら，1番の「きてき」の「き」の音，2番の「みぎは」の「み」の
音の場合には，その部分の同音反復を4分音符と見なすことによって，1拍内

に1音だけをあてれば良いわけである。一方，4音を持つ3番の歌詞「まどより」の場合は，当然，1小節内にある4つの音符に1音ずつを当てはめることになる。このように拍内同音反復を用いることによって，3音，あるいは，4音の歌詞を簡単に処理することが可能となっている。上記の楽譜では2小節目に関しても同様に説明される。

　また，上記の3＋4や4＋3以外の2＋5や5＋2，のような場合は，この処理を2小節間に拡大して行えば，これらの型の7音もこの拍内同音反復のメロディーに簡単に乗せられることになる。

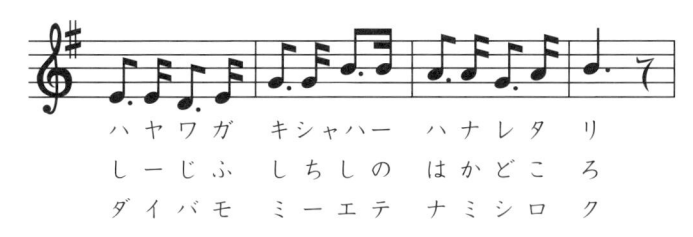

　　　　ハ　ヤ　ワ　ガ　　キ　シャ　ハ　ー　　ハ　ナ　レ　タ　　リ
　　　　し　ー　じ　ふ　　し　ち　し　の　　は　か　ど　こ　　ろ
　　　　ダ　イ　バ　モ　　ミ　ー　エ　テ　　ナ　ミ　シ　ロ　　ク

　　　譜例序－2　　『地理教育鐵道唱歌』の冒頭2段目のメロディー
出所）『地理教育鐵道唱歌』第1集　明治33年5月

　たとえば第1集1番の2段目の歌詞は，「はや　わがきしゃは」というように，歌詞の意味のまとまりからすると2＋5の型であるが，この型に対しては，譜例序－2に見るように，2小節分の中で1音1音符（1字1音）ずつの処理が施される。勿論，8音の場合は単純に，2小節内の8つの音符に1音ずつをあてがえば良いことになる。

　つまり，先に示した，

という七五調の「唱え」方は，小節内に8分音符4つ分，もしくは，付点8分音符と16分音符の組み合わせの4分の2拍子というメロディーに乗せられる時には，

という分割方法を基本として2小節目に休符を入れない場合には，

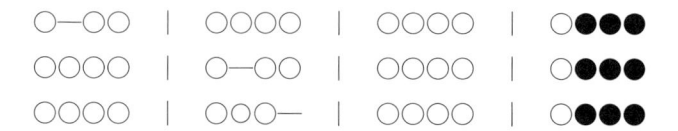

などのように，音数律の型に応じて適宜，その分割や合体の位置を変化させるのである[59]。『地理教育鐵道唱歌』に典型をみる拍内同音反復のリズムを持つメロディーは，どのような型の7音にも柔軟に対応することが容易にでき，そのことが，『地理教育鐵道唱歌』のように延々と続く長い歌詞を繰り返し歌わせることを可能にしたのであった。ただし，1句の歌詞の後半5音に関しては，上記に挙げた例のように，3小節目内で4音を，そして4小節目で残りの1音というように，5音は各音符に1音ずつの配当で処理されている。

　このように七五調の歌詞の，特に7音のさまざまな分割の型を簡単に扱える拍内同音反復という手法は，『地理教育鐵道唱歌』の大流行という時代背景の中で，瞬く間に，唱歌の作曲方法の主流となり，同時代に作られた一連の郷土地理唱歌のほとんどが，『地理教育鐵道唱歌』と同様のリズムパターンを持つもので占められるに至った。

　そして，この一定のリズムパターンの上に，七五調の音数律に則った歌詞を入れ替えていけば，次々と新しい歌を作り出すことができたが，反面，替え歌詞的な唱歌教育を助長することになり，歌詞偏重の唱歌観にさらに拍車をかけ

---

59)『地理教育鐵道唱歌』の七五調歌詞における7音部分の2小節内への配分については，1997年に既にヘルマン・ゴチェフスキが，9人に行った歌唱実験から「『3＋4』の場合でも，『4＋3』の場合でも，『3』の内のどこかを延ばすことによって，皆が言葉の句切りと小節線が一致する様に歌った」という報告を行っている（ヘルマン・ゴチェフスキ「日本語のリズムと洋楽のリズム」『茨城キリスト教大学言語文化研究所紀要』第2号　1997（平成9）年3月参照）。

ることになった[60]。

　しかし，こうした唱歌の作り方は，あるパターンの中で唱歌を作るということを容易にし，その結果，唱歌の出版を活性化させ，唱歌教育に多くの教材を提供することによって，その内容の充実に貢献したという点では唱歌教育の展開に大きな意味をもたらすものであった。

---

[60]　当時の歌詞偏重の唱歌観を如実に物語る一例として，1904（明治37）年に文部省の歌曲採用認可を受けた誠之小学校と富士前尋常小学校の校歌の事例が挙げられる。各校が独自に制定した校歌でありながら両校の校歌は同じメロディーを共有し，歌詞のみが異なるものであった（嶋田由美「小学校校歌制定に関する研究　—明治後期における東京府内小学校校歌制定過程の分析を通して—」『音楽教育学』第16号　1987（昭和62）年3月参照）。

第1章
「数えうた」による唱歌教育

　1880年代後半に唱歌教育が開始されて以来，唱歌教育の教材は主として官製の唱歌集と，官に連なる人びとが作った唱歌集の中に求められ続けてきた。すなわち，音楽取調掛編纂の『小學唱歌集』や『幼稚園唱歌集　全』を主軸として，音楽取調掛，あるいは東京音楽学校関係者の手になる唱歌，唱歌集がこの時代の唱歌教育教材の拠り所であった。それらの唱歌は，西洋の楽曲に当時の教育方針にかなった歌詞を付した曲と，形式的に洋楽の作曲技法に則って新たに作られた唱歌であり，そこにはわが国で唱歌教育が開始される以前から歌い継がれてきた歌が採り入れられることはきわめて少なかった。

　このような状況の中でその種の歌としてほとんど唯一，唱歌教育が開始されたごく早い時期から明治年間を通して，唱歌教材としての位置を保ち続けていたものに「一つとや」という歌い出しで始まる「数えうた」が挙げられる。この「数えうた」は，官製の唱歌集である1887（明治20）年発行の『幼稚園唱歌集　全』に掲載されており，加えて，伊澤修二編纂『小學唱歌』の中にも2種類の《數へうた》が掲載されたことから[1]，教授すべき教材として教育現場に受け止められていたと考えられる。

　明治期に出版された唱歌集の中には実は，この「数えうた」という名称以外にも，「いろはうた」「まりうた」などの名称を付けられた「数えうた」の類の

---

1 ）《數へうた》（伊澤修二編『小學唱歌　壹（巻之一）』1892（明治25）年3月　大日本圖書）及び《教育數へ歌》（伊澤修二編『小學唱歌　貳（巻之二）』1892（明治25）年5月　大日本圖書）

歌詞を持つ歌が数多く含まれているが，それらはいずれも，人びとに歌い継がれてきた「一つとや」のメロディーにさまざまな歌詞を付けた，いわば替え歌詞の「数えうた」であった。また明治期に各地で編纂された教育関係の雑誌記事にも，小学校で歌われることを想定している各種の「数えうた」の替え歌詞が数多く掲載されていた。

　さらに，1910（明治43）年から文部省が編纂発行した『尋常小學讀本唱歌』及び『尋常小學唱歌』の中にも《かぞへ歌》が掲載されていることから，この「数えうた」は明治期のみならず，その後の唱歌教育でも長く教材としての位置を保っていったことが明らかである。このようなことから，「数えうた」に属する歌の存在は，わが国の唱歌教育の歴史を辿る時に考察すべき必須の対象であると考えられる。唱歌教育におけるこの歌の扱い，あるいは，教育関係雑誌における数多くのこの替え歌詞の掲載には，唱歌教育，ひいては教育全体がこの歌に託したものがあるはずである。

　つまり，このような「数えうた」が持っていた唱歌教材としての特性に着目し，特に，その替え歌詞の内容の変遷や実際の唱歌教育における扱われ方を分析することは，この時期のわが国の教育の中で唱歌教育に求められていた位置づけ，そして唱歌教育自体が果たそうとした役割の解明に向けて有効な手がかりになると考える。

第1節　替え歌詞「数えうた」の出現

1．明治期作成「数えうた」の概要

　本研究においては，国立国会図書館等所蔵の明治期刊行唱歌集や各地の教育会が刊行した教育関係雑誌を「数えうた」収集の対象として調査した。本書が対象とする時期は，1890年前後から1910年代初頭の約20年間であるが，実際には，「数えうた」は，それ以前，すなわち，唱歌教育が開始された頃から必須

の教材として扱われていた可能性がある。それ故，本節では，本書が対象とする時期から少し遡って，1880年代中頃からを「数えうた」収集の対象時期に設定し，この期間に作られた膨大な「数えうた」の歌詞を収集した。明治期刊行の唱歌集には，曲集名に「教育」という文言が付けられたものの中に，実際には，学校で利用されることを目的として編纂されたもの以外に，一般の大衆向けに編纂されたものも含まれている。したがって，その中に掲載された「数えうた」の類の歌の創作意図などを全く同列に論ずることには当然，限界がある。しかし，この限界を踏まえた上で，ひとまず学校教育の内外を問わず，「数えうた」と当時の音楽文化という大きな視座からこれらの「数えうた」の全体像を把握し，そこから唱歌教育との関わり方の実態を考察する。収集した「数えうた」は巻末の表1に示す通り，計169点である。

　ところで，この時期には，同一の「数えうた」が，多少，曲名を変更されることも含めて，同時期に何種類かの唱歌集に掲載されている例が数多くある。その典型的な例は，福羽美静が作詞をしたものである。表1からも明らかなように，福羽が作った「人は心が第一よ　磨いて修めて世をわたれ」という歌詞は，作詞者として本人の名前が記載されている場合でも，曲集によって曲名が，《勸學の歌》《修身數へ歌》，あるいは，《數へ歌》というようにさまざまに付け替えられている。したがって，本章で扱う「数えうた」の総数は，収集した「数えうた」ののべ総数であることを明確にしておく必要がある。

　のべ169点の「数えうた」の大部分は歌詞のみが記載されたものであるが，当時の人びとには「数えうた」のメロディーが聞き覚えのあるものであり，これに乗せて歌うように相次いで替え歌詞が出版されたと考えられる。

　しかし，その歌い出しの歌詞には，次に示すような各種の形態があった。

　　「一つとや」で始まるもの　　　136点[2]

　　「いの字とや」で始まるもの　　　21点

　　「あの字とや」で始まるもの　　　 9点

2）「一つとえ」で始まるもの1点を含む。

「一つとせ」で始まるもの　　　　1点

「一月とや」で始まるもの　　　　1点

「正月とや」で始まるもの　　　　1点

　表1では，上記の各歌い出しをもつ歌詞を，各々，「一つとや」「いろはうた」「あいうえお歌」「一つとせ」「一月とや」「正月とや」と分類した。特に「あの字とや」という歌い出しを持つ歌詞については，「一つとや」や「いろはうた」のような一般的な呼称が見当らないので，本書では，便宜上，「あいうえお歌」と称することにする。また，「一つとせ」で始まる歌詞を持つものが1点，収集されたが，これは歌詞全体の形式から明らかに「一つとや」のメロディーを想定して作られた歌詞であると判断されたので，表1の169点に含めることとした。

　「数えうた」はそもそも長い歌詞を持ちがちなものであるが，歌詞全体の長さは上記の分類によって異なっている。たとえば，「一つとや」に始まる歌詞の中には，時折，12番，あるいは30番という歌詞もあったが，その多くは，10番までで区切りがつけられていた。一方，「いろはうた」では大部分が，47番まで延々と続けられており，また「あいうえお歌」は，ほとんどのものが50番までの歌詞を持つものであった。

　次に，表1から，明治年間の「数えうた」作成の変遷を眺めてみると，入手し得た史料の範囲では，1884（明治17）年発行の『小學手まり歌』という唱歌集に《孝行まり歌》（資料1－1），《學校まり歌》（資料1－2）が載せられていたのがごく初期のものである[3]。

3）梅村甚太郎編『小學手まり歌』1884（明治17）年11月　山本亀太郎出板(ママ)　なお実際には，1883（明治16）年に編集作業が終了していた『幼稚園唱歌集　全』の中に既に，《數へ歌》が含まれていたことが明らかとなっている（東京芸術大学百年史編集委員会編『東京芸術大学百年史　東京音楽学校篇　第一巻』1987（昭和62）年10月　音楽之友社　pp.109-110参照）。

小學手毬歌
第一篇
　孝行まり歌

一とや、人と生まれても、親にも孝行せにゃやらぬ
二とや、二人のみ親のいます間も遊ぶも必ず心せよ
三とや、身をば大事に守るのも、親に孝行の初なり
四とや、養育せられし父母の、高恩を思ひて忘るるな
五とや、いつもかはらず朝夕に、親にも礼儀を忘るるな
六とや、むりな仰せと思ひても、親の言葉につくがよい
七とや、何をもそむき父母の、仰の下より事をせよ
八とや、忘れな山に遊べる鳥を（反哺の孝行いたーー）
九とや、此の身かぎりに盡すともつくし切れぬ親の恩
十とや、年渡重ね両親に分けて孝養おこたるか

資料1－1　《孝行まり歌》

出所）　梅村甚太郎編『小學手まり歌』1884（明治17）年11月

學校まり歌

一とや、人と生まれて、礼儀なくば鳥や獣に劣るべし
二とや、二人の姉きま大切に兄弟なかよくす るがよい
三とや、みなさま小供も遊びてもやさしも勉強いたします
四とや、夜晝勉強した上で、試験に及第せねばならぬ
五とや、いくら讀み書き上手でも、礼儀を知らねば人でなし
六とや、向ひの小供とられをひ、毎日出校せにゃやらぬ
七とや、永事とやと思ふよ、月日のたつ如く
八とや、山に遊べる鳩で（三枝の礼儀）
九とや、此の学校の人たちもともありの學校に劣るまじ
十とや、途中で走るべに逢ひたりとも必ず礼儀を忘るるか

資料1－2　《學校まり歌》

出所）　梅村甚太郎編『小學手まり歌』1884（明治17）年11月

　そして，この『小學手まり歌』をはじめとして，1890年前後の唱歌集に「数えうた」に類する歌詞が数多く掲載されるが，1900年代に入ると，その割合が次第に減少していく傾向が認められた。その背景としては，1900（明治33）年

の『地理教育鐵道唱歌』出版を契機とした，日本人の作曲能力の向上による新作の唱歌や唱歌集の相次ぐ出版という音楽界全体の活況があった。しかし数量的には減少の傾向にあったとは言え，表1からは明治年間を通して「数えうた」という形式の歌が途切れることなく作り続けられていたことが明らかである。そして，文部省著作『尋常小學讀本』（第2期）（巻6）に「かぞへ歌」の歌詞が掲載されたことを受けて，1910（明治43）年には，『尋常小學讀本唱歌』に「一つとや　人々忠義を第一に」の歌詞で始まる《かぞへ歌》が掲載されるに至った。

　なお1890年前後という唱歌教育が推進され始める頃に出版された唱歌集の中には，1冊の唱歌集に何種類もの異なる歌詞を持つ「数えうた」が掲載されるという特徴が見られた。たとえば，岡村増太郎編・四竈訥治閲『家庭唱歌　第一集』（1887（明治20）年10月）には，《勸學の歌》《愛國の歌》《四季の歌》《修身の歌》《名所の歌》《四季動物の歌》《四季植物の歌》の計7種類の「數へ歌」が収められていた。また，同年に，鶴橋愛次郎が編纂した『男女子供運動歌』にも，修身教訓的な《數へ歌》2曲，コレラ予防の《數へ歌》，《行軍餘興の歌》と《名所の數へ歌》の他に，「いろはうた」である《こどものまりうた》の合わせて6種類の「数えうた」が掲載されていた。

　のべ169点の「数えうた」を歌詞の内容の点から考察すると，おおよそ以下のような種類に分類することが可能である。

　　1）《修身數へ歌》《忠君愛國の數へ歌》など修身教育の内容と密接に関連づけられた歌詞内容を持つもの。

　　2）コレラ予防を中心とする衛生教育を目的とするような歌詞内容を持つもの。

　　3）《地理數へ歌》などのように地理教育，郷土教育と関連のある歌詞内容を持つもの。

　　4）《行軍の歌》《行軍餘興の歌》などの行軍歌に類する歌詞内容を持つもの。

　　5）《絲繰歌》《養蠶數へ歌》《稲作改良數へ歌》などの労働と結びついた

歌詞内容を持つもの。

　6）その他，たとえば，純然たる花鳥風月に関する歌詞内容を持つもの。

　もっとも，「一つとや」に始まる形態の「数えうた」の計10番の歌詞の中に，上記の各項目に該当するような歌詞が，網羅的に詠われているものも多々あり，一つの「数えうた」を上記の項目のいずれかに分類することが不可能な場合も多い。したがって，本書では，一番ごとの歌詞を分類するというよりも，一つの「数えうた」の全体としての歌詞内容の傾向が上記のいずれに該当するかという観点から分類を試みた。

　次項では，上記のうち，学校教育と関わって，明治期の「数えうた」として特に検討を要すると考えられる，修身教育との関連性が強い「数えうた」，衛生教育的な「数えうた」，そして地理教育と結びつけられた「数えうた」の3項目について詳述する。

2.　修身教育のための「数えうた」

　収集した明治期の「数えうた」には，修身教育的な内容の歌詞を持つ「数えうた」が圧倒的に多い。これらの歌詞では，「教育勅語」や「小學校敎則大綱」に示された，忠君，孝行，勤勉，礼儀などの徳目が列挙されているのが特徴的である。歌詞を唱えることで，これらの徳目を無意識のうちに子どもの脳裏に浸透させることが意図されていたことは明白である。

　これらの修身教育的な歌詞を持つ「数えうた」に，福羽美静の歌詞（人は心が第一よ）が合計11点含まれているのが特徴的である。

　資料1－3は，1887（明治20）年6月に出版された『音樂之枝折　巻下』に掲載されたもので[4]，収集し得た資料の中では作詞者として福羽の名前が記載された最初のものである。ただし，同じ歌詞がこれよりも以前の1885（明治18）年には既に，『小學兒童ノ毬歌』という歌集の中に作詞者の名前が付けられず

4）大村芳樹『音樂之枝折　巻下』1887（明治20）年6月　普及舍　pp.36-37

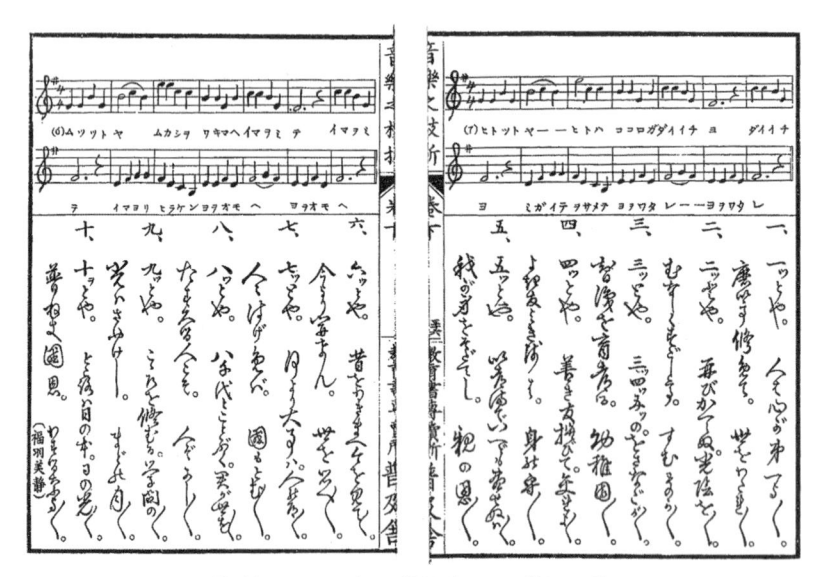

資料1－3　福羽美静作詞の《數へ歌》

出所）　大村芳樹『音樂之枝折　卷下』普及舍　1887（明治20）年6月

に掲載されていた。

　この福羽の歌詞による《數へ歌》は，1887（明治20）年という1年間に発行された8種類の唱歌集に，集中的に掲載されていたことも明らかとなった。この8種類の唱歌集は以下の通りである。

　　眞鍋定造編『幼稚唱歌集　全』

　　増山英次郎編『幼稚園小學校こども歌』[5]

　　大村芳樹著『音樂之枝折　卷下』

　　矢羽根孝太郎編『小學生徒用游戯唱歌集』

　　岡村増太郎編『家庭唱歌　第一集』

　　鶴橋愛次郎編『男女子供運動歌』

福井淳編『小學女生徒必携改良手まり歌』

吉田鉦橘編『唱歌をしへ草』

上記の８種類の唱歌集名から，福羽の《數へ歌》が幼稚園や小学校に通う低年齢の子どもを対象としている唱歌集に多く収められていることがわかる。幼稚園や小学校教育が開始されて間もないこの時期にあっては，まず教育自体の必要性を人びとに認識させることが急務であり，「一つとや」のメロディーに乗せたこの福羽の歌詞は，低年齢の子どもに，また子どもを取り巻く周囲の人びとにも教育の必要性を説くものであった。そして，「智識を育つる幼稚園」で学ぶ「人の道」や「こゝろを修むる」学問が，忠孝の心を育て，最終的には国を富ませることに繋がるという構図を持っていた。

実は，この福羽の《數へ歌》は，この５年前，すなわち，1882（明治15）年１月31日に昌平館で開催された「音樂取調掛成績報告」の演奏会において，東京女子師範学校附属幼稚園児によって歌われていた[6]。この演奏会で幼稚園児は，メーソンのヴァイオリンに合わせ，《數へ歌》を「五回」歌ったが[7]，そこでは「一つとや」ではなく，「一つとせ」という歌い出しで歌われた模様である[8]。この《數へ歌》の「唱歌略説」としては，

> 此歌ハ福羽美静君ノ戯作ニシテ其旨意ハ世俗流行従来ノ數へ哥ハ其言詞最モ鄙俚ニシテ兒童之ヲ口誦スルモ更ニ益ナキヲ患ヘ其口調ニ倣ヒ一ヨリ十迄次々ニ暗記セハ聊徳性ヲ涵養スルノ資タラン事ヲ意ニ寓セラレシナリ哥ノ意ハ解ヲ俟タズシテ明亮ナリ今此レニ西洋ノ樂器ヲ用ヒ現今幼稚園ニ於テ兒童ノ唱フ処ナリ[9]

6）伊澤修二（山住正己校注）『洋楽事始　音楽取調成績申報書』平凡社　1971（昭和46）年６月　pp.38-39，東京芸術大学百年史編集委員会編『東京芸術大学百年史　東京音楽学校篇　第一巻』1987（昭和62）年10月　音楽之友社　p.199

7）東京芸術大学百年史編集委員会編『東京芸術大学百年史　東京音楽学校篇　第一巻』1987（昭和62）年10月　音楽之友社　p.199　なお，「五回」という表記は，五番までの歌詞を歌ったことを表すとも考えられる。

8）同上　pp.206-207

と述べられていた。つまり，これは福羽が，子どもがしばしば口にする「世俗流行従来ノ數へ哥」のメロディーに新しく歌詞を作り，それを子どもが「一ヨリ十迄次々ニ暗記」することによって，「徳性ヲ涵養スル」ことを目的として作った替え歌詞の「数えうた」であった。このように，演奏会での披露によって，この「数えうた」の「徳性ヲ涵養スルノ資タラン」という点が認められたはずであった。しかし，この曲の教材としての価値に着目した文部省がこの曲を採り上げ，一旦，『幼稚園唱歌集　全』[10]に収めることになると，その歌詞を巡ってさまざまな議論が交わされることになった。その結果，刊行された『幼稚園唱歌集　全』所載の《數へうた》は，

> 一つとや　人々一日も忘るなよ　はぐくみそだてしおやのおん[11]
> 二つとや　二つとなきみぞ山桜　ちりてもかをれやきみがため
> 〈以下省略〉[12]

というように，冒頭から「孝行」や「忠君」の教えを直截的に説くものに変えられていた。山住正己は，その修正の過程を詳細に検討した上で，この修正について，

> 教師が子どもに知識をあたえ，子どもがたゆまず学ぶとか，文明開化をすすめるなどということよりも，「皇御国の君恩」をわすれるなということの方が重要だというのである。これはやはり教育政策の転換のあらわれであろう。学制頒布当時には，文明開化や知識の学習に「仕向」けるような歌が幼児にとっても必要だったが，それは「今日ニ当リ」ては修正しなけ

9）東京芸術大学百年史編集委員会編『東京芸術大学百年史　東京音楽学校篇　第一巻』1987（昭和62）年10月　音楽之友社　p.207
10）文部省音樂取調掛編『幼稚園唱歌集　全』1887（明治20）年12月　文部省編輯局
11）本書では，「数えうた」の歌詞を記す時に，5文字の繰り返し部分の歌詞を省略して記すこととする。ただし，「一つとせ」の歌い出しの場合などで繰り返しが異なる歌詞の場合は明記する。
12）《數へうた》文部省音樂取調掛編『幼稚園唱歌集　全』1887（明治20）年12月　文部省編輯局

ればならなかったのである[13]

と指摘している。『幼稚園唱歌集　全』出版の数年後には，「教育勅語」が発布され，忠君愛国に向けて徳育に絞られた教育が加速度的に展開されていくことになるが，その兆しが既に，『幼稚園唱歌集　全』所載の《數へうた》の中にも認められる[14]。

3.　衛生教育のための「数えうた」

　諸種の「数えうた」の中でも，これを歌うことによる即効的な効果を期待できたのが，衛生教育的な歌詞の「数えうた」であった。この衛生教育的な「数えうた」とは，コレラ病やトラホームなど，不衛生から生じがちな疾病予防の

---

13)　山住正己『唱歌教育成立過程の研究』1967（昭和42）年3月　東京大学出版会 p.114

14)　本節で，福羽が作った《數へ歌》の歌詞が，1887（明治20）年の1年間に，計8種類の唱歌集に転載されていたことに触れたが，実はこれらの唱歌集のいくつかに，福羽の《數へ歌》と同時に，『幼稚園唱歌集　全』所載の他の唱歌も転載されている。『幼稚園唱歌集　全』の出版版権届は，1887（明治20）年7月5日であるが，それ以前に既に「版権免許」を受けていた『幼稚唱歌集　全』（1886（明治19）年12月版権免許　1887（明治20）年3月出版）や『幼稚園小學校こども歌』（1887（明治20）年4月板権免許　1887（明治20）年4月出版）などの中に，『幼稚園唱歌集　全』所載の各曲が掲載されていたのである。『幼稚園唱歌集　全』自体は，1883（明治16）年の段階で編集作業が終了しており（東京芸術大学百年史編集委員会編『東京芸術大学百年史　東京音楽学校篇　第一巻』1987（昭和62）年10月　音楽之友社 p.109），その後，出版までの間に掲載各曲が，民間発行の唱歌集に転載され，文部省の「版（板）権免許」を受けたことになる。この間にどのような事情があって，こうした民間からの唱歌集に先行される形で『幼稚園唱歌集　全』が出版されることになったのか，興味深い点である。この点について安田寛は，眞鍋定造が大阪のキリスト教出版社と関わりがあったことから，「音楽教育に用いる教材に関して文部省と日本ミッションの両者がきわめて近い関係にあったことを示す好例だと言える。」と述べている（安田寛「キリスト教伝道と日本の近代音楽」同志社大学人文科学研究所研究叢書XXXVII『アメリカン・ボード宣教師　―神戸・大阪・京都ステーションを中心に，1869～1890年』2004（平成16）年10月　pp.409-410参照）。

ための心得を書き連ねた歌詞を持つ「数えうた」である。

　その代表的なものは，1886（明治19）年7月号の『教育時論』掲載の，《虎列剌病よけのうた》と題された次のような歌詞の「数えうた」である。

　　　一ッとや　ひとはいのちが。第一よ　ようじやうえいせい。をこたるな
　　　二ッとや　ふけつにつけこむ。これら病　からだをきよめて。よけよかし
　　　三ッとや　みづをのむにも。きをつけよ　にたててさまして。のめばよし
　　　四ッとや　よるひるはらに。ぬのをまき　ねびへせぬよに。いましめよ
　　　五ッとや　いきほひにたけき。これら病　せきたんさんもて。ふせぐべし
　　　六ッとや　むやみによりあひ。あつまるな　やまひをいざなひ。いだすべ
　　　し
　　　七ッとや　なりくだものを。たべるなよ　はらをそこなふ。うれひあり
　　　八ッとや　やらいをむすびし。そのうちは　これらのびようにん。あると
　　　しれ
　　　九ッとや　これらををそれて。さけのむは　かへりてやまひ。まねくなり
　　　十ッとや　とほいからとて。ゆだんすな　わがみをころす。てきなれば[15]

このような《虎列剌病よけのうた》が掲載されるに至った背景には，当時，「京坂(ママ)地方に虎列剌病流行の勢猛く日日に幾百の新患者」[16]が出るとまで報じられた状況があった。このような状況の中で，当時の人びとが「やれ祈禱やれまじなひ」[17]という手段でしか対処し得ないでいるのを憂いた慶野庄作が，生徒へ与えることを目的として作詞したものが上記の「数えうた」である[18]。

　この《虎列剌病よけのうた》の歌詞には，身体を清潔に保つ，あるいは，生水を飲まないといったきわめて基本的な衛生教育事項が歌い込まれていたにすぎなかったが，「数えうた」の歌いやすさがおそらく功を奏し，コレラの猛威

---

15)「虎列剌豫防の歌」『教育時論』第45号　1886（明治19）年7月15日　5文字の箇所に繰り返しの印あり。
16) 同上
17) 同上
18) 同上

に怯えていた当時の人びとに瞬く間に受け入れられていったようである。

　そして，『教育時論』に掲載されたこともあって，この「数えうた」は教育現場でも大いに活用された模様である。たとえば，この「数えうた」掲載のわずか4カ月後には，

　　　愈々唱歌教授を實行せしに始の程は誹難するものありしと聞きしが虎列刺
　　　流行のとき人心の恐を抱くに乗じ開發社の教育時論に載せたる豫防の歌を
　　　教へしに其面白さに忽ち村内の小供等は長篇の歌を暗記して之を唱へ廻は
　　　りしより大に攝生豫防に注意するに至れり唱歌の徳は此一事にても知らる
　　　べしと云ふに在りて論旨の懇なると言語の優しく勇ましきに依り聴衆の喝
　　　采絶ふる間もなかりしと云ふ[19]

というように，《虎列刺病よけのうた》が，実際に小学校で児童にも教授されていたことが報告されていた[20]。そしてこの歌を教えたところ，「大に攝生豫防に注意するに至れり」というほどに，この「数えうた」が教育的効果をもたらしたというのであった。また，この歌を通して子どもがコレラ予防に留意するようになったことを，周囲の人びとが評価し，あらためて歌の効用を感じたのであろう。その結果，当初，唱歌教育そのものに批判的であった人びとにも，歌の持つこのような教育的な作用を気づかせることになり，結果的に唱歌教育の有用性が認識されることに繋がったようである。

　この《虎列刺病よけのうた》が『教育時論』に掲載された翌月，1886（明治19）年8月には，『東京日日新聞』に，《虎列刺豫防の鞠歌》と題する同様の歌詞の「数えうた」が発表された。この《虎列刺豫防の鞠歌》の新聞記事を資料

19）「女教師唱歌の効用を説く」『教育時論』第58号　1886（明治19）年11月25日
20）この点に関しては，既に松下直子が『教育時論』の資料を引用し，この種の「数えうた」が唱歌教育の啓蒙に寄与したことを明らかにしている（田甫桂三編『近代日本音楽教育史Ⅰ』1980（昭和55）年9月　学文社　pp.122-124参照）。しかし，松下が「コレラ病予防の歌」として示した資料は，『東京日日新聞』掲載の《虎列刺豫防の鞠歌》であり，『教育時論』の記事中の《虎列刺病よけのうた》とは異なるものである。

○虎列刺豫防の鞠歌　大日本私立衛生會員
福島甲子三氏ぬ兒童ⁱも虎列刺豫防法を熟知
せしめんとて左の鞠歌を作り近傍の兒童ⁱ頒
たれたり

「一つとや」人のコレラを聞く度ⁱ〳〵自
分の用心怠るな〳〵

「二つとや」平常住居を奇麗ⁱし〳〵芥溜

「三つとや」下水を掃除せⁱ〳〵

「四つとや」三度の食事も食ひすぎず〳〵
あしき品ⁱ氣をつけよ〳〵

「五つとや」いつも身体を清潔ⁱし〳〵泳
汚れぬ様ⁱ始末せよ〳〵夜具や蒲團やシャツ襦袢〳〵

「六つとや」無理ⁱ仕事や勞働ⁱ〳〵何時
谷結髮息るな〳〵

「七つとや」沸して冷ぬ〳〵なま水の氷ⁱ身体の毒となる〳〵

「八つとや」夜分ⁱ取わけ氣を附けよ〳〵

「九つとや」過飲霖冷をせぬ様ⁱ〳〵この節ぬやるコレラをば〳〵防ぐⁱ身の為め國の為め〳〵守るべるコレラを〳〵

「十とや」篤とこの歌心得て〳〵
命ⁱ百までも〳〵守らば壽

資料1－4　《虎列刺豫防の鞠歌》

出所）『東京日日新聞』第4417号　1886（明治19）年8月5日

1－4に示す[21]。

　この《虎列刺豫防の鞠歌》も先の《虎列刺病よけのうた》と同様に，身体を清潔に保つなどの衛生教育的な事項を羅列した歌詞ではあったが，1点，「九つとや」の中で，コレラを防ぐことが自分自身を守り，ひいては「國の為め」に繋がるという文言を挿入しているところが特徴的である。背後にある，国を守るために必要な健全な臣民の育成という考え方が窺われる箇所である。

　これらの「数えうた」は，衛生教育的な効果，さらには唱歌教育の教材としての有効性が認められたと思われ，翌1887（明治20）年の秋には，『男女子供運動歌』という唱歌集に2点とも収められることになった。『男女子供運動歌』では，《虎列刺豫防の鞠歌》は単に《數へ歌》として掲載され，また，その作

21)《虎列刺豫防の鞠歌》『東京日日新聞』第4417号　1886（明治19）年8月5日　第
　6面

詞者名は，福富甲子三郎となっているが，歌詞はごく僅かな語句の変更を除いて『東京日日新聞』に掲載された《虎列刺豫防の鞠歌》と同じものである。

コレラが猛威をふるった1880年代後半という時期に合わせたこのようなコレラ予防のための「数えうた」が存在した一方で，明治末期になって，トラホームの予防を呼びかける歌詞の「数えうた」が作られていることは大変，興味深い。巻末の表1に見るように，収集できたトラホーム予防の歌は，1906（明治39）年に『秋田縣教育雑誌』に掲載されたものである。明治末年に近いこの時期には，既に，唱歌教育が大部分の小学校で開始されていた。また，1900年代は『地理教育鐵道唱歌』の出版に端を発した唱歌集出版が活況を呈していた時期でもあり，多くの唱歌教材が教育現場に提供されていたはずである。このような時期における，聞き知ったメロディーを用いた「数えうた」の歌詞の発表は，西洋楽曲の手法による唱歌という形よりも，知らず知らずのうちに口ずさめる旋律に乗せた歌詞の方が，子ども達の脳裏に深く浸透されることを期待された故であったと考えられる。

『秋田縣教育雑誌』には，《トラホーム沿革（一般）の歌》と《トラホーム豫防の歌》と題する2種類の「数えうた」が掲載されていた。この2種類の歌詞は，「醫學得業士」の称号を持つ深味貞治という人物が作詩をしたものであった。作詩のいきさつは，

> 作者は昨秋九月山本郡能代港町の依嘱により淳城三小學校トラホーム兒童の治療に従事してあつたが終に理想的結果を収むることか出來なかつた此理由は種々あるだらうけれども兒童は勿論世の父兄たる者のトラホームの如何なる眼疾であるやといふことを知らぬが主なものであると信じられる[22]

という記述に見られるように，そもそも児童のトラホーム治療の状況に限界を感じた作者が，

> 此歌は聊か世の兒童を有する父兄に警告すると共に兒童自身にもトラホー

---

22)「トラホームの歌」『秋田縣教育雑誌』第175号 1906（明治39）年5月

ムなるものを解得せしめんとしてものしたるものである[23]

というように，児童や父兄に対し，トラホームという眼病に対する知識を啓発
することを目的として作ったのであった。そして，

　　唯一夕のお伽噺の代りに此歌意を其子弟に説き明かす父兄や學校昇降の際
　　聲低くとも口にしてくれる小學兒童の一人でもあつたなら吾か望は足るの
　　であります[24]

と，この歌詞が子どもに唱えられることを，謙虚な表現ながら切実に望んでい
たのであった。

　2種類の歌詞のうち，《トラホーム沿革（一般）の歌》の歌詞は以下の通り
である。

　　　一つとや　廣くはびこるトラホーム　國をほろぼす敵なるぞ
　　　二つとや　佛蘭西皇帝奈翁　いくさに負けしも是がため
　　　三つとや　未開のそしりをトラホーム　み國に多きぞ口惜しき
　　　四つとや　四人の盲目のそのもとを　さくれば一人は此のやまひ
　　　五つとや　埃及西刺比亞，露西亞白耳義　支那日本流行地
　　　六つとや　むかしはやりし佛獨も　いまては僅かに影ばかり
　　　七つとや　長くかまはす捨ておけば　終には不治症となる
　　　八つとや　病のうちてもこの病　輕くみすごす人多し
　　　九つとや　小供大人の差別なく　不潔な人をば襲ふなり
　　　十とや　　富も位も月花も　まなこあつての樂みよ[25]

　一番ごとの歌詞には，細かく説明が施されており，たとえば，「一つとや」
の歌詞の後には，

　　トラホームは世界の到る處殆んとない國はありません米領布哇ではトラ
　　ホームに罹つて居る外國人に一切上陸を禁じました何時までもトラホーム

---

23)「トラホームの歌」『秋田縣教育雑誌』第175号　1906（明治39）年5月
24) 同上
25) 同上

の病根のたえぬ國は外國貿易も移住も出來ない事となりつまりは國の興亡
に關する様になります[26]

と，トラホームが「國の興亡」にまで関わることもあり得る程の重大な疾病で
あるとして，この病に対する人びとの意識を喚起させている。また，「三つと
や」の解説では，

西洋の學者はトラホームは野蠻未開の國程澤山あるといふてトラホームの
ある國を賤しんで居るか我國も澤山ある國の一つてあるから矢張り未開と
か野蠻とかいはれて居るに相違ありません何んと残念なわけでありません
か[27]
〈ママ〉

と述べている。この一文からは，列強諸国に肩を並べる際に不利と思われる要
素を取り除くという観点からも，当時，衛生教育の必要性が説かれていたこと
が窺われる。

　作者の深味は，このように《トラホーム沿革（一般）の歌》の歌詞で，トラ
ホームという眼病に対する人びとの意識を喚起し，衛生教育の必要性を啓蒙し
た上で，続いて，《トラホーム豫防の歌》において，具体的な予防策を示した。
この《トラホーム豫防の歌》の1番及び2番の歌詞と解説を資料1－5に示
す。

　資料1－5のように，この《トラホーム豫防の歌》の歌詞も，先に述べた
《虎刺列病よけのうた》などと同様に，身体を清潔に保つこと，早めの治療を
心がけることなど，今日から考えるときわめて基本的な衛生教育事項であっ
た。しかし，衛生事情の悪かった当時としては，トラホームの蔓延という状況
の中で，このような基本的な事柄を一つひとつ歌詞に表して，衛生に対する子
どもの意識を高めて予防することが有効であると考えられたのであろう。それ
は，コレラ予防に関する「数えうた」の場合と同様に，旋律に乗せて歌詞を歌
うことによって，子どもの脳裏にその歌詞が定着されるという歌の力が認めら

---

26)「トラホームの歌」『秋田縣教育雑誌』第175号　1906（明治39）年5月
27) 同上

れていたこと，そしてその歌の力を利用して衛生教育を行っていこうとしていたことの証左である。

トラホーム豫防の歌

一つとや　日光は貴き豫防藥〳〵
屋外の遊戯をおこたるな〳〵

日光の直射はトラホームの原因物を殺し又は弱むるといふことを作者は淳城三小學校に於て實見した事實でありますから雨風のない日は必ずそとで遊ぶのはトラホーム豫防上のみならず衛生上よろしくあります

二つとや　不潔は萬病の基なれば〳〵
朝夕まなこを清洗ふべし〳〵

不潔は萬病の基であるといふことを皆さん御存じの通りでありますが特に眼は其構造の細徴であるだけ病に犯され易しいから朝は勿論外出先から皈つたとき運動したあと夜床に就くときには濟みたる水又は湯て拭き又は洗ふ樣に注意しなければなりません

資料１－５　《トラホーム豫防の歌》

出所）『秋田縣教育雑誌』第175号　1906（明治39）年５月

譜例１－１　《衛生唱歌》

出所）　三島通良『衛生唱歌』1900（明治33）年12月

人萬物の
二段(にだん)
忠孝二道の
幼きときより
左のの法則を
よ
朝は七八時に
よくは口すすき
顔を拭ひて
食には必ず
静に茶漬を
湯漬に
消化の如き
餘のり
氷のり
熱したる身に
風ひくことの

靈として
ふまんにしては
心まめべりして
守るにいり入り
ねこまると
眼をかたみて
髪すみくを下だみ
の
よみ
食のすと知れば
もり
湯茶のとむ
赤わのめろ
水飲めろしば
あるぞかし

資料1−6 《衛生唱歌》の「二段」歌詞

出所）三島通良『衛生唱歌』1900（明治33）年12月

　このような世情を反映して，1900（明治33）年には，『衛生唱歌』という名前の唱歌集まで発行されていた。この唱歌は「緒言」で，

　　毎日怠らず之を歌ふときは，兒童をして，自然衛生の道を實行するに到らしめ，併せて其德性を涵養するに足らん。余は，其之あるを信じ，尚ほかくあらんことを祈るものなり[28]

と述べられていたように，まさに，歌の力を利用した衛生教育のための唱歌であった。そして，鈴木米次郎による譜例1−1のような楽譜も付けられていた。

　《衛生唱歌》の歌詞の「一段」には，「教育勅語」という用語を用いながら，忠孝の教えが説かれていたし，「二段」にも，資料1−6のように，「忠孝二道」のために，心身の健康を保つための基本的な衛生教育事項が列記されていた。

　しかしながら，この《衛生唱歌》と，先の《トラホーム豫防の歌》などの「数えうた」のメロディーを使った歌を比べてみると，「数えうた」の方が子どもには容易に受け入れられ，教育現場で教えられる機会も多かったであろうことは想像に難くない。おそらくこの時期には，史料として残されてはいないと

28)「衛生唱歌緒言」三島通良『衛生唱歌』1900（明治33）年12月　集英堂

ころでも,「数えうた」のメロディーに乗せたこうした衛生教育的な歌詞作りが試みられたのではなかったかと推察される。

このような歌の力を最大限に発揮させるためには,学校の唱歌教育は恰好の場であった。それ故,先述の2種類のトラホーム予防のための「数えうた」も,作歌の際に秋田県師範学校教諭の教示を受け[29],『秋田縣教育雑誌』という場を選んで,広く学校教育にも浸透することを願って発表されたのであろう。

4. 地理教育のための「数えうた」

上述のように,唱歌教育開始期に多く見られた修身教育的な「数えうた」や,コレラ,あるいはトラホームという特別な疾病の流行に即して作られた衛生教育的な「数えうた」の他に,明治期には,地理教育的な歌詞内容を持つ「数えうた」が数多く作られていた。

これらの地理教育,地誌教育,あるいは,郷土教育と関連性の強い「数えうた」は,修身教育的な「数えうた」よりは幾分,時代が下って,1890年代はじめに最盛期を迎えていたようである。この種の「数えうた」は,内容的にはその後,1900(明治33)年の『地理教育鐵道唱歌』をはじめとする一連の郷土地理唱歌に引き継がれていく性質のものであった。

この地理教育のための「数えうた」のごく初期のものとして,1887(明治20)年に出版された『小學生徒用游戲唱歌集』所収の2種の「数えうた」,すなわち,《甲斐地誌の數へ歌》と《日本地誌の數へ歌》が挙げられる。この『小學生徒用游戲唱歌集』は,山梨県平民矢羽根孝太郎が編纂した唱歌集であるが,曲集の冒頭に,「人はこゝろが第一よ」の《修身數へ歌》に続き,上記の2種の地誌教育的な「数えうた」が収められていた。2種の中でも,とりわけ前者の《甲斐地誌の數へ歌》は,1900年代に各地で盛んに作られる郷土地理唱歌に

---

29)「トラホームの歌」『秋田縣教育雑誌』 第175号　1906(明治39)年5月

も繋がるものであり，また唱歌科と地理科との関連性という点からも，大変興味深いものである。「小學校教則大綱」が出され，その中で，各教科が関連づけられながら教授される必要性が明記されると，唱歌教育においても地理や歴史教育と関連性のある唱歌の教授が盛んに行われるようになるが，この《甲斐地誌の數へ歌》は，その種の歌の先駆け的存在である。そこで，以下に《甲斐地誌の數へ歌》の冒頭部分を示し，検討を加える。

《甲斐地誌の數へ歌》　　　　　　　　中田尹治作

あノ字トヤ　東ま海道の甲斐國は〈ママ〉　駿河相撲の北に在る〈ママ〉

いノ字トヤ　往し昔しを尋ぬれば　　　湖みなりとぞ云傳ふ

うノ字トヤ　受けし武田の御恩德　　　今も人々仰ぐなり

えノ字トヤ　畫きし國のあり様は　　　恰ら南瓜に善似たり

をノ字トヤ〈ママ〉　音に聞こへし川筋は　　　富士川丹波川桂川

かノ字トヤ　重る山々ありぬれど　　　氣候温和に地味宜し

きノ字トヤ　聞へし軍の在所とは　　　新府に天目，柏尾坂

くノ字トヤ　國の人數かぞふれば　　　四拾貳萬に充るぞや

けノ字トヤ　縣の 廳 の有土地は　　　第一繁華の甲府なり

こノ字トヤ　巨摩と山梨八代に　　　　都留の四郡で國を為

〈以下省略〉[30]

　この《甲斐地誌の數へ歌》は「あいうえお歌」の形態で合計50番の長い歌詞を持つもので，甲斐の国の位置関係と武田家に縁のある国であることから歌詞が始められている。この後，山河や主要都市名，人口，名所旧跡等が「数えうた」のメロディーに乗せて歌い続けられる。このように，日本という国全体における位置関係，周囲の自然環境，名所旧跡等を歌った歌詞を羅列する手法は，1900年代に隆盛を誇った郷土地理唱歌にそのまま踏襲されており，明治年間のこの種の唱歌の典型的な歌詞パターンとなるものである。

---

30)《甲斐地誌の數へ歌》矢羽根孝太郎編『小學生徒用游戯唱歌集』1887（明治20）年8月　徴古堂

　この《甲斐地誌の數へ歌》が収められた『小學生徒用游戲唱歌集』は甲府の出版社から刊行されており，当然，学校で教授されることを目的として編纂されたものである。実際に，「緒言」には，

　　兒童ノ快樂ト共ニ其心意ニ浸染スルノ興味アル者ヲ撰ミテ之ヲ供給スルノ一途アルノミ故ニ予此冊子ヲ編輯シテ其材料ニ充ツ世ノ教育者是認スル所アラハ教育ノ一助ニモナラント云爾[31]

というように，教育現場で使われることを希望する一文が記されていた。この唱歌集には，《甲斐地誌の數へ歌》を含む3種類の「数えうた」の他にも，《こ丶なる門》《進め進め》などをはじめとして17種の歌詞が掲載されており，この「緒言」の一文は唱歌集全体に対するものである。しかし，その冒頭部分に，《甲斐地誌の數へ歌》などの「数えうた」が掲載されていることから他の歌に先立ってこうした「数えうた」が教えられようとしたと思われる。

　修身教育や衛生教育に関連した「数えうた」の場合と同様に，「数えうた」のメロディーに乗せて，甲斐の国の地誌を学ぶこともまた，教科書や地図などの教材が完備されていなかった当時にあっては確かに地誌教育のための有効な補助的手段であった。

　さらに言えば，郷土の地誌を教えることを通して，郷土愛を育て，それがひいては，愛国の情にまで発展することさえ，既に目論まれていたと推察される。それ故，「れノ字トヤ」では，「歴史と地理とは人々の　学ばて叶はぬ学問ぞ」〈ママ〉というように，さらに，「ゐノ字トヤ」においては，「井の底蛙と呼はるは地誌を學ぬ罪ぞかし」とまで強い表現で，地誌教育の必要性が説かれていた[32]。

　そして，この《甲斐地誌の數へ歌》は，

---

31)「緒言」矢羽根孝太郎編『小學生徒用游戲唱歌集』1887（明治20）年8月　徴古堂
32)《甲斐地誌の數へ歌》同上

　　ゑノ字トヤ　遠国迄でも知りたくば　是より敎へん本日歌〈ママ〉
　　おノ字トヤ〈ママ〉　敎へられたる数へ歌　　日々唱へて忘るなよ[33]

というように，同じ書籍所載の次の《日本地誌の数へ歌》への興味づけを行っ
て，50番の歌詞が締め括られていた。

　この種の「数えうた」を作ることは，明治年間を通して各地の教育現場で試
みられたが，唱歌集以外にも地方教育会雑誌に掲載されることによって，一
層，権威づけられ，教材として扱われる度合いが高まったと考えられる。

　中でも『愛知教育會雑誌』は，当時，「数えうた」を積極的に掲載した地方
教育会雑誌であったが，1888（明治21）年9月には，会員である高木協が寄稿
した《愛知縣地理歌》と題した「いろはうた」が掲載されていた。その冒頭部
分を以下に示す。

　　いノ字とや　位置は日本の東海道　　西部に属する二大國
　　ろ　　　　　倫敦きどる名古屋區は　三府に亞ける大都會
　　は　　　　　橋の多きは三河にて　　殊更長きは矢矧橋
　　に　　　　　日本無雙の金城は　　　清正公の寄進とぞ
　　ほ　　　　　本宮猿投の両山は　　　三河の國の高き峯
　　〈以下省略〉[34]

　先述の《甲斐地誌の数へ歌》と同様に，この《愛知縣地理歌》においてもま
ず，日本全体における愛知県の位置関係を示す歌詞から始まり，県内の自然や
歴史を織り込みながら，歌詞が綴られている。そして，「鳴海の驛は愛知郡
絞の名産世に博し」，「七寶焼は海東郡　異人の珍する名産ぞ」，あるいは「木
綿は三河の産にして　生糸は尾張の産物よ」というように，県内各地の産業に
関する歌詞も随所に入れられている[35]。

---

33)《甲斐地誌の數へ歌》矢羽根孝太郎編『小學生徒用游戯唱歌集』1887（明治20）
　　年8月　徴古堂
34)《愛知縣地理歌》『愛知教育會雑誌』第17号　1888（明治21）年9月
35) 同上

　ここでもまた，県内の地理に関する事項を「数えうた」のメロディーに乗せ
て口ずさむことを通した地理教育の効果が期待されていた。

　この種の地理教育的な「数えうた」を多く掲載した特色ある唱歌集として，
松岡鋼一郎が出版した『三重縣地理唱歌』を検討しておく必要性がある。何故
なら，松岡は，1894（明治27）年には，小学校における自身の指導経験に基づ
いた『小學校唱歌科教授法』を著しており，当時の地方唱歌教育に少なからぬ
影響を及ぼしたと思われる人物だからである。松岡は，この著書の中で，「歌
詞及楽譜ハ成ルベク本邦古今ノ名家ノ作ニ係レルモノヨリ撰べ」[36]と，「名家」
の作った教材の必要性を説いていた。このような松岡が，1890（明治23）年と
いう，唱歌教育がようやく推進され始める時期に作った唱歌集の中で，「名家」
の作ではなく，俗謡の一種である「数えうた」のメロディーを使った数種の歌
詞を発表していることは，この時期の唱歌教育の実態を考察する上で貴重な資
料であると考えられる。

　『三重縣地理唱歌』には，《伊勢の國》《宇治山田》《松坂》《津》《四日市》
《桑名》《伊賀の國》《志摩の國》《牟婁郡》の合計，9種類の歌詞が掲載されて
いる。このうち，「数えうた」のメロディーを想定しているものは，《伊勢の
國》《伊賀の國》《牟婁郡》の3種の歌詞であり，これらには，「普通數へ歌の
節にて歌ひて可なり」[37]という指示が示されている。冒頭に掲げられた《伊勢
の國》の歌い出しの歌詞は資料1－7の通りである。

　《伊勢の國》においても，先述の《甲斐地誌の數へ歌》や《愛知縣地理歌》
のように，伊勢地方の位置関係や主要都市，河川等についての地理科の教科内
容が詠い込まれている。

36）松岡鋼一郎『小學校唱歌科教授法』1894（明治27）年10月　著者蔵版　p.3
37）松岡鋼一郎『三重縣地理唱歌』1890（明治23）年11月　文化堂出板^{（ママ）}　p.3

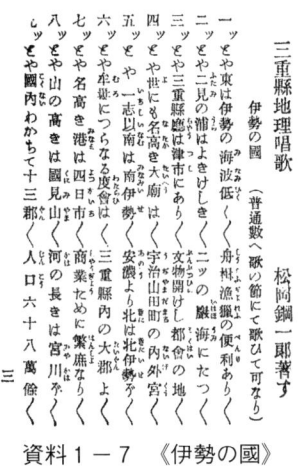

三重縣地理唱歌

伊勢の國　（普通数へ歌の節にて歌ひて可なり）

松岡鋼一郎著す

一ツとや東は伊勢の海波低く〳〵ニツの巖海にたつく〳〵

二ツとや二見の浦はよきけしき文物開けし都會の地

三ツとや三重縣廳は津市にあり宇治山田町の内外宮は

四ツとや世にも名高き名古屋は一志以南は南伊勢伊勢より北は北伊勢ぞ

五ツとや一志以南は南伊勢安濃より北は北伊勢ぞ

六ツとや牟婁につらなる度會は三重縣内の大都よく〳〵

七ツとや山の高きは宮川ぞ商業ために繁庶なり〳〵

八ツとや名高き港は四日市〳〵河の長きは宮川ぞ〳〵

九ツとや國見山河の長きは宮川ぞ〳〵

十ツとや國内わかちて十三郡人口六十八萬餘く〳〵

三

資料 1 － 7　《伊勢の國》

出所）　松岡鋼一郎『三重縣地理唱歌』1890（明治23）年11月

　一方，「数えうた」の節の指示がある３種の歌詞以外の歌詞には，「普通軍歌の節にて歌ひて可なり以下おなじ」[38]という指示がある。この「普通軍歌」がどの種の軍歌であるかは不詳であるが，七五調の長く続く歌詞から考えて，おそらく当時，巷間で歌われていた，たとえば《拔刀隊》などの種類のものを指すのではないかと推察される。「数えうた」自体がそもそも替え歌詞の歌であると同様に，この「普通軍歌の節にて歌ひて可」とされた各種の歌詞もまた，既成のメロディーに替え歌詞の手法で，長い歌詞を歌い継ぐという形態が想定されている。このことから，既にこの時点で，唱歌集を出版する程の力のある唱歌教育の主導者の意識の中に，替え歌詞による唱歌教育という明治期特有の唱歌教育の進め方が培われ始めていたと考えられる。

　このように「数えうた」のメロディーを使うか，あるいは，軍歌のメロディーを替え歌詞的に使うかを含めて，何種類もの地理教育に関する歌詞を『三重縣地理唱歌』としてまとめたことについて，松岡は，その「跋」の中で，

　　さきつとしより小學校に唱歌となんいへる科目を加へその後唱歌によりて

38）松岡鋼一郎『三重縣地理唱歌』1890（明治23）年11月　文化堂出板^{（ママ）}　p. 4

64

　地理なとを覺えしめんこと又一ッのてたてなりと言ひはやすもの少からす
地理につきて物せる歌ともそこ〃らいて來にけるおのれも思ひ出つるま〃
にほうこのうらはしなとにかきつけたる三重縣の内なる地理歌あるは昔の
人の事蹟なとよりいひ起して軍歌めきたる歌も二ッ三ッありけりある人こ
れをみて其の儘打ち捨て置かんはほいなし小學生徒等の一益にそなへよと
切にこはれけれは已か拙きをも省みすしてすりまきとはなしつれといかに
せん學淺く才みしかくしてつ〃りかたも心にまかせす物しり人の笑草とな
りなんかし[39)]

と述べている。この松岡の記述から察するところ，1890年前後という唱歌教育
が開始され始めたごく早い時期から既に，唱歌教授に地理教育的な内容を加味
させようという動きがあったようである。この中でも，「唱歌によりて地理な
とを覺えしめんこと又一ッのてたてなり」という一文に如実に示されているよ
うに，唱歌を他教科教育の「手だて」として使うことが考えられていたこと
は，唱歌教育自体の先行きを暗示する重要な点である。

　松岡は数年後には，『小學校唱歌科教授法』などの著作を世に出し，地方唱
歌教育界の主導的立場に立つことになるが，このような人物でさえ，唱歌教育
の開始期には，「数えうた」の聞き知ったメロディーに，地理教育的な歌詞を
乗せて子どもに歌わせることから唱歌教育を開始し，その普及に努めようとし
ていた様子が窺われる。

　この『三重縣地理唱歌』と同時期，すなわち1890（明治23）年12月に刊行さ
れた『小學校生徒用品治郡地理數へ歌』[40)]も，書名の副題に「小學校生徒用」
と記されていることから，小学校教育で使われることを目的として編纂された
ものであったことが明らかである。この書は《品治郡地理數へ歌》（資料1－
8）1曲のみを収めたものであったが，品治郡の郡役所が設置されていた広島

---

39)「跋」松岡鋼一郎『三重縣地理唱歌』1890（明治23）年11月　文化堂出板〈ママ〉 pp.
　15-16
40)斜森慶次郎『小學校生徒用品治郡地理數へ歌』1890（明治23）年12月　香文舍

県下の府中市村で発刊されており、品治郡というきわめて限られた範囲の小学校を対象とした出版であったと考えられる。それだけに、1銭という低価格で印刷販売されたこの「数えうた」が、確実に郡内小学校関係者や子どもの手にわたることが目指されていたと言える。

資料1-8　《品治郡地理数へ歌》

出所）斜森慶次郎『小學校生徒用品治郡地理數へ歌』1890（明治23）年12月
中央部は国立国会図書館所蔵マイクロフィッシュの印影のママ

上記の『三重縣地理唱歌』や『小學校生徒用品治郡地理數へ歌』が発行された1890（明治23）年の5月には府県制・郡制が制定されており、このような新しい制度の下で、子どもをとりまく近隣の町村名を覚えさせ、郡、町村、郡、あるいは県という単位での郷土愛を育成することは、この時期の学校教育の課題でもあり、唱歌の授業は、これらの地名を歌わせることによって積極的にこの課題解決に加担していったことになる。それは裏返せば、唱歌教育の有用性を教育関係者のみならず一般にも広く認識させるための良策でもあった。

　以上、本節では収集し得た明治期作成の「数えうた」の歌詞の分析を行っ

た。そして，特に，修身教育，衛生教育，地理教育的な内容の歌詞を持つ「数えうた」を，唱歌教育の開始普及に大きく貢献したものと位置づけ，各々の歌詞内容を詳細に検討し，「数えうた」に求められた役割を明らかにした。

　本節で述べてきたように，唱歌教育の早い時期での，修身教育的，衛生教育的，あるいは，地理教育的な歌詞を使った「数えうた」の隆盛は，唱歌教育を一刻も早く開始し，軌道に乗せて，推進していきたいと願う人びとと，歌の力を利用して子どもの脳裏に，徳目や衛生事項，そして地理科の教育内容を浸透させたいと願う人びとの思惑が，まさに合致した結果の事象であった。

第2節　「数えうた」を利用した唱歌教育

　本節では，第1節で示した表1に見られるような多種の「数えうた」の相次ぐ出版という状況を，唱歌教育界がどのように受け止め，これらの「数えうた」を実際の唱歌教育で扱っていこうとしていたのか，この点を中心に考察を進める。

　巻末の表2は，1890年代から1910年代にかけて，各地の小学校で「数えうた」がどの程度，教材として扱われていたのかを，この時期に編成された唱歌教授細目を元に一覧表にしたものである。

　収集し得た唱歌教授細目の大部分は，各地師範学校や附属小学校が編成したものであり，これをもって当時のわが国の唱歌教育の全体像を語ることはできないが，大きな流れについてはある程度，鳥瞰し得ると考える。

　この表2からは，1890年代に作成された唱歌教授細目の多くに，「数えうた」が編成されていたことが明らかである。それらの「数えうた」は各曲に出典が示されているもの，あるいは，教授細目全体を編成するにあたって出典とした唱歌集名が明記されているものから，ほとんどが『幼稚園唱歌集　全』[41]，ま

41）文部省音樂取調掛編『幼稚園唱歌集　全』1887（明治20）年12月　文部省編輯局

たは，『小學唱歌』[42] 掲載の「数えうた」であることがわかる。『幼稚園唱歌集　全』は，文部省音楽取調掛編纂の唱歌集ということもあり，幼稚園のみならず多くの小学校で低学年用の教材がここから採られていた。また『小學唱歌』は，音楽取調掛に関わって唱歌教育の開始期の主導者であった伊澤修二が編纂したこと，さらに，各曲に「注意」と題して，曲の解説や教授時の注意事項が明記されていたこともあって，1892（明治25）年の「壹（巻之一）」の発刊以降，おそらく各校で唱歌教育を考える際に大きな拠り所とされた唱歌集であったと考えられる。したがって，この『幼稚園唱歌集　全』及び『小學唱歌』に掲載された「数えうた」が各校の教授細目に編成されることは当然のことであった。

　「数えうた」が教えられる時期としては，表2からも明らかなように，尋常科の1，2学年という低学年に編成されるのが常であった。これは一つには「数えうた」が『幼稚園唱歌集　全』所載のものであり，また『小學唱歌』では「壹（巻之一）」と「貳（巻之二）」に載せられており，教授細目を編成する際にも，これらの唱歌集の唱歌の構成に準拠する形が取られたためと考えられる。しかし，それ以上に，いまだ西洋の音楽に慣れ親しめる機会の少なかった当時には，聞き覚えのある「一つとや」のメロディーを持つ「数えうた」は，教師，子どもの双方にとって，教材として扱いやすいものと受け止められ，唱歌教育の最初の段階，すなわち，低学年の指導に積極的に利用されたのであろう。

　そしてこのメロディーに乗せた修身教育的な歌詞を，小学校教育の早い時期から教えることにより，修身教育は勿論のこと，学校教育自体に大きく貢献できることが期待されていた。それを物語るように，表2の教授細目一覧に見る各校編成の『幼稚園唱歌集　全』及び『小學唱歌』所載の「数えうた」は各々，

---

42) 伊澤修二編『小學唱歌　壹（巻之一）』1892（明治25）年3月　大日本圖書　「貳（巻之二）」（1892（明治25）年5月）にも《教育數へ歌》が載せられているが歌詞は「壹（巻之一）」のものと同じである。なお表紙は「壹（巻之一）」ではなく「壹」。

資料1−9 『幼稚園唱歌集 全』の《數へうた》

出所） 文部省音樂取調掛編『幼稚園唱歌集 全』1887（明治20）年12月

資料1−10 『小學唱歌 壹（巻之一）』の《數へうた》

出所） 伊澤修二編『小學唱歌 壹（巻之一）』1892（明治25）年3月

資料1−9，資料1−10のような歌詞のものであった。

　特に，この『小學唱歌　壹（巻之一）』の《數へうた》は，その下欄に記載された「注意」の中で，

　　　此歌ハ，學童ニ，國家教育ノ旨意ヲ知ラシメンガタメ，作レルモノニシ
　　　テ，先ヅ忠孝ヨリ始メ，家族，朋友，及師弟間ノ道徳ニ及ボシ，次ニ，勤
　　　學成務ノ要ヲ示シ，終ニ國家ニ對スル心得ヲ述ベタルナリ[43]

と記されていたように，まさに忠君愛国という「國家教育ノ旨意」を教え込むための歌詞であった。『小學唱歌　壹（巻之一）』は，「教育勅語」や「小學校教則大綱」が出された直後の，1892（明治25）年3月に出版されたものであり，明らかにこれらに示された「國家教育ノ旨意」を遵守するねらいで，この《數へうた》の歌詞も作られていたのであった。

　「注意」の中では，さらに続けて，「唱歌ノ際，教師ノ，懇々説示セラレンコトヲ望ム。」[44]と書かれていたが，この唱歌集が伊澤修二編纂のものであっただけに，この一文は，当時の人びとには強い影響を及ぼすものであったと考えられる。さらに，「貳（巻之二）」には，同じ歌詞ながらも《教育數へ歌》というように，「教育」の二文字が冠せられていたが，この二文字は，学校現場での《數へ歌》の扱いに拍車をかけるものになったに相違ない。そして，この《教育數へ歌》の教授に際して，教師が単にメロディーに乗せて歌うというだけではなく，あたかも修身科のような「説示」を展開する光景さえ想起される。

　このような「数えうた」を使った教授が，いかに子どもの脳裏に浸透し，徳育としての成果を挙げていたかという顕著な例として，『兒童研究』に掲載された次の事例が挙げられる。以下はこの雑誌に掲載された児童が作った《數へ歌》の歌詞である。

43）伊澤修二編『小學唱歌　壹（巻之一）』1892（明治25）年3月　大日本圖書　p.17
44）同上

數へ歌（兒童の草稿のまゝ）

三上　　眞　十三歳

熊谷嘉一郎　十二歳

一ツトヤー　人と生れて我身をば　　大事にするも君のため國のため

二ツトヤー　兩親さまの名をあげて　　安んであげるは大孝行

三ツトヤー　御國の爲には身命を　　してるかくこで進むべし（ママ）

四ツトヤー　よろづの國の臣民に　　まさりて國家に盡しべし

五ツトヤー　一大事業を起してよ　　御國の効益はかるべし

六ツトヤー　むやみに運動すべからず　適度にするのが身のためよ

七ツトヤー　なにも不自由しないよに　暮しも君の御恩なり

八ツトヤー　やばんの國もをそる迄　御國の威光をかゞやかせ

九ツトヤー　これ迄他國に侮を　　うけたる事なき御國ぞよ

十トヤー　　東洋三國で一番の　　御國であるぞよ諸君たち[45]

　そして，この児童の《數へ歌》を投稿した亘理健二郎は，投稿に至った理由を，

　　過る日曜日でありましたが，下宿にとぢこもつて居ました所が，はからず
　　も學校の兒童（高一，二）が四人でこられたから，何しにこられたかと不
　　審に思ひ，とりあへず能くこられたと云ひますと，一人の兒童が懐中から
　　何か書いたものを出して，先生これは昨日下つてから二人で作つたのです
　　が，どうぞ御覧下さいと云つて，恭しく差出しましたから，手にとりて見
　　ますと，左の如き數へ歌であります。假名遣のまちがひ，言葉遣のまずい
　　所，系統の立つて居ない所は仕方かありませんが，（其の場にてねんごろに
　　敎へさとしました）ともかく，能くこれ程の事柄を書き表はすたけの良智
　　識をとり込んで居たものだと，一寸感ずると，同時に，訓練上考ふべき材
　　料ではあるまいかと思ひましたによつて，物好に本誌の餘白をけがすに至
　　りました[46]

---

45) 亘理健二郎「兒童の詩想」『兒童研究』第 3 巻第 9 号　1901（明治34）年 3 月
46) 同上

と述べていた。つまり，亘理によれば上記の《數へ歌》は，高等科の児童自ら
の意志で作詞したものであると言うのである。加えて，これを「能くこれ程の
事柄を書き表はすたけの良智識をとり込んで居た」と感心する教師の姿は，こ
の当時の教育そのものを物語っており注目すべき箇所である。同時にこれは，
児童がかつて唱歌教育で教えられた「数えうた」に倣って，「忠君愛国」の歌
詞を散りばめ，教師を喜ばせる程の内容の《數へ歌》を作るに至ったというこ
とにおいて，唱歌教育が徳育上で着実に成果を挙げていたことを示す事例であ
る。反対の見方をすれば，歌というものには，これほどまでに児童を教育の全
体目標に向かって動かしてしまう力があるということでもあろう。むしろ，無
意識のうちに，児童の脳裏に調子のよい「数えうた」のメロディーに乗せて徳
目を浸透させられるが故に，この種の歌がこの時代の徳育に必須のものと考え
られたことの証でもある。

　このように，子どもに大きな影響を及ぼす可能性のあった修身教育的な「数
えうた」が，唱歌教授細目に教材として曲名を列記されていた一方で，地理教
育的な「数えうた」を扱った教授細目が見られないことから，これら地理教育
的な「数えうた」は，地理科で補助的な教材として扱われたのではなかったかと
推察される。

　1900年代中頃（明治30年代後半）になると，次第に「数えうた」が唱歌教授
細目に編成されることはなくなっていくが，その背景としては，1900（明治33）
年の初編刊行以来，『教科適用幼年唱歌』の新しい編が次々と出版されたこと
などにより，低学年向けの唱歌教材が充実してきたことが挙げられる。しか
し，文部省は「数えうた」というものが本来的に持っている，知らず知らずの
うちに歌詞を覚え込ませることができるという点を利用し，1910（明治43）年
発行の『尋常小學讀本唱歌』では，『尋常小學讀本』（巻6）所載の歌詞を使っ
た新たな《かぞへ歌》を採用したのであった。

第2章
軍歌と唱歌教育

　唱歌集出版の歴史を顧みると，1890年代半ばに飛躍的にその刊行冊数が増大し，唱歌集の編纂における最初の隆盛期を迎えることが明らかである。これは一つには，明治初頭に開始された音楽取調掛とその後の東京音楽学校を中心とする西洋音楽教育が軌道に乗った結果，ようやく日本人の手で唱歌が作られる時期を迎えるに至ったという証である。また，それを受け入れる学校においても唱歌教育が徐々にではあるが推進され始め，唱歌教育開始のごく初期よりも広範囲に教材を求め始めたことにも拠っていると考えられる。

　この時期には，民間での唱歌集編纂に先鞭を付けることになった『明治唱歌』（大和田建樹・奥好義共著　全6集　1888（明治21）年〜1892（明治25）年）[1]以降，『國民唱歌集』（小山作之助編　1891（明治24）年），『小學唱歌』（伊澤修二編　全6巻　1892（明治25）年〜1893（明治26）年），『新編敎育唱歌集』（敎育音樂講習會編纂　全8集　1896（明治29）年）などが相継いで発行された。そして，これらの唱歌集は，それまで音楽取調掛編纂『小學唱歌集』と『幼稚園唱歌集全』という官製の唱歌集を唯一の唱歌教材としていた学校教育にも瞬く間に受容され，教材として扱われていくことになった。

　この時期に出版された唱歌集の中で，いかにも学校教育を対象とした名称を持つ上記の唱歌集と並んで，その冊数という量的側面から看過できないものと

1）『明治唱歌』出版の状況と唱歌教材として扱われていく過程については，嶋田由美「『明治唱歌』研究ノート」（『大阪女子短期大学紀要』　第21号　1996（平成8）年12月）参照。

して一連の軍歌集が挙げられる[2]。とりわけ1894（明治27）年の日清戦争開始
前後からの数年間には，膨大な量の軍歌集が出版されたが，小学校唱歌教授細
目にも日清戦争を契機として出版された軍歌集の影響が色濃く反映されていた。
このようなことから，唱歌教育の展開の様相を明らかにしていく上で，これら
の軍歌集の出版の過程や，そこに収められた軍歌が学校教育に及ぼした影響に
関する考察は必須の課題であると考える。

　そこで本章では，日清戦争を契機として軍歌の類の歌が作られていく過程と，
それらの学校教育での扱われ方の考察を通して，この時代における軍歌が唱歌
教育にもたらした意味と役割を明らかにする。

第1節　日清戦争と軍歌

1．替え歌詞の軍歌の出現

　序章において，「新体詩」の影響を受けた七五調の詩形を持つ歌詞のみの軍
歌の出現と，これらの歌詞を唱えることによる，兵式体操時などでの軍歌の指
導について論じ，この軍歌の出現が，唱歌教育の展開に向けての一つの基盤と
なっていたことを提示した。

　実際には，楽曲という形態を持った軍歌が作られ，唱歌教育に採り上げられ
ていくのは，日清戦争以降のことであったが，「唱え」としての軍歌から楽曲
としての軍歌に至る過程には，わが国の唱歌教育の特殊性に密接に絡んだ問題
が見られる。ここに垣間見られる特殊性とは，既成の曲に新たな歌詞を付けて
曲を作るという替え歌の手法と，必然的に，曲よりも歌詞の内容を重視する
という歌詞重視の唱歌観である。そこで，本項では，日清戦争期に作られた替

2）当時，軍歌と唱歌の分類は明確にはなされておらず，今日，軍歌として分類され
　る歌も唱歌として考えられ，唱歌集に所載されることも多かった。

え歌詞の軍歌の代表的なものを採り上げ，新たな歌詞が付けられたその要因を探り，これらの替え歌詞の軍歌に託されたものを考察する。

　日清戦争以降の唱歌教育のごく初期に使用された替え歌詞の軍歌の代表的なものとして，1894（明治27）年に作られた，《拔刀隊》の替え歌詞である《討淸軍歌》と題する歌詞が挙げられる。參謀本部編纂課編修官橫井忠直（鎭西仙人）による《討淸軍歌》は，1894（明治27）年9月の『音樂雜誌』に掲載された[3]他に，同時期に複数の出版社から発行されており[4]，その転載過程で誤植も多かったとみられる。資料2－1に示したものは，その点を懸念して，表紙に

討淸軍歌
本軍歌ハ參謀總長陸軍大將有栖川熾仁親王殿下ノ命ニ
ヨリ參謀本部編纂課編修官橫井忠直氏ノ替ハサレタル
モノナリ

○第一　膺てや懲らせや（其一）

膺てや懲らせや清國を
清は御國の讐なるぞ
東洋平和の讐なるぞ
伐ちて正しき域とせよ
御國の權利を妨ぐる
傲慢無禮の敵を伐て
東洋平和の義を知らぬ
蠻族頑固の敵を伐て
うてやこらせや清國を

○同
膺てや懲らせや支那兵を
御國の高誼を蔑視する
其數如何に多くとも
概ね烏合の族のみ
武器の形は揃ふとも
盡ける美人に異ならず
豐島沖の海戰に
彼の軍艦は碎けゝり
成歡驛の陸戰に
彼の軍隊は敗れたり
斯くも碎くる軍艦と
斯くも敗るゝ軍隊は
たとへ幾萬ありとても
いかでか我に當るべき
うてやこらせや支那兵を

（其二）
膺てや懲らせや支那兵を
御國に刃向ふ支那兵を
政府を助くる翮兵ぞ

資料2－1　《討淸軍歌》「第一　膺てや懲らせや」

出所）　横井忠直『討淸軍歌』1894（明治27）年9月

---

3 ）『音樂雜誌』第47号　1894（明治27）年9月25日　「討淸軍歌ハ有栖川總長宮殿下の命により在韓我軍隊の為に其唱歌用として參謀本部編纂課編修官横井忠直氏の作に成ると」という但し書きが添えられている。なお《討淸軍歌》については，1冊の書籍の中でも新旧の字体が混在しているが，本書では引用する箇所の史料に則した字体で表記する。

「横井忠直君撿閲」[5]と記し，また，歌詞に先立って，横井の検閲を経たものであることも明記するという念の入れようであった。横井が作った歌詞は，一括して『討清軍歌』という歌集名で出版されるが，その中味は，「膺てや懲らせや」「北京まで」「丈夫」「叡慮」というタイトルを持つ4つの部分に分かれていた。『音樂雑誌』や資料2－1に示した歌詞では，以下のように4つの部分に分類されて表記されている。

第一　膺てや懲らせや(其一)　七五調10句

　　　膺てや懲らせや(其二)　七五調18句(「膺てや懲らせや」の合計28句)

第二　北京まで　　　　　　　七五調16句

第三　丈夫　　　　　　　　　七五調18句

第四　叡慮　　　　　　　　　七五調24句

　一方で，「膺てや懲らせや」には「其二」が付けられていたので，合計5種類の歌詞と見なした唱歌集もあった。また楽譜が掲載されている場合は，楽譜の上に「討清軍歌第一」から「討清軍歌第五」までの5種類分が表示されるのが一般的であった。

　1894(明治27)年7月の日清戦争開戦という時局がら，《討清軍歌》と名づけられたこの軍歌の各歌詞は，「膺てや懲らせや清國を　清は御國の讐なるぞ」に始まるもので，まさに，日清戦争に臨んで志気を鼓舞する内容のものであった。

　そしてこの曲が『討清軍歌』という書籍名で出版された直後には，北海道庁から軍歌採用の申請が出されたが，同年11月に文部省は，

北海道廳ヨリ参謀本部編纂討清軍歌ヲ高等小學校ニ當分採用シタキ旨伺出
ノ處第三ますらをニ限リ許可セリ（文部省）[6]

---

4)　横井の「膺てや懲らせや」以下の歌詞を持つ『討清軍歌』というタイトルの唱歌集は，1894(明治27)年に出版されたものだけでも，『討清軍歌』(1894(明治27)年8月　奥村金次郎發行)，横井忠直『討清軍歌』(1894(明治27)年9月　阪江市藏發行)，『討清軍歌』(1894(明治27)年9月　村上彌太郎翻刻兼發行　大津商報社)等，多数にのぼる。

5)　横井忠直『討清軍歌』(1894(明治27)年9月　阪江市藏發行

6)　「軍歌採用許可」『官報』第3423号　1894(明治27)年11月24日

とういように，「丈夫」だけを高等小学校用として許可した。

　『討清軍歌』という名称を持つ他の多くの軍歌集には，上記 5 種類の歌詞を乗せて歌うメロディーとして，ルルー作曲の《抜刀隊》の楽譜が掲載されており，横井忠直の歌詞が掲載された『音樂雑誌』の同号にも，「鎮西山人の作歌にて（歌曲欄に在り）我は官軍の曲譜を附したるもの府下の各書店にて發賣せり」[7]というように，この歌詞が《抜刀隊》のメロディーに合わせて作られていることが示されていた。

　しかしながら，『討清軍歌』として出版された各種の唱歌集には，作歌者としての鎮西山人の名前と共に，作曲に関してはルルーの名ではなく，「陸軍軍樂學舍製曲」という表示が見られ，楽譜の上には「抜刀隊節」と記されていた。そして，中には，楽譜が掲載されず歌詞だけのものもあったが[8]，これはこの歌が《抜刀隊》のメロディーで歌われることが周知されていたことによるものであろう。

　楽譜が掲載される場合には，上記 5 種類の歌詞の長さが一定ではないために，歌詞に合わせて繰り返しの箇所などが変更され，各々の歌詞用に合計 5 種類の楽譜が載せられていたことは，大変興味深い。各社出版の楽譜のうち，数字譜が付けられていたものもあるが[9]，五線譜による《討清軍歌》の全楽譜は以下の譜例 2 − 1 に示す通りである[10]。

　これら合計 5 種類の楽譜が用意されていたことの背景には，そもそもの《討清軍歌》の歌詞の句数が，章ごとに異なっていたことがある。本来の《抜刀隊》は，七五調14句の歌詞に基づいて作曲されたものであった。しかし上記の

---

7)「討清軍歌」『音樂雑誌』第47号　1894（明治27）年 9 月25日
8) 阪江市藏發行の『討清軍歌』には，「陸軍軍樂學舍製曲」という記載も見られず，歌詞のみが掲載されていた。
9) 村上彌太郎翻刻兼発行『討清軍歌』（1894（明治27）年 9 月　大津商報社）には，五線譜の上に数字譜が付けられていた。
10) 譜例 2 − 1 では入手した資料の保存状態により，横井の「撿閲」を経たという記述はないが，長瀬寛二印刷兼發行の『討清軍歌』（1894（明治27）年 9 月）掲載の楽譜を示す。

78

譜例 2 − 1 　《討清軍歌》

出所）　長瀬寛二印刷兼發行『討清軍歌』1894（明治27）年 9 月

ように各章で10句から24句という異なる句数を持つ歌詞に対応させるためには，各曲の中で原曲とは異なる繰り返しの部分を作るなどの工夫が必要であった。

たとえば，「膺てや懲らせや」の 1 番は10句であり，原曲に当てはめると，

七五調4句分の歌詞が不足してしまうが，これを処理するために，1番の最後に「膺てや懲らせや」其の二の冒頭部分の七五調4句の歌詞を付加して，1曲目を終わらせている。そして2番は其の二の歌詞の5句目，すなわち「其數如何に多くとも」という中途半端な感をぬぐえない歌詞の部分から曲がつけられることになる。「膺てや懲らせや」と其の二の歌詞を合計すると，丁度，七五調28句になり，原曲の14句が2曲分という計算になるので，「膺てや懲らせや」の歌詞の全体としては2曲で完結することになる。

　次に，「北京まで」は，七五調16句の歌詞を持ち，原曲と比較すると歌詞の方に2句分（メロディーにすると8小節分）の余分が生じてしまうが，この処理のために，原曲の25〜32小節のパートの冒頭を2回繰り返すという設定を行っている。また「丈夫」も同様に原曲の29小節目以降のパートに繰り返し記号を付加して，余分な句数の歌詞を入れ込む処置を施すという具合であった。

　さらに「叡慮」に至っては，24句に及ぶ歌詞を途中の繰り返しの他に原曲の終わり以降に再度，冒頭のメロディーにもどり，上行導音で終止するメロディーを付加した新たなパートを作って埋め込んでいたのであった。

　かなり流行したと思われる《抜刀隊》のメロディーでさえ，このように歌詞の都合で一部，繰り返しや新たなメロディーが付け加えられてしまうところに，当時の，メロディーではなく歌詞こそが重要であるという考え方が垣間見られる。

　加えて，これらの処置が，原曲と比べて必ずしも音楽的であるとは言えないような処理の方法であったことからこの《討清軍歌》の歌詞は，譜例2－1の5種類の楽譜に忠実に歌われることよりも，むしろ，句数や歌詞の繋がり具合などとは無関係に，ひたすら原曲の《抜刀隊》のメロディーに乗せて歌い続けるという形で歌われることが多かったのではないかと推察される。しかも，「日本人にも親しめる優れた曲」[11]であり，その結果，「歌い崩され」[12]ていたことが指摘されていたことを考え合わせると，《抜刀隊》の冒頭の歌いやすい部分

11）堀内敬三『定本　日本の軍歌』1969（昭和44）年9月　実業之日本社　p.36
12）同上

のみのメロディーを何度も繰返しながら，それに乗せてこれらの歌詞が歌唱というよりは唱えられていた可能性も十分にあり得る。

　見方を変えれば，楽譜が掲載されている軍歌であっても，この時代には「唱え」的に扱われていたことにもなる。たとえ《抜刀隊》のメロディーに乗せていようとも，おそらく「膺てや懲らせや」などの歌詞を唱えている人びとの意識は，メロディーではなく歌詞の内容に向けられており，七五調という心地よいリズムに乗せて志気を昂揚させる，延々と続く長い歌詞を唱え続けることが，当時の人びとにとっては，一種の娯楽にも繋がっていたのではないかと思われる。

　ところで，唱歌教育という範疇で考えれば，この《抜刀隊》の替え歌詞よりも，教材として扱われる機会の多かった軍歌に類する替え歌詞として《敵は幾萬》に付けられた《進め矢玉》の替え歌詞の例も考察しておくべきである。原曲の《敵は幾萬》は，1891（明治24）年7月に出版された小山作之助編『國民唱歌集　第一』[13] に掲載された唱歌であった。『國民唱歌集　第一』は，小山がその「凡例」の中で，

　　此集ハ歌詞曲節共に平易暢達を主とし而も忠君愛國勤學畜徳の情感を発揚
　　するに足るべきものを蒐輯せり[14]

と述べていたように，忠君愛国をはじめとする諸種の徳目を詠った歌詞が多く収められたものである。このような唱歌集の1曲である《敵は幾萬》は，山田美妙作の七五調11句，8番の中から選んだ3番の歌詞に，小山作之助自身が曲をつけたものであった。曲は4分の4拍子ではあるが，付点同音反復のパターンを持っていることから，特にリズムの面で，この後の軍歌の定型を作ったものと言える。

　堀内敬三はこの曲について，

---

13) 小山作之助編『國民唱歌集　第一』1891（明治24）年7月　共益商社書店
14)「凡例」同上

> 　この歌は軍歌中の名作である。七五調十一行という長い歌詞であるが第一
> 行乃至第四行と第四行乃至第十行とを同一のふしにして曲を覚えやすく歌
> いやすくしているし，第五・六行をその前後と変った方法にして照応させ，
> 最終の第十一行は第五・六行と似た形ながら巧みに変化して曲の完結を引
> き緊めている。これだけ複雑な形でこれだけ平易に，歌いやすく作った曲
> も珍しい[15)]

と述べている。そしてこの曲が，いわゆるヨナ抜き音階で作られていることに
言及し，

> 　古くは明治時代の唱歌から近くは大正昭和の流行歌までその名作の大多数
> は「ヨナ抜キ」であり特に軍歌においては「ヨナ抜キ」ならざるものは稀
> なのである。その「ヨナ抜キ」音階の初期の傑作がこの旋律である。〈中
> 略〉その音階を放胆闊達に使いこなして，軍歌・唱歌に日本的な味を強く
> 与えた人は，この「敵は幾万」の作曲者小山作之助であった[16)]

とも述べていた。堀内が言うように，小山の意図した「平易暢達」という観点
が実現され，また「日本的な味」が加えられていたことによってこの曲は，そ
の後，一般社会のみならず，学校教育でも教材として採り上げられたと考えら
れる。
　しかし，この「平易暢達」な曲が，『國民唱歌集　第一』出版の僅か3年後
に出版された小山作之助編纂『忠實勇武軍歌集』[17)]では，以下に示すように中
村秋香の歌詞に替えられて《進め矢玉》（資料2－2）というタイトルで掲載
されていたのであった。
　「平易暢達」を趣旨とした唱歌集の中に収められていた《敵は幾萬》に対し，
上記のような中村秋香の替え歌詞の《進め矢玉》が作られた背景には，1894
（明治27）年8月という『忠實勇武軍歌集』の出版時期の影響があると思われる。

15）堀内敬三『定本　日本の軍歌』1969（昭和44）年9月　実業之日本社　p.48

16）同上　pp.48-49

17）小山作之助編『忠實勇武軍歌集』1894（明治27）年8月　共益商社書店

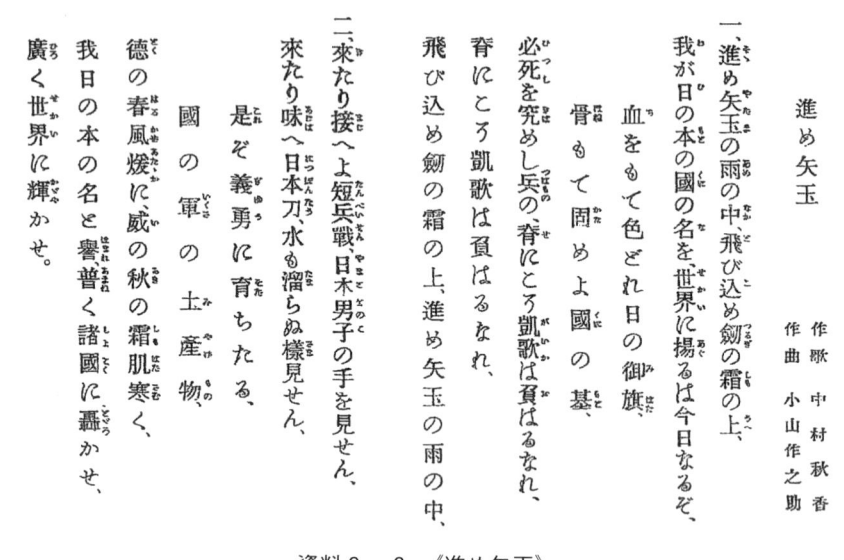

進め矢玉

作歌　中村　秋香
作曲　小山作之助

一、進め矢玉の雨の中、飛び込め剱の霜の上、
　我が日の本の國の名を、世界に揚ぐるは今日なるぞ、
　血をもて色どれ日の御旗、
　骨もて固めよ國の基、
　必死を究めし兵の、脊にとゞ凱歌は負はるなれ、
　脊にとゞ凱歌は負はるなれ、
　飛び込め剱の霜の上、進め矢玉の雨の中、

二、來たり接へよ短兵戰、日本男子の手を見せん、
　來たり味へ日本刀、水も溜らぬ樣見せん、
　是ぞ義勇に育ちたる、
　國の軍の土産物、
　德の春風燦に威の秋の、霜肌寒く、
　我日の本の名と譽普く諸國に轟かせ、
　廣く世界に輝かせ。

資料２−２　《進め矢玉》

出所）　小山作之助編『忠實勇武軍歌集』1894（明治27）年８月

つまり，日清戦争開戦前後の状況下では，この《進め矢玉》に見られるような，「日の本」「日の御旗」「日本男子」という文言に表される，日本という国家を強く意識させる歌詞こそが必要であったことが容易に想像される。特に「血をもて色どれ日の御旗　骨もて固めよ國の基」というような歌詞は，《敵は幾萬》の歌詞よりも一層強く，愛国の精神を養い，戦意を昂揚させるために適したものであった。

　したがってその後，明治年間の唱歌教育で，同じメロディーを持ちながら《敵は幾萬》よりも，この《進め矢玉》の歌詞が唱歌教材として頻繁に採用されたのも当然の成り行きであった。

　さらにもう一曲，厳密には替え歌詞ではなかったが，新たに曲が付され，また曲名を付け替えられることによって，この時期の唱歌教材として大いに活用されたものとして，《軍歌》の替え曲名である，《來れや來れ》と《皇國の守》が挙げられる。この曲名の変遷については既に多くの先行研究で触れられてい

るが，本項で扱う「替え歌詞」という観点から概観をしておきたいと考える。原曲は，河井源藏編輯『軍歌』[18]所載の《軍歌》という歌詞である。この『軍歌』は，河井源藏原板（版）としながら，各地の出版社から次々と翻刻出版されることになったが[19]，それは，当時，いかにこの歌集が人びとに受け入れられていたかを物語っている。

　この『軍歌』に掲載された《軍歌》（來れや來れ）という歌詞に対しては，「左の諸篇ハ吹奏歌の號中に非ずといへども亦鼓勇の一助にもと今こゝに合せしるしぬ」[20]という但し書きが付けられていた。すなわち，ここでもまた，この《軍歌》（來れや來れ）の歌詞を唱えることにより，「鼓勇の一助」となること，つまり，志気を鼓舞することが期待されていたのであった。そしてこの《軍歌》は全編七五調 6 句の歌詞で「第一」から「第九」までの計 9 番の歌詞で構成されていた。以下にその「第一」から「第四」までの歌詞を示す。

　　《軍歌》

　　　　　　○第一

　來れや來れいさ來れ　　　御國を守れや諸共に

　寄せ來る敵ハ多くとも　　恐るゝ勿れ恐そるゝな〈ママ〉

　死すとも退くこと勿れ　　御國の爲なり君のため

　　　　　　○第二

　進めや進めいさ進め　　　弾は霰と飛ひ來るも

　剣は林を爲すとても　　　ためらふことなく進み行け

　死すとも退くこと勿れ　　御國の爲めなり君のため〈ママ〉

18）編輯兼出版人河井源藏『軍歌』1886（明治19）年 4 月　有則軒

19）たとえば翌月の1886（明治19）年 5 月には既に河井源藏原板（版）としながら，堀口音次郎刊や土田吉五郎翻刻など複数の『軍歌』が出版されていた。また，この傾向は明治20年代に入っても引き続き見られ，1889（明治22）年 4 月に出版された三浦伊七発行の『軍歌』（壽盛堂發兌）などもほとんど同様の内容，体裁で編纂発行されていた。

20）編輯兼出版人河井源藏『軍歌』1886（明治19）年 4 月　有則軒

　　　○第三

勇めや勇め皆勇め　　　　剣も彈もなんのその

御國を守る兵士ハ　　　　身ハ鐵よりも猶堅し

死すとも退くこと勿れ　　御國の爲なり君のため

　　　○第四

勉めよ勉め皆共に　　　　汚しことなき國の名を

汚せしものそと後の世に　言れぬようにと覺悟して

死すとも退くこと勿れ　　御國の爲なり君のため[21]

　このように《軍歌》（來れや來れ）においては，すべての番の最後に「死すとも退くこと勿れ　御國の爲なり君のため」というように「忠君」という思想が詠い込まれており，この歌詞を唱えることによって，「君のため」に志気を鼓舞させようとする意図が明確に読み取れる。

　この歌詞に伊澤修二が曲を付けたものは，種々の唱歌集に転載されていくことになるが，その初出は『明治唱歌』の第一集に掲載されたものである。それは，上記の《軍歌》の歌詞の１，３，６，９番を採ったもので，《皇國の守》という唱歌名で，作歌者として外山正一の名前も付けて掲載された。

　《皇國の守》

　　　　　　　　　　　　　　　　　　　　　外山正一作歌
　　　　　　　　　　　　　　　　　　　　　伊澤修二作曲

（一）　きたれやきたれやいざきたれ。　　皇國をまもれやもろともに。
　　　　よせくる敵はおほくとも　　　　おそるゝなかれおそるゝな。
　　　　死すともしりぞく事なかれ。　　皇國のためなり君のため。

（二）　いさめやいさめやみないさめ。　　つるぎもたまもなんのその。
　　　　皇國をまもるつはものゝ　　　　身ハ鐵よりもなほかたし。
　　　　死すともしりぞく事なかれ。　　皇國のためなり君のため。

（三）　まもれやまもれやみなまもれ。　　他國の奴隷となることを

21）編輯兼出版人河井源藏『軍歌』1886（明治19）年４月　有則軒

　　　おそるゝものハ父母の　　　　　墳墓の國をよくまもれ。

　　　死すともしりぞく事なかれ。　　皇國のためなり君のため。

　(四)　すゝめやすゝめやみなすゝめ。　皇國の旗をバおし立てゝ

　　　すゝめやすゝめやみなすゝめ。　先祖の國をまもりつゝ

　　　死すともしりぞく事なかれ。　　皇國のためなり君のため[22]。

　この後，伊澤修二編『小學唱歌　巻之五　上（男生徒之部）』にはこの１及び
２番の歌詞が《來れや來れ》という唱歌名で再録されるが，伊澤がこの曲につ
いて「有時ニアタリテノ，勇氣ヲ喚起スルニ擬シタル歌ナリ」_{（ママ）}[23]と記していた
ように，ここでもこの《來れや來れ》を歌うことによって，志気を喚起するこ
とが求められていた。確かにこの《來れや來れ》の曲調自体は，音域も廣く，
雄大な印象を與える曲ではあるが，伊澤自身が「教授法及解釋」の欄でも，曲
調に對するよりも歌詞の内容に對して一層，詳細に解釋を述べていることから，
この曲に對する伊澤の關心は，歌詞の側面に置かれていたように思われる。

　以上，述べてきたように，1890年代初期には，それまでの「唱え」の歌詞に
曲を付したり，既に歌われていた軍歌の歌詞を付け替えることによって，忠君
愛國という意圖を如實に反映した，戰意昂揚的な歌詞の軍歌が相次いで作られ
ていた。

２．日清戦争と軍歌の流行

　1894（明治27）年７月に日清両国間の戦闘が開始されるや否や，早くも翌８
月には『教育時論』には，「熾に軍歌を歌はしめよ」と題された記事が掲載さ
れた。それは，

---

22)　大和田建樹・奥好義共編『明治唱歌　第一集』1888（明治21）年５月　中央堂
23)「教授法及解釈」伊澤修二編『小學唱歌　巻之五　上』1893（明治26）年９月
　　1894（明治27）年１月訂正発行　大日本圖書　p.21（江崎公子編『音楽基礎研究文
　　献集　第17巻』1991（平成３）年２月　大空社より転載）

88

　○熾に軍歌を歌はしめよ　元寇の役，朝鮮征伐等，勇壯活發の軍歌を唱へ
　しめよとは，千葉教育雜誌の希望なり。然り鳥居忱，佐藤誠實，中村秋香
　等の諸先生は，此際殊に一片の軍歌を作り，是を我國マルセーユの歌とし
　て歌はしめよ，新聞の廣告に，佐々木信綱氏の軍歌出版せられたりと見た
　り。未だ其書を見ずと雖も，能く時機を見るの明あるものと云ふべし。音
　樂學校の義務は，誠に茲に在りと云ふべし[24]

というように，『千葉教育雜誌』の名を借りながら，当時の一流の作詞家に軍
歌の作詞を請う内容のものであった。そして新しい軍歌を作り出すことが音楽
学校の義務であるとまで断言していた。

　前項において論じたように，日清戦争初期までにも多くの軍歌が出版されて
はいたが，これらは歌詞のみの軍歌や，替え歌詞による軍歌などであった。
1892（明治25）年になると，納所辨次郎により曲譜が付けられた『日本軍歌』
というタイトルの軍歌集が出版されるが，これは納所自身も，その「凡例」の
中で，「集中作曲者の姓名を記せざるものは皆泰西名家の手になりし軍歌集并
ニ唱歌集より採りたるものなり」[25]と述べていたように，そのうちの多くの楽
曲を西洋の既成のものに拠った軍歌集であった。したがって，先の『教育時
論』の記事はおそらく，戦争が開始されてみると教育現場からも，作詞，作曲
共に日本人の手になる軍歌を希求する声が上がり始めたことによるものであっ
たと推察される。このような教育現場からの声に応える形で音楽界からは，

　　上眞行氏の特志　東京音樂學校嘱託教授上眞行氏は，這度の日清事件に關
　　する義勇奉公的の軍歌，校歌を新作し，其曲譜を求めらるゝ向へは，公務
　　の餘暇作譜して贈呈せらるゝ由[26]

というように，自ら軍歌を作曲し，「贈呈」することを申し出る音楽家も現れ
た。そしてこの上眞行の申し出に対しては，

　　吾等が本誌三百三十六號雑報欄内に，音楽學校の義務は誠に茲に在りと云

24)『教育時論』第336号　1894（明治27）年8月15日
25)「凡例」納所辨次郎編　上眞行閲『日本軍歌』1892（明治25）年4月　博文舘
26)『教育時論』第338号　1894（明治27）年9月5日

ふべしと書したるもの，深く其實行者を得たるを喜ぶなり[27]
と，音楽学校関係者が教育界からの呼びかけに応える形で軍歌作曲の意志を示したことを評価する讚辞が送られていた。

　この『教育時論』誌に掲載された記事と前後して，「軍歌」という用語をタイトルに持ち，曲譜が付けられた軍歌集の出版が開始されるが，その代表的なものとして，『忠實勇武軍歌集』と『明治軍歌』が挙げられる。このうち，『忠實勇武軍歌集』は小山作之助の編纂により，1894（明治27）年8月に発行された全20曲からなる軍歌集で，巻頭に伊澤修二の題字と嘉納治五郎の序文を戴くものであった。嘉納はこの序文の中で，「殊ニ兒童少年ノ爲メニ問答唱歌勇戲唱歌等ヲ載セテ更ニ一段ノ興味ヲ添ヘタル」[28]ことは従来の他の軍歌集と比べて，「徑庭ノ看アリ」[29]と述べていた。そして教育雑誌には，「唱歌の際知らず識らず忠實勇武の氣象を起さしめんと計りたる者なり」[30]というように，この軍歌集の「忠實勇武」の情を喚起させるという編纂趣旨が明記された広告が掲載されていた。この広告文には「直に各學校に實施して，兒童をして大に忠武の觀念を發揮せしむることを得べし」[31]というように学校現場へ向けてこの曲の指導を勧める一文も添えられていた。

　しかしながら実際のところ，この『忠實勇武軍歌集』もまた，先述の納所の『日本軍歌』と同様に，西洋の楽曲のメロディーに新しい歌詞を付けたものや，前項で述べたように，既に出版されていた《敵は幾萬》の曲に新たに中村秋香の歌詞をつけた楽曲もあるという，編纂趣旨があまり明確でない，敢えて言うならば寄せ集め的な印象のぬぐえない軍歌集であった。

　しかし，

　　大方ノ愛眷ヲ得テ收支餘贏ヲ生ズルニ至ラバ擧ゲテ之レヲ陸海軍恤兵資ト

27）『教育時論』第338号　1894（明治27）年9月5日
28）「序」小山作之助編『忠實勇武軍歌集』1894（明治27）年8月　共益商社書店
29）同上
30）『教育時論』第338号　1894（明治27）年9月5日
31）同上

　シテ寄贈シ以テ我ガ報國ノ微衷ヲ表セン[32]

という嘉納の序文が付けられていたこともあって，『音樂雜誌』でも出版の翌月には，この点を強調した刊行の紹介記事が載せられていた[33]。そして，この『忠實勇武軍歌集』は着実に発行部数を伸ばし，翌1895（明治28）年3月には，

　爾來品切レノ所華客ノ高需日ニ絶ユルコトナシ因テ今般先生ニ請フテ該書中既ニ文部省ノ許可ヲ得タルモノ十四曲ヲ抜萃シ製本堅牢躰裁質實定價ヲ至廉ニシ更ニ前記ノ稍ヲ以テ發弘ス[34]

というように，『忠實勇武軍歌集』の抜粋版である『忠勇軍歌集』が原本価格の半額の5銭で発行されるに至った。この背景には，出版の余剰金を陸海軍への「恤兵資」としたことによる人びとの共感もあったと想像されるが，一方で『忠實勇武軍歌集』所載の楽曲の大部分がいち早く，文部省の軍歌採用許可を得て，公然と小学校教育の現場で唱歌教材として扱われ始めていたことが大きく関係していたと考えられる。すなわち，1894（明治27）年12月には既に『忠實勇武軍歌集』所載の《朝日に匂ふ》《進め矢玉》《水城》の3曲が静岡県小学校唱歌用として文部省より採用が許可されたのをはじめ[35]，翌年1月には広島県尋常師範学校及び高等小学校用として《朝日に匂ふ》以下，実に14曲が一括して採用許可を受ける[36]，というように，『忠實勇武軍歌集』出版の数カ月後にはこの曲集自体が，唱歌教材としての位置づけを得ていたのであった。そしてこれら文部省より軍歌採用許可を得た14曲が『忠勇軍歌集』として新たに出版されることになったのであった。この14曲とは，《朝日に匂ふ》《兵士來る》《いでや兵士》《いでや皇國》《富士の裾野》《鬼将軍》《勇ましく》《進め矢玉》《御劔》《加藤清正》《筋骨》《水城》《軍艦》《古戦場》の各曲であった。

---

32)「序」小山作之助編『忠實勇武軍歌集』1894（明治27）年8月　共益商社書店
33)「忠實勇武軍歌集」『音樂雜誌』第47号　1894（明治27）年9月25日
34)『國民新聞』第1544号　1895（明治28）年2月27日　第6面
35)『官報』第3440号　1894（明治27）年12月14日
36)『官報』第3462号　1895（明治28）年1月16日

　一方，『明治軍歌』は，学習院音楽教官の納所辨次郎と高等師範学校音楽教官であった鈴木米次郎の共編により1894（明治27）年11月4日に発行された全30曲からなる軍歌集であった。この軍歌集の奥付に記された発行日よりも前に既に新聞紙上には，出版広告が掲載されており[37]，刊行と同月発行の『教育時論』誌にも，「其曲其歌の花々しくも勇ましきは，言を待たざるなり」[38]と「新刊書紹介」に採り上げられたあたりに，日清戦争開戦後における軍歌集のさらなる出版を期待する声が感じられる。また新聞紙上にも，

　　◎明治軍歌

　　林廣守，小中村義象，落合直文，大和田建樹，佐々木信綱，旗野十一郎，

　　中村秋香，東宮鐵眞呂外數氏の作に係り，作曲者は奥好義，納所辨次郎，

　　鈴木米次郎，荻野理喜次，山田源一郎，上眞行，小山作之助，伊澤修二諸

　　氏なり，忠君愛國の志氣を鼓舞し兼て勇壯快活なる氣質を養ふの目的を以

　　て編纂せらる[39]

というように，作詞者及び作曲者名が列記され，「忠君愛國の志氣を鼓舞」すること，及び「勇壯快活なる氣質を養ふ」というこの軍歌の目的が明記された「新刊紹介」の記事が掲載されていた。

　加えて，『明治軍歌』には，教育現場を想定するという編纂趣旨が実際には何等見あたらないにもかかわらず，新聞紙上では，

　　是れ中小學生徒の軍歌教科書としてハ尤も適當なるもの忠君愛國の情勇壯

　　快活の氣激發して火の如く花の如けん[40]

というように，小中学校の教育現場で教材として扱われることを大前提としたような広告文が掲載されていたことは興味深い。何故なら，教育関係の雑誌の

---

37)「明治軍歌」『東京朝日新聞』第2981号　1894（明治27）年11月2日　第6面。また，翌11月3日付の『國民新聞』第1447号（第7面）にも同じ内容の広告が掲載された。

38)「新刊書紹介」『教育時論』第345号　1894（明治27）年11月15日

39)「新刊紹介」『國民新聞』第1459号　1894（明治27）年11月16日　第1面

40)『東京朝日新聞』第2981号　1894（明治27）年11月2日　第6面

域を超えて，新聞紙上で教材としての価値が喧伝され，「目今行はるゝ汗牛充
棟の軍歌中推して白眉とすべきハ此の書に在るべし」[41) と表現されたこの『明
治軍歌』が，出版後直ちに教育界に受け入れられていったであろうことは容易
に想像されるからである。

さらに，1894（明治27）年10月に出版された譜例2−2の《婦人従軍歌》[42)
（作詞：菊間義清　作曲：奥好義）も挙げておかなければならない。何故なら，
この曲は，全部の拍が付点8分音符と16分音符の弾んだリズムに拠っているわ
けではないが，広く歌われただけでなく唱歌教育でも頻繁に扱われ，『大捷軍
歌　第三編』所載の《勇敢なる水兵》とともに，「軍歌調」[43) と呼ばれる楽曲
の型を作ったからである。

序章でも述べたように，七五調4句の歌詞に合わせた付点を持つ同音反復の
リズムを多用した軍歌の作り方は，この後，1900（明治33）年の『地理教育鐵
道唱歌』出版を契機とする一連の郷土地理唱歌の中で，この時期特有の唱歌の
スタイルを確立させ，唱歌教育の内容に大きな作用を及ぼすものとなった。

このように日清戦争開戦後，僅かな期間に『忠實勇武軍歌集』と『明治軍
歌』をはじめとする軍歌集の編纂発行が相継ぐことになるが，当時，子どもが
軍歌を歌うということに対しては，どのような素地が一般社会の中に醸成され
ていたのであろうか。先述の2種の軍歌集の出版経緯からも，この時期，社会
の状況に影響される形で教育現場もそれと一体となって「忠愛の情勇壯活潑の

---

41)「明治軍歌（全）」『東京朝日新聞』第2986号　1894（明治27）年11月9日　第3面
42) 井上藤吉發行兼印刷『婦人従軍歌』1894（明治27）年10月　歌集名は新字体の表
　　記であるが歌詞及び楽譜には旧字体が使われており，本書では曲名を示す場合には
　　旧字体で表記する。
43) たとえば田村虎藏は，『地理教育鐵道唱歌』出版前後の唱歌や軍歌のうち，「ト
　　ン々々拍子」的な曲調のものを「軍歌調」と称していた。本書でも，この「軍歌
　　調」という用語が，これらの楽曲の特徴をよく表していると捉え，「軍歌調」と表
　　記する。田村虎藏「尋常三學年の唱歌教授法」（『教育研究』第19号　1905（明治
　　38）年10月1日）参照
44)「明治軍歌」『音樂雜誌』第49号　1894（明治27）年11月25日

譜例2−2　《婦人従軍歌》

出所）　井上藤吉発行兼印刷『婦人従軍歌』1894（明治27）年10月

氣」[44] を養い，「愛國心を鼓舞」[45] するために，あえて子どもを対象とはして
いないような軍歌集でも積極的に子どもに教授することを推進していた様子が
見受けられる。

　そもそも日清戦争が開始されるや否や，教育関係の雑誌にも戦局を鑑みた教
育に関する記事が多く掲載されるようになるが，そのような教育界全体の状況
の中で軍歌に関しても，たとえば，

　　近來坊間兒童の遊戲其小學生徒たると否とを問はず隊伍を組で征清軍隊に

45)「明治軍歌（全）」『東京朝日新聞』第2986号　1894（明治27）年11月9日　第3
　　面

> 擬して遊ぶ其擧動頗る勇壯盆踊の猥歌に代へて軍歌を聞く敵愾心の萌芽愛
> すへし[46)]

さらに，

> 何處も同じ事ながら軍歌の流行驚く計りにて樽拾ひ小僧の口にまで頻りに
> 唱へらるゝに至り卑猥なる俗歌は殆んど影を隱せり先頃も召集の兵士出發
> の際には皆々軍歌を唱へて其首途を見送り爲めに天地も震動するばかりな
> り[47)]

というように，軍歌が日常生活の中で広く子どもに歌われている様子が紹介さ
れていた。そして，

> 此軍歌の力は慥に敵愾の心を強むると共と^{〈ママ〉}從來流行せる俗歌を却けて風教
> 上に一大功績を□はせるは吾人の信じて疑はざる處にして教育家諸君には
> 深く謝する處なり[48)]

というように，軍歌が，「猥歌に代へて」，あるいは「流行せる俗歌を却けて」
子ども達にも歌われており，それが軍歌の効用として評価されていた点は看過
できない。さらに付言すれば，「天地も震動するばかり」という表現は，おそ
らく音程には頓着せずにひたすら大声で軍歌を唱和する様子を表していると思
われるが，この点も歌唱法や発声法の変遷という観点から興味深い点である。

第2節　『大捷軍歌』の出版と普及活動

1．『大捷軍歌』の出版

　日清戦争開始後の1894（明治27）年11月，軍歌の出版にとって，また唱歌教
育にとっても大きな影響を及ぼすことになる軍歌集『大捷軍歌』の初編が刊行

---

46)「流行の兒戯」『音樂雜誌』第47号　1894（明治27）年9月25日
47)「新潟縣の音樂」『音樂雜誌』第48号　1894（明治27）年10月25日
48)　金田留平「音樂茶話」『佐賀縣教育會雜誌』第52号　1900（明治33）年7月21日

された。山田源一郎編纂の『大捷軍歌』は，『明治軍歌』のように数多くの軍
歌を一冊の中に収めたものではなく，初編には僅か4曲の新作の軍歌が収めら
れているのみであった。しかし，その「緒言」には，

　　本編ハ無定時刊行ノモノナレドモ今後我遠征軍隊ノ捷報臻ルコト必然ナル
　　ヲ信ジ即チ期ニ望ミ直チニ必要ナル軍歌ヲ新作シテ之ヲ世ニ公ニスベ
　　シ[49]

と記されていた。つまり，当初より戦局の変化に応じて逐次，刊行を続ける予
定で発刊された軍歌集であり，そのために各集には4曲のみを収めるという趣
旨であった。そしてその記述通り，翌12月には，同じように新作の4曲の軍歌
を収めた第二編が発行された。

　『大捷軍歌』全編の発行年月日，所載曲目，作詞及び作曲者の詳細は巻末の
表3の通りである。編者である山田源一郎の他に，納所辨次郎，鈴木米次郎，
そして奥好義という合計4人のメンバーが各編の作曲に等しく関わっていた。
しかしながらこのうち，納所と鈴木は同時期に『明治軍歌』を編纂しており，
一時，『明治軍歌』の編纂と並行してこの『大捷軍歌』の作曲にも参画してい
たわけである。また奥にしても翌年春には自らが編纂した『帝國軍歌』を出版
しており，奥もまた，同時期に2種の軍歌集の編纂に関わっていたことになる。
このように，この『大捷軍歌』の作曲を担当した4人は当時の音楽界の中心的
な作曲家であり，これら4人が各編に1曲ずつ曲を提供しているという点にも，
この『大捷軍歌』が人気を博すことになった理由の一端が窺える。

　前節では，日清戦争を契機として盛んに作られた軍歌集の代表的なものを考
察したが，これらの軍歌集とこの『大捷軍歌』との編纂上における大きな相違
点は，『大捷軍歌』が教育の場で子どもに教授されることを目的とするという
編纂趣旨を明確に示していたことである。すなわち，その「緒言」において，
「我輩教育者ニ在ツテハ勇武ナル國民ノ相續者タル第二國民ヲ教養スル責任ア

---

49)「緒言」山田源一郎編『大捷軍歌　初編』　1894（明治27）年11月　開新堂書店他
　　なお，『大捷軍歌』の出版社名は編及び版によってさまざまである。

ルガ故ニ」[50] というように，「義勇奉公」[51]的な子どもを育成することを教育者の責任であるとした上で，「勇壮ナル軍歌ヲ公ニシ以テ聊カ軍國ニ於ケル教育者タル本分ノ一端ヲ盡サント欲ス即チ茲ニ本編ヲ草スル所以ナリ」[52]と，編纂の趣旨が明示されていたのであった。そして正式な軍歌集の名称も，初編の『大捷軍歌』から，第二編では直ちに，『教科摘要討清軍隊大捷軍歌』というように，明らかに学校教育を対象としたものに改められていた[53]。

　それまでの軍歌集が，たとえ広告文の中で学校教育に最適であると宣伝され，編者が師範学校等の教師であったとしても，やはり軍歌集の名称自体にこのように「教科摘要」という用語を戴いたこの『大捷軍歌』は，多くの軍歌集の中でももっとも教育現場へ受容されやすいものであったと推察される。

　しかし，上記の編纂趣旨と名称の点以外にもこの『大捷軍歌』の編纂方針には他の軍歌集には見られない幾つかの特筆すべき点があり，それらが日清戦争という戦局に一喜一憂する当時の人びとや教育界に幅広く受け入れられる要因であった。

　他の軍歌集と比して際だっていた第一の点は，『大捷軍歌』各編の軍歌に詠まれている歌詞が現実の戦争の状況を詳細に物語るものであり，軍歌がいわば戦地からの戦況報告の雰囲気を醸していたことである。たとえば，《旅順口の戦》は，1894（明治27）年11月の旅順に於ける日本国軍の戦いぶりを詠み込んだものであるが，この曲の入った第二編はその翌月12月末には発行されるとい

---

50)「緒言」山田源一郎編『大捷軍歌　初編』　1894（明治27）年11月　開新堂書店他
51)　同上
52)　同上
53)『大捷軍歌』は版により書名が異なるが，版数を重ねるうちに「教科摘要」の名称が付けられなくなっていく傾向が見られる。たとえば第二編の初版は『教科摘要討清軍隊大捷軍歌』，訂正再版は『教科適要討清軍隊大捷軍歌』であった。さらに1903（明治36）年の第12版では，表紙に「明治29年1月7日文部省撿定濟」と記される一方で，「教科摘要」という文言が削除され，『大捷軍歌』のみのタイトルになっている。これは，文部省の検定を受けたことにより唱歌教材として周知されたためと考えられる。

う迅速さであった。

　旅順口における戦闘の様子，及びここを「略取」したことは，資料2−3の
ように1894（明治27）年11月25日付の『東京日日新聞』で報道されていた。

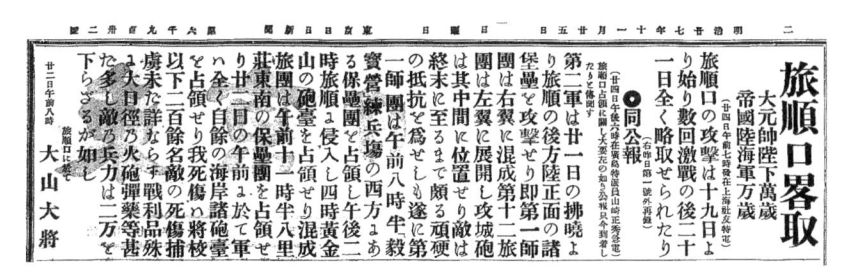

資料2−3　「旅順口畧取」の新聞記事
出所）『東京日日新聞』第6932号　1894（明治27）年11月25日

　上記に見るように，実際の戦勝の日付と新聞報道日には数日の時間差が生じ
ていた。新聞紙上においてもこのように報道までに数日を要さざるを得なかっ
た中で，この旅順における戦いの様子が資料2−4のように《旅順口の戦》と
いう曲名で，翌月末には既に『大捷軍歌』第二編に収められ出版されたことは，
いかに迅速に作詞と作曲がなされ，出版に至ったかということを如実に物語る
ものである。

　そして，たとえこの《旅順口の戦》ほどの即時性はなかったとしても，初編
所載の《豊島の戦》《成歓の戦》《平壌の戦》などをはじめとして，各曲は，写
実性の強い歌詞を持ち，いずれも実際の戦いからわずか2，3カ月後にはすで
に各編に編纂され，軍歌集として出版されるという手際の良さであった。

　通信手段がいまだ充分に発達していなかった当時，外地での戦局の新聞報道
には数日間を要することもあり，そのような時代的な背景を考慮すると，『大
捷軍歌』の即時性という点は，この軍歌集の一般社会からの評価にも大きく関
わるものであったと考えられる。

　加えて，報道的要素の強く感じられる『大捷軍歌』の各曲の歌詞の創作手段
は，通信手段の乏しかった当時にあっては，軍歌として画期的な印象を与える

旅順口の戰

歌詞　旗野十一郎
樂曲　鈴木米次郎

第一

天理か地理かはた人和　天意にかなふ日の本の
勇將の略は古今無く　目さすはいづれ旅順口
　　　　　　　　　十六

渤海呼吸の咽喉ぐち　支那の生死は此處に在り
守る敵將黃姜程　彼れも必死の二萬餘騎
　　　　　　　　十七

第二

十一月の二十一日　日の出に進む我兵は
これこそ討清第二軍　首塁は山地獅眼龍
さける豚群蹴散して　奮ふ白玉(名地)黃金(名地)の
山に颯然樹てたるは　世界瞠目日の御旗

資料２－４　《旅順口の戰》

出所)　山田源一郎編『教科摘要討清軍隊大捷軍歌　第二編』1894 (明治27) 年12月

ものであった。その代表的な例として，第四編所載の《水雷艇》が挙げられる。
1895 (明治28) 年２月４日から５日にかけて行われた遊撃艦隊による「敵艦」
への攻撃の模様は，新聞紙上では次の資料２－５のような号外によって報道さ
れていた。

　そして，このような「帝國海軍」の活躍ぶりが，『大捷軍歌』所収の《水雷
艇》では，攻撃の模様をあたかも映像で見るかのように，以下のような６番ま
での歌詞に写実的に詠われていた（譜例２－４参照）。

　《水雷艇》

歌詞　　大和田建樹
楽曲　　納所辨次郎

　　　　第一

　月はかくれて海くらき　　二月四日の夜の空

東京日日新聞號外
（明治廿五年三月八日 遞信省認可）
明治廿八年二月九日

●帝國海軍の大勝

北洋艦隊覆滅
水雷艇悉く亡ぶ
二大鐵艦沈む

（八日午後五時十三分在廣島
特派員山崎秀急電延着）

沖合通行の際同港内ょ
て頻に砲聲あり陸上より
港内に彈丸飛散するを見
（敗兵の亂暴ならん）港内
には英獨米佛露等の軍
艦あるを見たりといふ
因て實況分り次第更に報
告すべしと雖も如何にも
不審に堪へざるに付き併
せて至急報告す

伊東聯合艦隊司令長官

二月七日午後九時
又右電報は昨日の電報とあるものは過次不
明にして間合中のよしなるも其要曾ふなりと
いふ

本日午前九時西京丸の齋
し來りたる伊東聯合艦隊
司令長官の報告左の如し

坪井旅順口鎮守府司令
長官より本日午前渡し
て左の電報いりしょし

司令長官の報告左の如く
昨日電報せし通り敵の砲
擊の際敵の水雷艇十
餘隻出で來る因て第一遊
擊艦隊をして之を追はし
め水雷艇十二隻小蒸氣二
隻を芝罘灣の龍門港ま
で追詰め陸岸に於て破壊
若くは乗揚げ用うべから
ざるに至らしめたり
又鮫島第一遊擊艦隊司令
官よりの報告に依れゞ芝

五日拂曉水雷艇を以て攻
撃したる、敵艦より非常
の砲撃を受けたるに拘
らす第一遊擊隊十
二隻小蒸氣二
せしめ又來遠か靖遠か
中り淺瀬ュ横に
なれり

定遠、鎮遠
は確に命中し定遠は之を沈沒

其他の敵艦は如何となるや
有樣は如我我海軍部に於ては
來だ公報せられざるも見に角敵の甲鐵艦と水雷
艇との多寡に相當せる北洋艦隊は最早芟盡となせ
たりと聞よしよし

帝國海軍萬歲

資料２−５　『東京日日新聞號外』記事

出所）『東京日日新聞號外』1895（明治28）年2月9日

やミをしるべに探り入る	我軍九隻の水雷艇
第二	
目ざす敵艦しづめずば	生きて歸らじ退かじ
手足ハ彈にくだくとも	指ハ氷にちぎるとも
第三	
おぼろながらも星影に	見ゆるハたしかに定遠號
いで一うちと躍り立つ	將士の心ぞ勇ましき
第四	
たちまち下る號令の	もとに射いだす水雷ハ
天地も震ふ心地して	目ざす旗艦に中りたり
第五	
見よ定遠は沈みたり	見よ來遠は沈みたり

100

おとにひゞきし威海衛　　　はや我ものぞ我土地ぞ
　　　　　第六
あゝわが水雷艇隊よ　　　汝のほまれは我軍の
光と共にかゞやかん　　　かゝる愉快ハまたやある[54]

　新聞報道と、《水雷艇》の歌詞には艦名等に若干の相違がある。しかしながら、この歌詞は、日時を歌詞に入れるなどの報道的要素も加味しながら、あたかも間近でその様子を見ているかのような印象を与える歌詞である。そして、七五調4句に載せられたこの歌詞を唱えること自体が新聞報道のように、読む人びとに異国での海戦の模様を如実に伝える役割を果たしたのであった。

　この《水雷艇》に関しては実際の海戦の時期から、『大捷軍歌』の第四編に掲載されて人びとの手元に届くまでには、約2カ月余の日数が経過しているが、それでも、このような写実的な歌詞を持つ軍歌は、それまでの勇壮活発な印象は与えるが抽象的な歌詞や、単に愛国心を鼓舞するような歌詞を持つ軍歌の場合と異なり、歌詞を読む者にあたかも自らが戦線で闘っているかのような臨場感を持たせ、より強固な忠君愛国の情を抱かせることや、志気を昂揚させることに貢献したと言っても過言ではない。

　『大捷軍歌』編纂の特徴の第二の点として、これらの『大捷軍歌』が各編に4曲ずつを収め、定価4銭という廉価で販売されたことが挙げられる。同時代の軍歌集では、1894（明治27）年8月に出版された『忠實勇武軍歌集』は当初、10銭で発売されていたし、また同年11月出版の『明治軍歌』には12銭という定価が付けられていた。このような軍歌集に比べ、僅か4銭という低価格の軍歌集は一般庶民にとっても手に取りやすいものであり、その結果、『大捷軍歌』は次々と改訂を繰り返しながら版を重ねていったと推察される。

　『大捷軍歌』各編の内容を示した巻末の表3中の「検定時版」欄の版数は、『大捷軍歌』各編が教科用図書として文部省の検定を受けた時点でのものであるが、この表を見ると、出版から検定に至る短い期間に既に、この軍歌集の各

54）山田源一郎編『教科適用大捷軍歌　第四編』1895（明治28）年4月　開新堂書店他

編がいかに多くの版数を重ねていたかが明らかである。

　なお，現在までに確認できた『大捷軍歌』各編の，最終出版年月と出版版数は下記の通りである。

　　　初　　編　1899（明治32）年10月　　　訂正11版
　　　第二編　1903（明治36）年 8 月　　　訂正12版
　　　第三編　1900（明治33）年 5 月　　　訂正10版
　　　第四編　1906（明治39）年 7 月　　　訂正 9 版
　　　第五編　1898（明治31）年10月　　　訂正 6 版
　　　第六編　1900（明治33）年 5 月　　　訂正 7 版
　　　第七編　1900（明治33）年 5 月　　　訂正 4 版

　1900年前後といえば，各地でさまざまな形態の唱歌集が出版され，また1900（明治33）年の『地理教育鐵道唱歌』の出版を契機として，一説には紙不足をもたらしたと言われるほどの出版の活況が呈された時期であった。このような時期における上記の『大捷軍歌』各編の重版の様子は，いかにこの唱歌集が人びとに広く受け入れられたかを物語るものである。

　そして，このように版を重ねること自体がまた一つの宣伝効果となって，ますます『大捷軍歌』の名を世に知らしめる結果となっていたと思われる。

2．『大捷軍歌』の特徴

　『大捷軍歌』の編纂と各曲の歌詞内容の特徴については既に述べた通りであるが，これほどまでに版を重ねたこの歌集は，楽曲の面でも当時の歌の作り方に大きな影響を与えるものであった。そこで本項では，『大捷軍歌』の曲としての特徴について考察をする。

　序章において，七五調の歌詞に付点のついた同音反復のリズムを持つ曲が作られる過程について述べたが，その中で，このような特徴を持つ軍歌の典型的な例として，《婦人従軍歌》と，『大捷軍歌』の第三編に掲載された《勇敢なる水兵》を挙げた。『大捷軍歌』第三編の出版は，1895（明治28）年 2 月であるが，

102

これより以前に出版された『大捷軍歌』の初編と第一編にも，実は，《勇敢なる水兵》と同様の特徴を持つ軍歌，すなわち，七五調の歌詞に付点のリズムを持つ軍歌が掲載されていた。それらは，《豊島の戦》《平壌の戦》《坂元少佐》《旅順口の戦》などであるが，《坂元少佐》を除けば，まだ七五調4句という確定された歌詞の形態ではなく，1番が6句や8句からなっていたり，七五調が途中から崩されるものであった。その一例として，以下に，七五調6句の歌詞を持つ《雪夜の斥候》（『大捷軍歌』第三編）を示す。（譜例2－3）

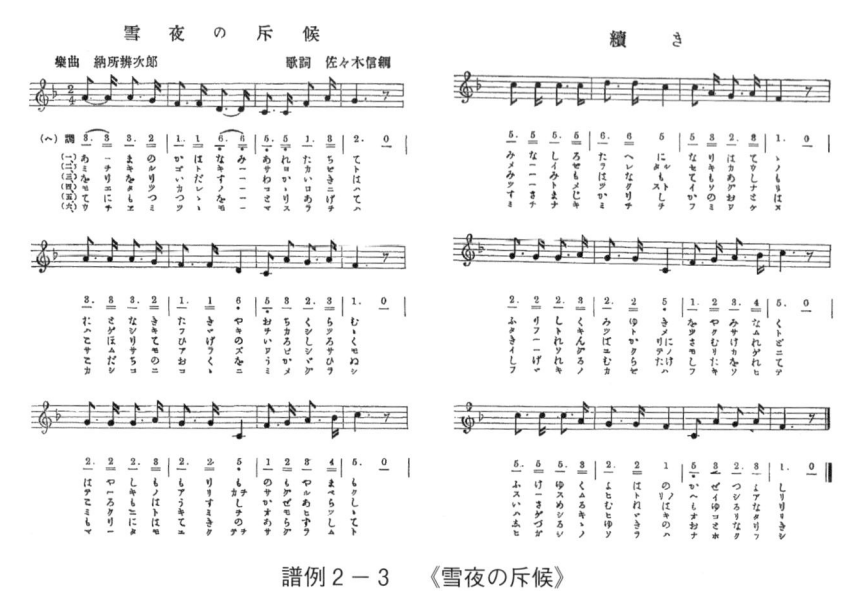

譜例2－3　《雪夜の斥候》

出所）　山田源一郎編『大捷軍歌　第三編』1895（明治28）年2月初版　1900（明治33）年5月　第10版

　その後，《婦人従軍歌》や《勇敢なる水兵》に見るように，七五調4句の歌詞と付点のリズムという組み合わせが典型的な軍歌の形態，いわゆる「軍歌調」と呼ばれるものになっていく。先に歌詞を示した《水雷艇》も，譜例2－4に示すように「軍歌調」の曲であったが，次節で考察する唱歌教授細目に名前の見られる『大捷軍歌』掲載曲の多くが，このような七五調の歌詞と付点の

リズムを持つ同音反復多用のメロディーの組み合わせの曲であった。

　このような曲のスタイルは，後の『地理教育鐵道唱歌』に典型的な唱歌特有のスタイルと同様のものであるが，これらのスタイルは，『地理教育鐵道唱歌』が出版される以前から，既に《婦人従軍歌》や，『大捷軍歌』所載の曲などを通して，人びとの耳には聞きなじみのある曲のスタイルとなっていたと考えられる。このような意味で，『大捷軍歌』の多くの軍歌は，この時期の唱歌特有のスタイルを確立させることになる礎を築いたと言え，わが国の唱歌史の中でも大きな位置を占めるものであった。

譜例2−4　《水雷艇》

出所）　山田源一郎編『教科適用大捷軍歌　第四編』1895(明治28)年4月

3. 『大捷軍歌』の軍歌講習

　『大捷軍歌』出版時には編纂者の側から一般の人びとに向けて積極的に，掲載軍歌の講習が行われたが，これも，『大捷軍歌』が版を重ねて広く受け入れられた要因の一つであった。この軍歌の講習ということは，それまでの他の軍歌集にあまり例を見ない，『大捷軍歌』独自の普及のための戦略であった。『大捷軍歌』の初編は，前述のように1894（明治27）年11月に刊行されるが，その刊行に関しては同月発行の『音樂雑誌』に，

　　　我輩教育者に在ては云々の自序ありて山田源一郎氏の編に成り豊島，成歡，
　　　平壤，黄海の戰なる四曲を載せられたり[55]

という簡単な紹介記事が載せられる。そして同じ欄には，「臨時講習會」として，

　　　聲樂協會にては納所，奥，山田，鈴木の四氏講師となり臨時大捷軍歌講習
　　　會を開き臨場券を發して廣く講習員を募られたり[56]

と，出版早々，軍歌集の講習会が開催される旨の記事も載せられていた。ここで注意すべき点は，この最初の講習会において，納所，奥，山田，鈴木という初編の作曲者全員が講師を務めていることである。このように当時，第一線で活躍していた音楽家が自ら作曲した軍歌の講習を買って出ていること自体が，すでに宣伝効果を上げるものであった。さらに，先の引用に見られるように，『音樂雑誌』に，この唱歌集の紹介が，「我輩教育者に在ては云々の自序ありて」という文言から始められていることにも注目すべきであろう。『音樂雑誌』の購買層には，各地の唱歌教師も多数，含まれており，掲載記事も音楽教育に関することがかなりの部分を占めていたが，その記事に，「教育者」という文字が使われることは，読者をこの唱歌集購入へ駆り立てることになったと思わ

---

55)「大捷軍歌」『音樂雑誌』第49号　1894（明治27）年11月25日
56)「臨時講習會」同上

れる。このような人びとが集った初編の講習会がおそらく盛会であったことは，この講習会がその後も引き続き開催されたことから推察される。

　1894（明治27）年12月末に刊行された第二編については，新しい年が明けるや否や，1895（明治28）年1月6日付の『東京日日新聞』[57]や『國民新聞』[58]などの新聞紙上に，資料2-6に示す第一，二編の内容紹介の広告と共に，資料2-7のような「大捷軍歌講習」の広告が掲載されていた。ここで案内され

資料2-6　『大捷軍歌』の出版広告

出所）『東京日日新聞』第6964号　1895（明治28）年1月6日　第4面

57）『東京日日新聞』第6964号　1895（明治28）年1月6日　第4面
58）『國民新聞』第1500号　1895（明治28）年1月6日　第6面

資料２−７　「大捷軍歌講習」の新聞記事

出所）『東京日日新聞』第6964号　1895（明治28）年１月６日　第４面

ている『大捷軍歌』の講習会はこの掲載の同日に開催され，資料２−７に見る
ように，午前９時から午後３時までの長時間にわたって行われるものであった。
そしてこの会においてもやはり，納所や奥，といったこの軍歌集の作曲者全員
が講師として名を連ねていた。またここでは，但し書きに「注意來會者は袴羽
織又は洋服着用のこと但女子は此の限にあらず」[59]という一文が見られるが，
ここから，この講習会が単に，軍歌を歌うことを楽しみに集う人びとを対象と
していたものではなく，あくまで軍歌の講習に対する意識のある者を対象とし
ていたことが推察される。さらに敢えて言えば，この軍歌集は，国威をかけて
闘っている敵国での戦捷を祝するものであり，その旨に相応しい衣服を整えて
講習会にも参加すべきことを求めていたと考えられる。

　第二編に続き，第三編についても発行日である1895（明治28）年２月23日付

---

59)「大捷軍歌講習」『東京日日新聞』第6964号　1895（明治28）年１月６日　第４面

の『國民新聞』には，「山田源一郎編大捷軍歌第三編　本日發兌正價四錢　郵税二錢　樂譜入」[60] という広告と共に，同日夕刻に開催される「大捷軍歌講習會」の通知がその出版広告と同じ欄内に載せられていたが，それは，

　　　大捷軍歌講習會●會場●神田區一ツ橋通り　大日本教育會●時間●二月廿三日（土曜日）午後五時開會●[61]

という，前回と同様の形態のものであった。そしてこの広告には，「第四編三月發兌　大寺少將●威海衛戰海城の戰他未定」[62] というような第四編の出版予告も付けられていた。実際には第四編は，予告より 1 カ月遅れて，1895（明治28）年 4 月13日に発行され，また内容も，《大寺少將》《水雷艇》《海城の逆撃》《威海衛》と，予告とは若干，異なっていた。しかし，この時点での近日中に次編も発売予定であるという広告は，軍歌講習会への動員と同時に，『大捷軍歌』の購入意欲を掻き立てる巧みな販売戦略であった。

　以上に述べてきたように，『大捷軍歌』は刊行のごく初期から，「緒言」の中で軍歌による教育に資するという趣旨を明確にしながら，講習会開催などの方策により発行部数を伸ばし，この時期の軍歌隆盛の代表的な軍歌集という位置づけを確固とした軍歌集であった。そして，このように『大捷軍歌』自体が積極的に社会に向けて働きかけていったことは，学校教育における『大捷軍歌』をはじめとする一連の軍歌の扱いを加速させるものとなった。

---

60)「広告」『國民新聞』第1541号　1895（明治28）年 2 月23日　第 5 面
61) 同上
62) 同上

第3節　軍歌多用の唱歌教育

1．唱歌教授細目に見る軍歌

　学校行事などの公的な場所で軍歌を披露するために，当然，唱歌の授業内で
もこれらの曲の指導が行われなければならなかった。そこで本節では，唱歌教
育の場で，これらの軍歌がどのように位置づけられ，唱歌教材として扱われて
いたのかについて考察する。

　1890年代半ば頃から編纂され始めた唱歌教授細目には，次第に軍歌の類の曲
名が載せられるようになるが，その代表的なものは，『明治唱歌』第1集所載
の《皇國の守》（譜例2－5）であった。早いものでは，1893（明治26）年4月
に埼玉県尋常師範学校附属小学校が発行した教授細目の「第三四學年　第三小
期」に《若紫》《思出れば》と並んで《皇國の守》の唱歌名が見られる[63]。

　また，同年5月に久米由太郎が編纂した『小學教科細目』にも高等科第3学
年第一小期の「男生ノ方」に《皇國乃守》の唱歌名が《千里乃道》と共に掲げ
られていた。一方，この細目では「男生ノ方」の2曲に相当する「女生ノ方」
用の唱歌としては，《春風》と《春の歌》の曲名が記されており[64]，これによ
り，教授細目が編成され始めた当初から，軍歌は男子生徒用のものとして考え
られていたことが明らかである。

　この《皇國の守》に関しては，伊澤修二編纂の『小學唱歌』を出典として，
同曲のもう一つの曲名である《來れや來れ》の曲名を掲げている教授細目もあ

63）埼玉縣尋常師範學校附属小學校編『埼玉縣尋常師範學校附属小學校教授細目』
　　1893（明治26）年4月　なお，この教授細目には尋常科及び高等科の区別が付けら
　　れていないが，編成されていた他の唱歌名などから尋常科用の唱歌教授細目と判断
　　される。
64）久米由太郎著者兼発行者『小學教科細目』1893（明治26）年5月

譜例2－5　《皇國の守》

出所）　大和田建樹・奥好義共編『明治唱歌　第一集』1888（明治21）年5月

り[65]，《皇國の守》《來れや來れ》という唱歌名を問わず，この曲が1890年代
の学校教育の中で盛んに扱われていたことが明らかである。

　《皇國の守》あるいは《來れや來れ》は，《婦人從軍歌》や《勇敢なる水兵》
に典型的な，いわゆる「軍歌調」と呼ばれるような曲調のものではなかった。
しかし，伊澤が『小學唱歌』にこの《來れや來れ》を採り入れ，本章第1節で
も引用したように，「有時ニアタリテノ，勇氣ヲ喚起スルニ擬シタル歌ナリ」[66]

_____

65) たとえば眞山寛が作成した仙台市用の唱歌教授細目（眞山寛編『仙臺市小學校教
　授細目』1896（明治29）年2月）には高等小学校の第二学年用にこの《來れや來れ》
　の唱歌名が見られる。

110

と，解説を行っていたことから，学校現場でも軍歌として捉えられていたと考えられる。

　この他，この時期の軍歌に類する唱歌の一つとして，1892（明治25）年4月に納所辨次郎が編纂発行した『日本軍歌』に収められていた《海ゆかば》を考察しておく必要があろう。この唱歌は元来は『保育唱歌』に編成されていた曲であるが，『日本軍歌』の1曲目に収められたことによって，1900年前後に頻繁に教授細目に掲載されていたようである。1894（明治27）年12月に出版された『静岡縣尋常師範學校附属小學校教授細目案』では，細目編成の拠り所とした唱歌集一覧の中に『日本軍歌』の歌集名が見られるが，「高等小學科第三第四學年（男）」用の曲名の中には，《海ゆかば（日）》というように，出典名も付けられてこの曲名が掲載されていた[67]。この《海ゆかば》は東儀季芳作曲の，ゆったりとした調子の曲であり，この曲も曲調から考えると後年，流行するいわゆる軍歌のスタイルからはほど遠いものである。しかしながら，1892（明治25）年という早い時期に軍歌集として出版された『日本軍歌』に収められていたということ自体が，この《海ゆかば》を，明確な軍歌のスタイルの曲が流行する以前の学校教育の中に，軍歌に類する教材として位置づけさせたのではないかと推察される。

　このように唱歌教授細目が編成され始めた当初から，軍歌の類の曲が唱歌教材として採り入れられていたことが明らかであるが，日清戦争の開戦，そして『大捷軍歌』各編の出版とその流行は軍歌の扱いをさらに加速させたと考えられる。

　巻末の**表4**は，日清戦争開始前後から明治末年までに作成された小学校唱歌

66）「教授法及解釋」伊澤修二編『小學唱歌　巻之五　上』1893（明治26）年9月発行　1894（明治27）年1月訂正発行（江崎公子編『音楽基礎研究文献集　第17巻』1991（平成3）年2月　大空社より転載）
67）鈴木新次郎編『静岡縣尋常師範學校附属小學校教授細目案』1894（明治27）年12月　本書は翌年4月に『静岡縣尋常師範學校附属小學校教授細目全』として出版された。

教授細目に見られる『大捷軍歌』所載の軍歌，及び，他の軍歌集所載の代表的な軍歌を一覧表にしたものである。このうち『大捷軍歌』以外の軍歌集所載の軍歌については，『日本軍歌』『忠實勇武軍歌集』『忠勇軍歌集』などの当時，教育現場で採り上げられる機会の多かった軍歌集に掲載された曲名を中心に記載した。この表 4 からは，1900年代に入って『大捷軍歌』が大流行する同じ時期に，上記の軍歌集所載のさまざまな軍歌が扱われていたことが確認できる。しかしながら，この一覧表に見る限りにおいては，『大捷軍歌』が，それら他の軍歌集出典の軍歌の総和に匹敵するほどの曲数をもって，教授されていたと考えられる。

　表 4 に示した教授細目以外にも，1900年前後になると，地方教育会雑誌に唱歌教授細目の一部が紹介されることも多くなるが，その中にも『大捷軍歌』をはじめとする軍歌の名前が頻繁に見られるようになっていく。たとえば，1898（明治31）年 5 月の『滋賀縣私立教育會雑誌』には，鳥取県師範学校附属小学校で定められた唱歌科教授細目が掲載されていたが[68]，そこでも，高等科の細目中に《勇敢なる水兵》《豊島の戰》《黄海の戰》《成歡の戰》《赤十字》《旅順口の戰》《玄武門》が，『大捷軍歌』という出典を明記されて掲載されていた。このように，『大捷軍歌』所収の軍歌は，他の軍歌集中の軍歌を圧倒する勢いで，小学校の唱歌教材として次第に重要な位置を占めていったと言える。

　後年，田村虎藏はこの『大捷軍歌』が学校教育に及ぼした影響について，

　　所謂際物的ではあつたが，此軍歌の我國小學校兒童に歡迎せられたことは，是亦空前の盛況であった[69]。

と述べた上で，

　　私は，この大捷軍歌出版の時期を以て，我國小學校唱歌教授上に於ける一改革と信ずるのである[70]。

---

68)「鳥取縣師範學校附属小學校にては今回左の如く唱歌科教授細目を定められたりといふ」『滋賀縣私立教育會雑誌』第107号　1898（明治31）年 5 月 5 日
69) 田村虎藏『唱歌科教授法』1908（明治41）年 5 月　同文館　p.56
70) 同上　p.57

とまで断言していた。

　田村が「所謂際物的」と述べていることは，おそらく，戦況に鑑みて次々と報道的な内容の軍歌を連ねた編纂のあり方に対する田村の批判的な意見の現れであろう。しかし，田村はこの唱歌集の出版を「我國小學校唱歌教授上に於ける一改革」とまで位置づけていたのであった。

　さらに田村は，この軍歌集が，「兒童唱歌として頗る價値のあるものであつた。」[71] というように，各曲の学校唱歌としての価値こそが，『大捷軍歌』の隆盛の要因であったと評価していた。この時代の唱歌教育推進の中心的な存在であった田村の『大捷軍歌』に対するこのような記述によっても，この軍歌集が当時の学校教育に及ぼした影響は，今日，推量する以上のものであったのではないかと思われる。

　このような田村の考えを反映するかのように，教授細目の中には，高等科男児用の教材のほとんどが，『大捷軍歌』を主とする一連の軍歌集から採った軍歌で編成されているような教授細目も何種類か見られた。その一例として，1902（明治35）年8月に刊行された『三重縣師範學校附属小學校教授細目』の高等科男児用教授細目を以下に示す。

　　　高等科唱歌教授細目　　　男兒
　　　　第一學年
　　　　第一學期　　　　　凡十六週　　　　毎週一時

71）田村虎藏『唱歌科教授法』1908（明治41）年5月　同文館　p.57。田村自身は1904（明治37）年6月に『新大捷軍歌　初編』（納所辨次郎と共編　十字屋発行）を出版しているが，この軍歌集は『大捷軍歌』に倣ひ，4曲（《仁川の海戦》《旅順の海戦》《閉塞隊》《山中少佐》）を収めたもので，七五調4句の歌詞を持ち，曲調もいわゆる軍歌調で統一されていた。「本書の用意」の項目には，「一，小學校に於ける多年の經驗に鑑み，平易快活にして，且つ勇壯活潑なる曲節を採用せんことに力めたり。一，本書は，戦争の經過に伴ひ，教育上有益にして，しかも兒童の興味を惹くべき題目と事實とを選び，以て順次刊行すべし。」と記されている。特に，後段は，田村が，山田源一郎編『大捷軍歌』の編纂方法から影響を受けたことを物語る一文である。

朝日に匂ふ	忠勇軍歌		
勇敢なる水兵	大捷軍歌		
勇士の誉	新唱歌		
第二學期	凡十六週	毎週一時	
來れや來れ	小學唱歌		
平壤の戰	大東唱歌		
千引の岩	國敎唱歌集		
第三學期	凡十週	毎週一時	
力は山	皇國唱歌		
尚武	日本唱歌		

第二學年

第一學期	凡十六週	毎週一時	
豊島の戰	大捷軍歌		
敵は幾萬	國民唱歌集		
進め矢玉	國民唱歌集		
第二學期	凡十六週	毎週一時	
黄海の戰	大捷軍歌		
躰育の歌	帝國軍歌		
坂元少佐	大捷軍歌		
第三學期	凡十週	毎週一時	
海城の逆撃	大捷軍歌		
水雷艇	大捷軍歌		

第三四學年　　甲種

第一學期	凡十六週	毎週一時	
益荒武夫（遊戯用）	日本軍歌		
橿原の宮	新唱歌		
大和男子	皇國唱歌		
第二學期	凡十六週	毎週一時	

威海衞	大捷軍歌
八州の民	國敎唱歌集
旅順口の戰	大捷軍歌
第三學期	凡十週	每週一時
雪夜の斥候	大捷軍歌
凱旋の歌	皇國新軍歌

**　第三四學年　乙種**

第一學期	凡十六週	每週一時
我海軍	外山正一作歌
元寇擊殲	古賀直吉作歌　奥山某作曲
二人の親	かちどき
第二學期	凡十六週	每週一時
千篇萬卷	國敎唱歌集
觀兵式	國民唱歌
昇る日	國敎唱歌集
第三學期	凡十週	每週一時
尊王愛國	皇國唱歌
矢玉は霰	中等唱歌[72]

　このように『三重縣師範學校附属小學校敎授細目』においては，高等科男児用の唱歌教材のほとんどが軍歌であり，なおかつ，『大捷軍歌』から9曲も採られるという徹底ぶりであった。この『三重縣師範學校附属小學校敎授細目』には，軍歌の教授についての特別な注意はなく，また編纂の趣旨についても明らかにされていないが，時期的に日露戦争に至る時期でもあり，学校唱歌教育において軍歌の教授というものが実質的に中心を占めていく様子を反映しているものと見なすことができる。

---

72) 三重縣師範學校附属小學校編『三重縣師範學校附属小學校敎授細目』1902 (明治35) 年8月

　そして各地では，「本縣音樂の狀態を見るに學校唱歌中最も廣く行はれ最も深く愛吟せらるゝは軍歌なり」[73] という記事が教育会雑誌に掲載されるような状況も見られていた。

　巻末の表4では，『大捷軍歌』に関して，配当学年と男女の別を示したがこの表からは，『大捷軍歌』の各曲が，主として高等科の男子生徒に教授される傾向にあったことが明らかである。そして，この傾向は，『大捷軍歌』だけでなく，他の軍歌集の曲についても一般的に見られるものであった[74]。もっともこの傾向は，すでに伊澤修二編纂の『小學唱歌』の中にも顕著に現れているものであった。『小學唱歌』は 3 及び 4 巻は「女生徒之部」，5 及び 6 巻は「男生徒之部」と内容を分けて編纂されていたが，《行軍歌》《來れや來れ》《矢玉は霰》などの歌詞の内容から軍歌の範疇に入れられる唱歌は，すべて「男生徒之部」に編成されていた。

　一方，先述の『三重縣師範學校附属小學校教授細目』に見る限り，同校の高等科女児用の唱歌教材の中には，軍歌と考えられる範疇の唱歌は，僅かに，《婦人從軍歌》（『大東軍歌』第一二学年乙種　第二学期用）[75] と，《赤十字》（『大捷軍歌』第三四学年乙種　第三学期用）の唱歌名が見られる程度であった。《婦人從軍歌》はまさに従軍看護婦を讃える軍歌であり，《赤十字》も具体的に看護婦を表す言葉はないが十分にそれを想起させる歌詞のものであった。つまり，これらの軍歌の教授を通して男女児各々に求められていたものが異なっていた

73）金田留平「音樂茶話」『佐賀縣教育會雑誌』第52号　1900（明治33）年 7 月21日
74）しかし一方で，教育関係の雑誌記事の中には幼稚園教育においても軍歌の教授を示唆するような記事も見られることがあった。たとえば，『教育報知』第484号（1895（明治28）年 8 月10日）に掲載された山崎彦八の「幼稚保育法」の中では，「幼稚唱歌として適當ならめと思考するものを掲ぐ」として『幼稚園唱歌集』や『小學唱歌』所載の唱歌と並んで，「軍歌集」からとして《朝日に匂ふ》《兵士來る》《虎狩》そして《富士の裾野》（いずれも『忠實勇武軍歌集』所載）の 4 曲の軍歌が挙げられていた。
75）《婦人從軍歌》の楽譜は最初，1894（明治27）年10月に井上藤吉発行として刊行され，翌年には『大東軍歌』に転載されるが，ここでは『三重縣師範學校附属小學校教授細目』に記載されたまま，『大東軍歌』出典と記述する。

ことが明らかとなる。敢えて言うならば，女児に対してよりも男児に対しては
より一層，軍歌の教授を通して直接的に愛国心の養成を図り，志気を昂揚させ
るねらいが込められていたと言える。

　この時期には，巷間では男女を問わず軍歌を口ずさんでいたと想像されるが，
学校教育を対象とした軍歌となると，『大捷軍歌』に顕著なように，戦捷の様
子や勇敢に戦った武将の逸話を歌詞にしたような軍歌が多かった。それ故，実
際には戦地には赴くことはないが，「銃後の守り」的な存在としての女子生徒
を対象としたような軍歌が少ないことは当然のことであった。そしてこのよう
な，女子に教授するに相応しい歌詞内容を持つ軍歌が少ない傾向に対しては，
教育界でも問題にされ，「女子に適する軍歌」を望む声も上がり始めるという
状況であった。この「女子に適する軍歌」とはすなわち，

> 或は良人外征して，其妻空閨を守り，或は別に臨んで夫を勵し，一死以て
> 國に殉せしめ，或は遙に良人を思ひて，夙夜神佛に祈禱し，或は繃帯を調
> 製して之を献納し，或は朝に良人の戰死を聞き，夕に自裁して地下に伴ふ
> 等，勤儉貞烈，女子の本務として最嘆賞すべき事蹟を歌ひ，内外相應じ，
> 剛柔相和し，以て皇國特有の美質を發揮せしめなば，其効豈鮮少なりとせ
> んや[76]

というように，いわゆる「銃後の守り」としての女子に相応しい歌詞を持つ軍
歌を欲するという論調のものであった。

　とは言え，『三重縣師範學校附属小學校教授細目』の女児用にも採用されて
いた《婦人従軍歌》は，既述のように，典型的な「軍歌調」と言われるスタイ
ルの曲であり，このような曲が，軍歌採用が少なかった女児用に使われたこと
は，男女の別を越えて，この種の楽曲スタイルを持つ歌を流行させることに繋
がったと言える。

　表4からは，『大捷軍歌』出典の軍歌が多く採用されていたことが明らかで

---

76)「女子に適する軍歌を製すべし」『教育時論』第352号　1895（明治28）年1月25
　日

あるが，編ごとに採用曲にはある程度の偏りがあることが見て取れる。初編所載のもの，第二編中の《坂元少佐》《旅順口の戦》，第三編の《雪夜の斥候》《勇敢なる水兵》，第四編の《水雷艇》《威海衛》，第五編の《樋口大尉》，或いは第六編の《北白川能久親王殿下》《三角湧》などが，教材として採り上げられる頻度の高かった『大捷軍歌』所載の軍歌である。

　これら小学校の唱歌教育で扱われることの多かった『大捷軍歌』中の楽曲は大別して，報道的要素の強いものと，武士道精神を讃美したり，戦地で闘う者を英雄視した歌詞内容を持つものに分けることが可能である。このうち前者についてはすでに本章第2節で考察した通りであるが，後者に相当する軍歌としては，《坂元少佐》《雪夜の斥候》，あるいは《樋口大尉》などが挙げられる。一例として第二編所載の《坂元少佐》の歌詞の一部を以下に示す。

　《坂元少佐》　　　　　　　　　　　　歌詞　佐々木信綱
　　　　　　　　　　　　　　　　　　　楽曲　納所辨次郎

〈第一〜第五省略〉
　　第六
碎けやうてや敵の艦　　　　　殘る艦なくならんまで
胸をば楯に身を的に　　　　　進めやうての聲高し
　　第七
飛びこし敵の弾丸は　　　　　音凄まじく碎けたり
今までありし艦長の　　　　　姿は見えず成にけり
　　第八
碎けやうての號令は　　　　　士卒の耳に殘れども
今までたちし艦長の　　　　　姿は見えず成にけり
　　第九
かよわき艦を進めつゝ　　　　まされる艦と戰ひて
はえあるいくさに艦長は　　　榮ある死をばとげにけり
　　第十

　　　　其身はよしや朽ぬとも　　　　誉はくちじ千代八千代
　　　　赤城の艦の名と共に　　　　赤き心ぞうたはれん[77]

　このように，軍歌《坂元少佐》は，「胸をば楯に身を的に」（第6番の歌詞）「かよわき艦を進めつゝ　まされる艦と戦ひて〈中略〉榮ある死をばとげにけり」（第9番の歌詞）となった「赤城」の艦長坂元少佐を英雄視した歌詞を持つものであった。また，第五編所載の《樋口大尉》は，戦場にあっても「敵の孤子」を見捨てておかなかったことを，「よし々々行かむ伴なひて　我はやまとの武士ぞ　左手に敵の孤兒いだき　右手にふるはむ日本刀」（第6番の歌詞）[78]と詠い，その武士道精神を称賛する内容を持つものであった。

　前者の軍歌《坂元少佐》について堀内敬三は，

　　『かよわき艦を進めつつ，まされる艦と』善戦した赤城の魂，坂元艦長の
　　魂は，すなわち日本人の伝統の魂である。私はこの歌を幼時から好んでい
　　た。日清戦争の記憶が薄らぐにつれてこの歌も世人の記憶から遠ざかるの
　　は惜しいと思う。歌詞も曲も朗々と歌うに適している[79]

と，歌詞に込められた「伝統の魂」，いわゆる「大和魂」ともいえるものに言及している。そして幼時からこの歌を好んで歌っていたことを明らかにしているが，教授細目の中にも曲名が頻出している軍歌の一つであることから察するところ，この《坂元少佐》は日清日露の両戦争間では，かなり子どもに好んで歌われていたのではないかと考えられる。堀内自身は，「歌詞も曲も朗々と歌うに適している」と曲調の面でもこの曲を評価しているが，この軍歌が出版された当時としてはやはり，歌詞に込められた精神性，すなわち，堀内が言うところの「伝統の魂」こそが人びとに広く受け入れられる要素であったと思われる。

77）山田源一郎編『教科摘要討清軍隊大捷軍歌　第二編』1894（明治27）年12月初版
　　開新堂書店他
78）山田源一郎編『大捷軍歌　第五編』1895（明治28）年6月初版　1898（明治31）
　　年10月　第6版　十字屋
79）堀内敬三『定本　日本の軍歌』1969（昭和44）年9月　実業之日本社　pp.131-
　　132

　堀内によると，「海軍省教育局が大正三年に制定した『海軍軍歌』にはこの歌を『赤城の奮戦』と改題してある」[80]ということであるが，戦場で日本国民としてどのようにあるべきかを詠った歌詞の内容は，時代を超えて志気の鼓舞，戦意昂揚のために，海軍内の教育でも使われていたことになる。

　このように，それまでの「膺てや懲らせや」調の単に戦意昂揚を目的としたようなものと異なり，人びとの心情的な側面に訴えかけるような歌詞は，従来の軍歌とは異なる印象を与えるものであり，この点がこれらの軍歌が実際には日清戦争が終結した後も，小学校教育の中で教授され続けていくことになった理由の一つではなかったかと推察される。

　一方，『大捷軍歌』に限らず，このようにあまりに軍歌に偏った唱歌教育に対しては，次第に危惧の声が寄せられるようになっていった。そしてたとえば，

　　看よ，一聲高く，「膺てや懲らせや」と叫ふ時は彼等の眼は自からにして
　　血走るの慨あり，然れ共，今日斯る兒童の幼稚なる敵愾心をして唯其往く
　　に放任したらんには竟に彼等をして無頼漢たらしむるの恐なき乎[81]

というような警告も発せられていた。このような背景には，

　　日淸事件起りし以來至る所として軍歌の聲を聞かさるなく[82]

あるいは，

　　日淸戦争このかたは軍歌の流行日に月に盛んに成りて敵愾の氣象を養ふ愛
　　國の義心は歌に表はれて乳嗅き兒をヘ口にせり近頃唱歌の本として出版さ
　　る〻は總て皆な軍歌の本の外はなし都に鄙に學校の男女の生徒等が唱ふ歌
　　さへ皆軍歌[83]

という状況があった。そして，そのような中で，「近頃或る所にては撿定も濟さる教師自作の軍歌のみを教授する所あり」[84]というように，自作の軍歌のみ

80)　堀内敬三『定本　日本の軍歌』1969（昭和44）年 9 月　実業之日本社　p.130
81)　「軍歌の對する注意」『教育報知』第462号　1895（明治28）年 2 月23日
82)　「時の流行」『音樂雑誌』第51号　1895（明治28）年 3 月25日
83)　「軍歌の流行」『音樂雑誌』第53号　1895（明治28）年 9 月25日
84)　「唱歌の傳習」『音樂雑誌』第51号　1895（明治28）年 3 月25日

120

による偏った唱歌教育を行おうとする教師の存在もあった。

　社会一般における軍歌の流行は，日清戦争の終結と共に一時，急激に下火となり，早くも1895（明治28）年晩秋には，「今となりては何となく静まりて軍歌の聲さへ絶て聞かざる程に至れり」[85]とまで言われるような状況の所もあったようである。

　このような軍歌の隆盛，及びその後の一旦の沈静化と，表4に見るような学校教育での軍歌の取り扱いの実態とには，かなりの時間的な隔たりが感じられる。そこには実際に教育の場で扱われるに相応しいと判断された上で教授細目に載せられ，細目として教育現場に供されるに至る時間的な問題もあったのであろう。

　しかし反面，このように1890年代後半にはすでに一時的にしても，軍歌衰退の兆しが見えつつあったにも拘わらず，その後も教材として扱われ続けた『大捷軍歌』を中心とする一連の軍歌には，時代を超えて，また日清戦争という一事象を超えた唱歌教材としての価値が見出され，その結果，唱歌教育における主要な教材の一つという位置づけがされていたのであった。すなわち，忠君愛国的な内容を持つ軍歌の歌詞を教授することを通して，唱歌が学校教育の中で必須の教科であると人びとに認知させることが容易だったからである。とりわけ，1900年代以降の軍歌の教育には，徐々に日露戦争という戦局を迎えつつある社会情勢も後押しをし，志気を昂揚させるような軍歌を教えるという唱歌教育は，次第に学校教育の中で確固とした位置を得ていくことになった。そして，次章で考察する軍歌のスタイルを継承した郷土地理唱歌の影響もこのような傾向に拍車をかけるものであった。

2．『教科適用幼年唱歌』における「軍歌体」

　日清戦争を契機として作られ始めた軍歌のうち，七五調4句の歌詞に合い，

85）「福岡の音樂現況」『音樂雜誌』第54号　1895（明治28）年10月31日

行軍時にも歩調を取りやすかったと考えられる楽曲，たとえば，《婦人従軍歌》や《勇敢なる水兵》などに典型的なリズムパターンが，その後に作られた『地理教育鐵道唱歌』に代表されるような唱歌特有のスタイルの曲にも引き継がれていることについては既に，序章で述べた通りである。

　これら，いわゆる「軍歌調」と言われるようなスタイルと，この時期の唱歌特有の楽曲のスタイルの相違は，ほとんど歌詞の内容の違いによるものである。そのことを裏付けるものとして，本項では，納所辨次郎と田村虎藏共編の『教科適用幼年唱歌』を採り上げ，この中で「軍歌調」がどのように唱歌に採り入れられたのかを考察する。と言うのも，『教科適用幼年唱歌』は，『地理教育鐵道唱歌』第 1 集の発刊直後に初編が出版されて以来，計10巻に上る編数の大掛かりな唱歌集であり，訂正再版が繰返されながら長く唱歌教材の拠り所とされた唱歌集であったからである。加えて，編者の一人である田村は，明治後期から大正年間，昭和初期に至る長い期間を通して音楽教育推進の中心的な人物であり，田村が編纂したこの唱歌集が，唱歌教育に及ぼした影響には計り知れないものがあったからでもある。

　この『教科適用幼年唱歌』はそのタイトルからも明白なように，小学校での唱歌教育教材を提供することを目的として編纂されたものであった。「緒言」では，これまでの唱歌が，

　　其題目，事實は，他教科との關係を保ち難く，唱歌者たる兒童は，遂に其
　　歌詞の意味を會得する能はざるもの，比々皆然りとす[86]

と記されているが，この唱歌集では，「典麗高尚」[87] ではない，「教育的教授上最も適切なる唱歌教材を供給」[88] することが意図されていた。そして，

　　題目は，尋常科にありては，専ら修身，讀書科に關係を有する事實，又は
　　四季の風物に因みて之を取り，高等科にありては，更に地理，歴史，理科

---

86)「緒言」納所辨次郎・田村虎藏共編『教科適用幼年唱歌　初編上巻』1900（明治　33）年 6 月発行　1903（明治36）年 7 月訂正 5 版　十字屋
87）同上
88）同上

等，其他の教科に關係を有する事實を選び，以て各教科の統一を完からしめんことに勗めたり[89]

というように，各教科との関連づけが図られている旨が述べられていた。これは，1891（明治24）年の「小學校教則大綱」で明示された，各教科目は「互ニ相連絡シテ補益センコトヲ要ス」[90] という条項を明らかに遵守するものであった。

このような意図で編纂されたこの『教科適用幼年唱歌』で，唱歌教育における軍歌の扱いと関わって重要な点は，初編及び第二編の各巻に1曲ずつ，「軍歌体」と称される曲が掲載されていることである。

田村自身は，特に日露戦争開戦期の軍歌の大流行に触れて，「我國の唱歌界は，彼の鐵道唱歌の流行以来，稍々もすると，一時際物的の唱歌を歡迎する，暗潮もあつた」[91] と述懐し，その当時，流行していた軍歌を「一律千遍なる軍歌—無味單調なるトン々々拍子」[92] と表現していた。実際には，巻末の表6に示すように，田村自身がこの「無味單調なるトン々々拍子」を使って，各地の郷土地理唱歌を多数，作曲していたことが明らかであるが，上記の一文は，『地理教育鐵道唱歌』の流行を追随するような無名の人びとによる一連の唱歌や軍歌の濫造に対する批判と捉えることができる。その一方で，

さりながら，在來の軍歌調と稱するものは，所謂トン々々拍子でありますから，音樂上から申しますと，割合に價値の尠ないものであります。然るに，兒童はこの軍歌調を最もよく好みます[93]

というように，子どもがこの「軍歌調」を好んで歌うことを認めている。そし

89)「緒言」納所辨次郎・田村虎藏共編『教科適用幼年唱歌　初編上巻』1900（明治33）年6月発行　1903（明治36）年7月訂正5版　十字屋

90)「小學校教則大綱」『官報』第2516号　1891（明治24）年11月17日

91) 田村虎藏「事局に對する軍歌に就いて」『教育研究』第2号　1904（明治37）年
5月1日 （ママ）

92) 同上

93) 田村虎藏「尋常三學年の唱歌教授法」『教育研究』第19号　1905（明治38）年10月1日

て，

　　小學校の唱歌は，故に，音樂上の立場からのみ決定すべきものではない。
　故に，單調ではありながら，一面では，彼等兒童の心理的要求にも，適應
　せしむべき要求からして，余はこの學年（尋常3学年）から，軍歌調を加
　へたいと云ふのであります。その歌曲に至つては，素より此學年兒童に相
　當のものを選擇せねばなりません。且，又，その分量に於ても，音樂上，
　缺點のある所からして，自ら制限を附せねばなりません。余の實驗により
　ますと，一學期間に一箇歌曲を配當するのが善いように思ひます。詰り，
　一學年間に三箇歌曲位が，丁度適當であると信じます[94]

と，尋常第3学年から「軍歌調」の曲を年間に3曲程度，教材に加える案を提
示していた。

　このような軍歌の扱いに関する考えを持っていた田村が，『教科適用幼年唱
歌』の中で「軍歌調」の曲を扱う際に講じた方法が，「軍歌体」という表示を
用いるということであった。『教科適用幼年唱歌』全10集のうち，この「軍歌
体」という表示がされている曲は以下の通りである。

　　初編上巻　桃太郎　　（田邊友三郎・納所辨次郎）
　　　　中巻　浦島太郎（石原和三郎・田村虎藏）
　　　　下巻　舌切雀　　（田邊友三郎・納所辨次郎）
　　二編上巻　大江山　　（石原和三郎・田村虎藏）
　　　　中巻　日本武尊（田邊友三郎・納所辨次郎）[95]
　　　　下巻　牛若丸　　（石原和三郎・田村虎藏）

　このように『教科適用幼年唱歌』の初編と第二編の各巻の1曲ずつに「軍歌
体」という表示が見られる。これは，田村の「この學年（尋常3学年）から，

94）田村虎藏「尋常三學年の唱歌教授法」『教育研究』第19号　1905（明治38）年10
　月1日
95）この曲（納所辨次郎作曲）は，第1小節は「ド」のみ，第2小節は「ミ」のみ，
　というように各小節内の2拍が，軍隊喇叭を想起させる同一音の反復で作られてお
　り，「軍歌体」の曲の中でも異色の曲である。

軍歌調を加へたい」，「一學期間に一箇歌曲を配當するのが善い」という考え方が反映されたものである。つまり，「軍歌調」のいわゆる軍歌と認められるものを配列するには早すぎる尋常第1，2学年用には，「軍歌体」の曲が各学期に1曲ずつ配列されているのであった。

　そして，上記6曲の曲目が，いずれも，昔話や神話に基づくものであることにも着目すべきである。つまり，田村は先述のように，この『教科適用幼年唱歌』の各題目が他教科と密接に関連づけられていることを「緒言」で述べていたが，初編と第二編の「軍歌体」の曲の題目はこの関連づけが明確に意図されたものである。田村は，このように修身や国語などと関連づけた題目を選ぶことについて，

> 若し彼等が日常教授を受けたる修身訓話中の題目で，桃太郎だの浦島太郎だの，又は國語科で學べる題目で，鳩だの―雀だの―汽車だの―たこだのといへば，忽焉として彼等は既知の舊觀念をひき起して，桃太郎は強よかつた（ママ）の―浦島は情が深かつたの―淺草の鳩から―軒の雀，汽車の勇ましいやら―たこ遊びに糸が切れたのと，それ々々に彼等鋭敏なる想像力を逞うして，早くもこれが教授を受けんとの様子は，到底隠しおうせぬ擧動に溢れるのを見るのです。此機に乗じて教授を始めんか，實に愉快極まる仕事で，又かくの如くに行かねばならんのであります[96]

とも述べている。実際に『教科適用幼年唱歌』の「教授上一般の注意」の中で初編上巻所載の《桃太郎》は，他の《金太郎》などと共に，

> 第一學年に適したる修身童話及び題目なれば，是等は修身科にて其講話をなしたる後，教授せん事を要す[97]

とされていた。

　先述の「軍歌体」の6曲は，譜例2－6の《大江山》や，譜例2－7の《牛

96）田村虎藏「尋常一學年の唱歌教授法」『教育研究』第10号　1905（明治38）年1月1日

97）「教授上一般の注意」納所辨次郎・田村虎藏共編『教科適用幼年唱歌　初編上巻』1900（明治33）年6月発行　1903（明治36）年7月訂正5版　十字屋

譜例２－６　《大江山》

出所）　納所辨次郎・田村虎藏共編『教科適用幼年唱歌』二編上巻　1901（明治34）年６月

若丸》に見るように，いずれも七五調４句の歌詞に，同音反復を多用する付点
のリズムのスタイル，いわゆる「軍歌調」で作曲されているが，子どもがよく
聞き知っている昔話のうち，修身科と関連づけられる題目を選び，その歌詞に
「軍歌調」の楽曲を付けて，尋常第１，２学年用に配当すべき曲に「軍歌体」
という表示がされていたことになる。

　　田村はこの点について，

　　　我國で，所謂軍歌調と唱へる歌曲は，何れの地方の兒童でも，最も歡迎す
　　るものゝ一であらう。而して，それら軍歌調の歌曲は，悉く尋常三學年以

譜例2－7 《牛若丸》

出所） 納所辨次郎・田村虎藏共編『教科適用幼年唱歌』二編下巻 1901（明治34）年11月

　　上の兒童に課さねばならん代物である。これに代用せしむるものは，即ち，

　この童話唱歌を措いて，他に需め得られないのではありませんか，である

　から，尋常一，二學年には，その各學期間に，尠くとも一箇題目位は，配

　當せねばならんと信じます[98]

　と，これらの「軍歌体」の「童話唱歌」が，「軍歌調の歌曲」，いわゆる軍歌の

98）田村虎藏「尋常二學年の唱歌敎授法」『敎育研究』第14号 1905（明治38）年5

　月1日

「代用」として，低学年に配当されるべきことを繰り返し説いていた。

　このように，『教科適用幼年唱歌』の「軍歌体」の曲は，尋常科第 3 学年以上で教授される「軍歌調の歌曲」に繋がる楽曲として，意図的に「軍歌体」という表示がされていたのである。

　ところで，『教科適用幼年唱歌』の各編には実際には，「軍歌体」という表記がされていなくても，《兎と亀》をはじめとして，田村が言う「軍歌体」のスタイルの曲が数多く掲載されていた。そして，この《兎と亀》などは，上記の《牛若丸》と共に，納所文子の歌唱によって，SP レコードにも収録され[99]，そのレコードの音を通して，「軍歌体」の曲が唱歌教材として明確に位置づけられていくことにもなった。したがって，単に「軍歌体」と記された曲のみによってではなく，《兎と亀》などの曲も含めて，『教科適用幼年唱歌』に掲載された「軍歌体」，あるいは「軍歌調」の各曲は，我々の唱歌観形成，敢えて言えば，その後の歌の歴史自体に大きな影響を及ぼすものであったと言える。

---

99)《兎と亀》ニッポノホン　レコード番号：唱歌1599,《牛若丸》ニッポノホン　レコード番号：唱歌1206　いずれも歌唱は納所文子，伴奏は納所辨次郎。録音時期は不明であるが明治末年から大正初期にかけてと考えられる。なお，《牛若丸》の同盤には『教科適用幼年唱歌』二編下巻所載の《笛と太鼓》（SP レコード面のタイトルは《太鼓と笛》）も収められている。

第3章
郷土地理唱歌[1]と唱歌教育

　1901（明治34）年はじめ，田村虎藏は，『教育實驗界』に，『地理教育鐵道唱歌』に関する次のような一文を寄稿した。

　　今や都鄙遠近の別を問はず，樵童漁兒，車夫馬丁に至るまで，「汽笛一聲新橋を」の聲を聞かざるはなく，其事實と歌詞とに對して，何等の觀念もなき乳兒にさへに母の膝，子守の背に在りて片言訛りもて「アタゴノヤーマニイリノコル」と口誦まるゝに至りては，實に近代の一大盛事と謂ふべきなり[2]

　この田村の文章から，前年５月の『地理教育鐵道唱歌』出版以降の僅かな期間に，いかにこの唱歌集が津々浦々にまで知れ渡っていたかが明らかである。つづけて田村は，「（鐵道唱歌が）音樂上，文學上，併に教育上に及ぼしたる効

1）本章第２節で述べるように，明治期に作られた地理的な内容の歌詞を持つ唱歌は，愛郷心育成を主たる目的とする郷土唱歌と，地理科の教育内容である地理的事項を歌詞に持つ純然たる地理唱歌と，２種類に大別される。本章では，郷土唱歌，地理唱歌各々の内容を検討する以外に，これらの地理的な内容を持つ唱歌全体について論じる場合には，総称して郷土地理唱歌と称する。なお，地理教育唱歌や郷土唱歌に関しては，社会科教育の分野で山口幸男による一連の研究があるが，その中で報告された関連唱歌の曲目リストは，本研究の推進にあたって参考となった（山口幸男「明治期における地理教育唱歌について」『新地理』第41-4号　1994（平成6）年3月，「明治期の郷土唱歌　—群馬，千葉，埼玉，栃木各県の場合—」『群馬大学社会科教育論集』第3号　1994（平成6）年3月など）。

2）田村虎藏「鐵道唱歌の批評及び其の教授上の注意」『教育實驗界』第7巻第3号　1901（明治34）年2月

果も，亦實に尠少ならざるを信ずるなり」[3] とも記している。このように田村に「明治三十三年に於ける出版界の一大光景」[4] とまで言わせる程，一世を風靡したこの唱歌は，『地理教育鐵道唱歌』として，まず第1集（東海道）が1900（明治33）年5月10日に発行された。その後，全5集が相継いで出版されるが，田村の一文に如実に表されているように，この唱歌集は，社会現象ともいえるほどの大流行を来たし，その結果，社会一般のみならず教育界へも大きな影響を及ぼすことになった。

田村は，『地理教育鐵道唱歌』の流行について，

鐵道唱歌の流行を極めしことは，實に空前の事實，恐らく絶後のことであらうと信ずる。ために洛陽の紙價をして騰貴せしめ，歐州の某雑誌にまで，この歌曲を轉載せられたといふことは，容易ならぬ出来ごとであつたに違いない[5]

とまで述べていた。そして，

　（イ）　唱歌に對する趣味を，全國民に普及したこと。

　（ロ）　ために唱歌集出版の繁昌を促進せしめたこと。

　　この二大事項は，確に鐵道唱歌のお影と云はねばならん[6]

というように，唱歌を国民にとって身近なものにしたことと，同種の唱歌集の出版により出版界に活況をもたらしたという2点を，『地理教育鐵道唱歌』の流行の影響と捉えていた。

　本章では，田村にこのようにまで書かせることになったこの『地理教育鐵道唱歌』の出版を契機として起こった一連の郷土地理唱歌の出版の状況と，これらの唱歌が学校教育で扱われていく過程を明らかにし，郷土地理唱歌が唱歌教育の展開にいかに大きな作用を及ぼしたかについて論究する。

3）田村虎藏「鐵道唱歌の批評及び其の教授上の注意」『教育實驗界』第7巻第3号　1901（明治34）年2月

4）同上

5）田村虎藏『唱歌科教授法』1908（明治41）年5月　同文館　p.60

6）同上

第 1 節　『地理教育鐵道唱歌』の出現

1.　『地理教育鐵道唱歌』の出版

　1900（明治33）年 5 月から10月にかけて出版された全 5 集の『地理教育鐵道唱歌』は短期間に大流行となり，この時期の他の唱歌集の出版にも多大な影響を及ぼしていくことになった。『地理教育鐵道唱歌』の出版とその後の流行は，単に，一般の人びとが口ずさむ音楽を豊富に提供しただけではなく，学校における唱歌教材に対しても大きな影響を与えることになったので，少し詳細にその出版状況について考察を加えておく。

　『地理教育鐵道唱歌』の隆盛には，もともと欣舞節による《汽車の旅》の流行という素地があった。この《汽車の旅》について，添田知道は，

　　二十八年に，青年倶樂部の他に，鐵血倶樂部といふ小さな讀賣團體が出来た。〈中略〉此の鐵血倶樂部が後三十年六月に青年倶樂部に合した。此の時，横江鐵石の作つたのが，東海道「汽車の旅」である。これが非常に賣れて，流行したが，大和田建樹の鐵道唱歌より實に五年早く出来てゐる。〈ママ〉初めは欣舞節でうたつたのであるが，四十年頃に至つて，新驛増補七五調に直して，一高寮歌「あゝ玉杯」の曲にうたひ替へられて流行した。此の歌は，讀賣がうたひさへすれば何時でも賣れるので，何時でも好材料の無い時はこれを引張り出してうたふ，讀賣演歌者の米櫃になつてゐたものだ[7]

と記し，この欣舞節で歌われていた「汽車の旅」という歌がいかに流行していたかを述べ，後年，これが一高寮歌のメロディーに歌い替えられていたことを

---

7 ）添田知道『添田啞蟬坊・知道著作集別巻　流行歌明治大正史』1982（昭和57）年　　9 月　刀水書房　p.185

明らかにしていた。この《汽車の旅》とは，下記のような歌詞をもつもので
あった。

　《汽車の旅（其一）》　　　　　　　　　　　　　　（横江鐵石作）
　　百里の山河一睡の，夢を載せ行く汽車の旅
　　實にや泰西文明の，恵みを受くる吾人は
　　送迎應接暇なき，窓の景色を樂しまん
　　汽笛一聲新橋を，跡に出で行く芝濱や
　　左は遠く房總の，沖に行きかふ眞帆片帆
　　あかぬ眺めにあこがれて，右手に名高き泉岳寺
　　義士の昔を忍びつゝ，行けば程なく御殿山
　　〈以下省略〉[8]

　添田は，この《汽車の旅》ができた頃の社会情勢について，日清戦争後の鉄
道企業の「企業熱」[9]の高まりを指摘しながら，「演歌がそれに目を向けたの
は，社会低調の不愉快から一時をのがれるすべでもあったろう」[10]と述べてい
る。そして名所を歌った歌の中でも「悠々東海道を吟詠してゆく『汽車の旅』
は圧巻であった」[11]としながら，「それ（「鉄道唱歌」）への作用が，この『汽車
の旅』にあったことがうなずける」[12]と，横江鐵石作の《汽車の旅》の流行が
後の『地理教育鐵道唱歌』の大流行を導く素地を作っていたことに言及してい
る。

　このような素地の上に，『地理教育鐵道唱歌』の出版とそれに続く郷土地理
唱歌の大流行がもたらされることになるが，実は『地理教育鐵道唱歌』の出版

8）添田知道『添田啞蟬坊・知道著作集別巻　流行歌明治大正史』1982（昭和57）年
　　9月　刀水書房　pp.185-186
9）添田知道『添田啞蟬坊・知道著作集4　演歌の明治大正史』1982（昭和57）年11
　　月　刀水書房　p.98
10）同上　p.99
11）同上
12）同上

経緯については諸説があり，たとえば藤澤衛彦は，

> 鐵道唱歌は，今は故人となつた西野虎吉（東京開成館主）が，大阪の開成
> 館（館主三木佐助）に居つた頃，無名作歌より之を買ひとり，大和田建樹
> の補正を經，その著者名を以て賣り出したもの[13]

と記している。これに対して，大久保慈泉は，

> 「鉄道唱歌」を企画立案して，最初にこの歌本を出したのは大阪の出版業
> 昇文館の市田元蔵である。かれは一無名作家から買いとった旅と名所の歌
> を，大和田建樹にたのんで補作してもらうことにした。このため市田は大
> 和田と二人で九州まで取材旅行をしたほどの熱の入れようであった。〈中
> 略〉しかし，この歌本は売れなかった。市田はそのころ経営難にあえいで
> おり，やっとの思いで刊行したこの歌に世間はなんの反応もなく，ついに
> 倒産。かれは版権を残本とも三百円で三木樂器店に譲った[14]。

というような状況がこの出版の裏にはあったと述べている。このように両者が
述べる唱歌集出版の経緯については若干の相違がある。この「無名作家」の原
作に対して大和田がどの程度の補作を行ったのかについては明らかではない
が，大和田が取材旅行まで行って全編の歌詞を補作完成させたことは事実であ
ろう。そして，当時既に数多くの唱歌の作詞者として名をはせていた大和田建
樹の作詞という点が，『地理教育鐵道唱歌』の流行の大きな要因となったと考
えられる。

　この当時，大和田はこの種の地理に関する歌詞を積極的に作っており，『地
理教育鐵道唱歌』出版の翌月には，「通俗百科全書」の一冊として『通俗日本
地理』[15]を出版していた。この『通俗日本地理』は，

> 此書の特性ハ行文平易にして讀みやすく解しやすく興味滴るが如きにあ

13）藤澤衛彦『明治流行歌史』1929（昭和4）年1月　春陽堂　p.370
14）大久保慈泉『うたでつづる明治の時代世相　下』1968（昭和43）年11月初版
　　1997（平成9）年7月新版発行　国書刊行会　p.87
15）大和田建樹『通俗日本地理』（通俗百科全書第17編）1900（明治33）年6月　博
　　文館

り。〈中略〉文學上地理書とも稱すべきにあり[16]
と新聞にも紹介されていたが，国文学者として知られる大和田の著述は，「恰
も好侶を得て旅行を試むるの快」[17]を人びとに与えるものであった。つまりこ
の種の書物が，1900年前後の鉄道網の拡大と相俟って，人びとにまだ見ぬ土地
への憧れや関心を抱かせたことは想像に難くない。

　このような社会的背景の中で『地理教育鐵道唱歌』の第1集は1900（明治33）
年5月10日に大阪の三木佐助により出版されたが，第1集に引き続き，同年内
に全5集が次々と刊行された。『地理教育鐵道唱歌』全5集の出版年月と作曲
者名は巻末の表5に示す通りである。

　出版社側はこの唱歌集のために，「出版と同時に，彼は自ら東海道五十三次
を樂隊を伴れて歌手數人にその新作の鐵道唱歌を謠はせながら錬つて歩かせ
た」[18]というような宣伝活動を行った。その様子は，大久保の記述によると，

　　「鉄道唱歌」の版権を買った三木楽器店の三木佐助は，東海道線に車両を
　　一台借切り，これにミリタリールックに白い鳥毛の帽子をかぶった二十人
　　の「ガクタイ（楽隊）」と，束髪に矢ガスリ，エビ茶のはかまという当時
　　の女学生姿の歌手三人を乗せ，沿線に各駅停車しては大いに売りまくり，
　　明治のベストセラーとなった[19]

というものであった。この記述から想像するところ，宣伝活動はかなり注目を
浴びるものであったと思われるが，こうした宣伝の様子が紹介されることに
よって，沿線のみならず全国的な規模で人びとの購買意欲を煽ることができた
と推察される。

　このような宣伝活動と共に，新聞にも頻繁に広告が出されていた。そのもっ

---

16)『東京朝日新聞』第5017号　1900（明治33）年6月27日　第8面
17)　同上
18)　藤澤衛彦『明治流行歌史』1929（昭和4）年1月　春陽堂　p.370　この藤澤の記
　　述における「彼」とは，引用箇所の前後の文脈から西野虎吉と考えられる。
19)　大久保慈泉『うたでつづる明治の時代世相　下』1968（昭和43）年11月初版
　　1997（平成9）年7月新版発行　国書刊行会　p.90

とも早いものは，出版地大阪の『大阪朝日新聞』[20]の，出版と同月14日付の広告であるが，その後，東京でも新刊案内の欄に，「鐵道唱歌（第一）」という一行のみではあったが唱歌集名が記載されていた[21]。そして，第1集出版後の大流行を受けて，第2集が出版されると，広告欄にも『地理教育鐵道唱歌』の広告枠が設けられ，「出版界空前の盛況を以て」[22]という書き出しで始まる紹介文を添えて宣伝されるようになった。

　このように『地理教育鐵道唱歌』は，楽隊を率いた宣伝活動と新聞各紙への広告掲載という方法で，出版後のごく短い期間に，この唱歌集に対する人びとの関心を掻き立てることに成功し，大流行を導くに至った。

2. 『地理教育鐵道唱歌』の教育界への波及

　出版後，直ちに大流行を来すことになった『地理教育鐵道唱歌』に対して，各地教育界は積極的にこの唱歌集を受け入れ，同時に各々の地に即した同種の唱歌集を相次いで出版していくことになる。

　『地理教育鐵道唱歌』の宣伝の様子などから察するところ，出版社の当初の意向は，社会全般を対象としていたようにも見受けられるが，タイトルにも「地理教育」と付けられているように，この唱歌集は学校教育を主たる対象の一つとして作られたものであった。

　最初に広告が掲載された『大阪朝日新聞』には，正式な名称とは異なる「地誌教育」という用語が使われていたが，その宣伝文は，

　　　歌ハ平易ニシテ雄健曲ハ高雅ニシテ壮快新橋神戸間四百哩程八十餘驛ニ於
　　　ケル名所舊蹟風景物産收メテ皆此一小冊ニ在リ小學ノ教科ニ用井テ生徒ノ

20）『大阪朝日新聞』第6563号　1900（明治33）年5月14日　第10面
21）「新刊各種」『東京朝日新聞』第4990号　1900（明治33）年5月31日　第7面
22）『東京朝日新聞』第5097号　1900（明治33）年9月15日　第8面，及び第5106号
　　1900（明治33）年9月25日　第8面

　　志氣ヲ鼓舞スルニ適シ又旅客車中ノ友青年朗詠ノ珍トシテ更ニ一段ノ妙ア
　　リ[23]

というものであった。ここでは，「旅客車中ノ友青年朗詠ノ珍」としての価値
が宣伝されながらも，主眼は学校教育の「教科」に置かれていた。すなわち，
科目名こそ出されてはいなかったが，鉄道沿線の各地の地理を学ぶことを通し
て，「生徒ノ志氣ヲ鼓舞」することができるとされていたのであった。このよ
うな文言の背景には，この『地理教育鐵道唱歌』の教授を通して，最終的には
愛国心の養成を目指そうとする構図さえ読み取れる。

　そして，第2集の広告に付けられた「大和田建樹氏著にて第一集東海道分ハ
公私立小學校に用ひられしが」[24]というような一文，あるいは，

- ●出版界空前の盛況を以て我教育界に迎へられたる鐵道唱歌の第二集ハ成れ
　り
- ●大和田氏の筆益々流麗に兩氏の曲愈光彩あり
- ●中國九州の地理歴史が如何に多大なる趣味と實益とを以て兒童に紹介せら
　れしよ
- ●類版御注意見本ハ校印ある御申込に限り進呈す[25]

という広告文に見られるような，既にこの第1集が小学校で使われ始めている
という情報は，学校関係者にとって否が応でもこの唱歌集に対する意識づけを
強力にするものであった。さらには，『教育時論』でも，第2集に関して，

　　山陽九州の鐵路に沿へる各名所を詠み入れたる唱歌にて大和田建樹氏の作
　　なり。地理教育の助となるべし[26]

という新刊紹介文が掲載されたが，このように，同誌に「地理教育の助となる
べし」と書かれたことは，学校でのこの唱歌集の扱い，とりわけ地理科との関

---

23)『大阪朝日新聞』第6563号　1900（明治33）年5月14日　第10面
24)『東京朝日新聞』第5101号　1900（明治33）年9月19日　第3面
25)『東京朝日新聞』第5106号　1900（明治33）年9月25日　第8面
26)「新刊書紹介」『教育時論』第557号　1900（明治33）年10月5日

連が図られた教授をますます加速させるものであった。

　『地理教育鐵道唱歌』の出版社から教育界への働きかけとして，新聞広告以上に各地教育会が発行していた教育会雑誌への広告掲載の宣伝効果は高かったと考えられる。特に，全5集によって東北から九州までという広範囲の地域が，『地理教育鐵道唱歌』の歌詞に詠われたことにより，府県単位の教育会雑誌に各地域に該当する歌詞を抜粋した宣伝文を掲載したことは，各地の教育界にその土地に関する事項が歌詞に込められているという身近な感じや，手に取りやすい唱歌集という印象を与え，その結果，大きな宣伝効果をもたらしたと推察される。

　これらの教育会雑誌に掲載された広告のうち，もっとも早い時期のものとしては，1900（明治33）年6月，すなわち，『地理教育鐵道唱歌』出版の翌月の『私立兵庫縣教育會雑誌』に掲載された広告文が挙げられる。それは，

　　大和田建樹先生作歌
　　上貞行〈ママ〉　多梅雅〈ママ〉両先生作曲
　　地理教育鐵道唱歌　　定價金六錢　郵税金貳錢
　　第一集　東海道之部　既刊　　　第二集　近刊
　　本書ノ如何ニ趣味深クシテ兒童ノ教育上如何ニ貴重ナル價値ヲ保テルカハ
　　世既ニ定評アルアリ敢テ喋々ヲ俟タズ試ニ其一節ヲ抄出シテ参考ノ資ニ供
　　センカ
　　（神戸）磯にはながめ晴れわたる　　和田のみさきを扣へつゝ
　　　　　　山には絶ゑず布引の　　　　瀧見に人ものぼり行く[27]

というものであった。ここでは，兵庫県に関連した『地理教育鐵道唱歌』第1集の63番の歌詞が添えられていた。また，第2集の「山陽・九州」編が出版された同年9月の『長崎縣教育雑誌』には，いち早くこの第2集の広告が掲載されたが，それは資料3－1のようなものであった。

27）『私立兵庫縣教育會雑誌』第130号　1900（明治33）年6月25日

資料3－1　『地理教育鐵道唱歌第二集　山陽九州の部』の広告

出所）『長崎縣教育雑誌』第99号　1900（明治33）年9月25日

　　ここでは，「中國九州の地理歴史が如何に多大なる趣味と實益とを以て」[28)]
という一文が添えられ，長崎にちなんだ『地理教育鐵道唱歌』第2集「山陽・
九州編」の64番と66番の歌詞が紹介されていたが，このように，地元長崎の開
港の状況や繁栄を詠った歌詞は，県内の教育界にとって魅力的なものであった
と思われる。また，この長崎の例では，「校印ある御申込に限り見本無代郵呈
仕候」[29)]という一文も添えられていた。学校への見本進呈は，先に引用した第

---

28)『長崎縣教育雑誌』第99号　1900（明治33）年9月25日

29）同上

２集の広告文にも見られたが，ここに，教育現場に売り込もうとする出版社の意気込みが感じられると共に，こうした積極策が，この唱歌集の流行に拍車をかけるものであったと考えられる。

　本項では，『地理教育鐵道唱歌』出版の直後に出された広告として，『私立兵庫縣教育會雑誌』と『長崎縣教育雑誌』に掲載された広告を例示したが，実は，当時，出版されていた地方教育会雑誌を含むほとんどの教育関係雑誌にこの『地理教育鐵道唱歌』は，紙面１面を割くなどの大々的な広告を行っていたことが明らかである[30]。先に述べたような，東海道線の車両を借り切っての宣伝活動と共に，こうした教育界へ向けての広報活動もまた，『地理教育鐵道唱歌』が瞬く間に，民間のみならず，教育現場にも受け入れられていく要因であった。そして，このことが，結果的に，他教科を対象とした題名，すなわち，「地理教育」，あるいは「地理歴史教育」というような題名を被せた唱歌集の流行を招き，「出版界空前の盛況」をもたらすことに繋がった。

　先に示した第２集の新聞や『長崎縣教育雑誌』の広告文には，「類版御注意」「近來續出の凝版」という文言が見られるが，これは，『地理教育鐵道唱歌』第１集の出版とその流行によって，第２集が刊行される同年９月までに，いかに多くの類書が相次いで出版されていたかを物語る箇所である。たとえば，同年７月には，自省堂発行の『上野青森間　鐵道唱歌』の出版広告が新聞に掲載されていたし[31]，同社は，『日本一週航海唱歌』の出版予告も掲載していた[32]。さらに，『地理教育鐵道唱歌』の出版後，各地で作られた郷土地理唱歌の出版広告も，『地理教育鐵道唱歌』の広告と並んで大々的に掲載されるようになっていた。

---

30) 両教育会雑誌の他にも，『信濃教育會雑誌』（第168号　1900（明治33）年９月，及び第169号　1900（明治33）年10月），『愛知教育會雑誌』（第162号　1900（明治33）年10月，及び第163号　1900（明治33）年11月），『千葉教育雑誌』（第103号　1900（明治33）年11月）などの雑誌に『地理教育鐵道唱歌』の全面広告が見られる。
31)『東京朝日新聞』第5041号　1900（明治33）年７月21日　第８面
32)『東京朝日新聞』第5086号　1900（明治33）年９月４日　第８面

『地理教育鐵道唱歌』出版後の，同種の唱歌集の相次ぐ出版については次節で詳述するが，現在，入手している唱歌集に限っても，1900（明治33）年中には，40種に及ぶ唱歌集が出版されていたことが明らかである。そしてそれらの唱歌集のうち，各地の郷土地理唱歌に属するものは，出版後直ちに，その地方の教育会雑誌で広く宣伝されるのが常であった。

たとえば，『香川縣教育會報告』には，1901（明治34）年1月には早くも，『地理歴史讃岐唱歌　鐵道之巻』の出版広告が，『地理教育鐵道唱歌』に倣って歌詞の一部を紹介する形式で掲載された[33]。この『地理歴史讃岐唱歌　鐵道之巻』の広告掲載以降も，『地理教育鐵道唱歌』出版の1年後，すなわち，1901（明治34）年5月までの短い期間に，次のような郷土地理唱歌の出版広告が各地の教育雑誌に掲載されたことが確認できる。なお，以下に示す唱歌集は，いずれも作曲者名が明記されており，単なる歌詞集ではないことが明らかなものである。

『地理歴史讃岐唱歌　鐵道之巻』（『香川縣教育會報告』第136号　1901（明治34）年1月）

『地理教育埼玉縣唱歌』（『埼玉教育雑誌』第224号　1901（明治34）年1月）

『地理の旅信濃唱歌』（『信濃教育會雑誌』第172号　1901（明治34）年1月）

『和歌山縣唱歌』（『紀伊教育』第95号　1901（明治34）年1月）

『新潟縣地理唱歌』（『越佐教育雑誌』第98号　1901（明治34）年2月）

『新潟縣唱歌』（『越佐教育雑誌』第98号　1901（明治34）年2月）[34]

『茨城縣唱歌』（『茨城教育協會雑誌』第203号　1901（明治34）年2月）

『信濃唱歌』（『信濃教育會雑誌』第173号　1901（明治34）年2月）

『若越唱歌』（『福井縣教育會雑誌』第44号　1901（明治34）年3月）

『地理歴史讃岐唱歌　東讃之巻』（『香川縣教育會報告』第138号　1901（明治34）年3月）

33）『香川縣教育會報告』第136号　1901（明治34）年1月
34）ただし，「近刊」の予告記事のみである。

『地理歴史愛知縣唱歌』（『愛知教育會雑誌』第167号　1901（明治34）年3月）

『大分縣地理歴史唱歌』（『大分縣教育雑誌』第194号　1901（明治34）年4月）

『地史教育秋田縣唱歌』（『秋田縣教育雑誌』第106号　1901（明治34）年4月）
〈ママ〉

『歴史教育秋田縣唱歌』（『秋田縣教育雑誌』第106号　1901（明治34）年4月）

『福島縣内鐵道唱歌』（『福島教育』第74号　1901（明治34）年5月）

　このように現存する地方教育会雑誌掲載広告からだけでも，1901（明治34）年1月以降，僅か5カ月間に各地で郷土地理唱歌が作られていたこと，そして，これらの広告が教育会雑誌にも大きく掲載されていたことが明らかである。

　1900（明治33）年5月に出版された『地理教育鐵道唱歌』は，七五調の歌詞と付点のリズムを持つメロディーからできた軍歌の流れを汲む曲調に，地理に関する歌詞を延々と詠い込むという，それまでにない手法で作られた唱歌集であった。そして，これは，交通手段の余り発達していなかった当時の人びとに，見知らぬ土地についての知識や情報をもたらし，郷土というものを再確認させる恰好のものとして受け入れられた。それはまた，学校にとっては，修身に次ぐ重要な教科となりつつあった地理科の補助的教材として歓迎されるものでもあった。このような時代の要請が，上記に掲げたような各地における郷土地理唱歌の出版と，教育会雑誌での積極的な紹介へと繋がったと考えられる。

第2節　郷土地理唱歌の隆盛

　前節で考察したように，1900（明治33）年5月の『地理教育鐵道唱歌』の出版は，出版界に活況をもたらすと同時に，地理の内容や，郷土に関する事項を歌詞に羅列した唱歌の濫造とも言える状況を導くものでもあった。しかし，歌詞の側面だけから考えると，郷土地理唱歌に属するものは，『地理教育鐵道唱歌』の出版以前にも，頻繁に作られていた。その代表的なものが，第1章で考察した「数えうた」のメロディーに付けられた地理教育的な内容の歌詞であった。この「数えうた」のメロディーを使ったものを含めて，これまでに入手し

た明治年間に作られた郷土地理唱歌に属する歌は，巻末の表 6 に示す通りである[35]。この表 6 に明らかなように，郷土地理を題材とする歌の中で，「数えうた」のメロディーを使ったものは，1900年以前に限られており，『地理教育鐵道唱歌』出版の1900年以降は，『地理教育鐵道唱歌』と同種の，唱歌の楽曲形態のものが相次いで出版されていることがわかる。これらの唱歌の歌詞は，表 6 の「歌詞の形態」欄に示すように，そのほとんどが七五調 4 句の歌詞を何番にもわたって延々と繰返す形態のものであった。また楽曲の特徴は，『地理教育鐵道唱歌』の大流行となった曲調と同じく，付点を伴う同音反復のリズムが主体のものであった。

　ところで表 6 において郷土地理唱歌と一括して示していても，その題材の内容は，郷土に因んだ歌詞を持つものと，地理科教育に関連する内容を持つものとに大別される。勿論，愛郷心を育成するために，郷土の地歴や物産を詠い込んだ歌詞は，確かに地理科教育とも関連づけられたものである。しかし，表 6 の中には，たとえば，《京都》《広島市歌》などの曲名のように，後の，県歌や市町村歌に繋がる歌も多く含まれている。これらは，県，あるいは市町村という単位で，各々の地域の人びとの心を結集させる目的を持って作られたものであり，地理科教育に関連した唱歌とは別個の検討を要するものである。したがって，本節ではこの点に留意し，郷土地理唱歌を，市町村歌的な意味合いを持つ愛郷心育成のための郷土唱歌と，明らかに地理科教育の補助的手段として作られた地理唱歌とに分け，各々の成り立ちを考察しながら，郷土地理唱歌として括られるこの種の唱歌がもたらした意義と課せられた役割を考察する。

35）表 6 には『世界唱歌』『世界一週唱歌(ママ)』などの名称のものも含まれるが，これらの唱歌の歌詞を検討した結果，いずれの歌詞にも日本を中心とした視点が見られ，本邦地理教育の延長線上のものと考えられるので本表に加えた。

1. 愛郷心育成のための郷土唱歌

（1）《京　都》

　「数えうた」以外の，西洋音楽のスタイルで作られた郷土唱歌のもっとも早いものの一つとして，1898（明治31）年に作られた《京都》が挙げられる[36]。『紀元二千六百年記念刊行　京都音樂史』では,「之は全國郷土歌の先驅をなすものであらう。」[37] と記されているが，中原都男も同様のことを述べ,

> この「京都」の公刊は全国の各都市間にも郷土唱歌作制の気運を駆りたてることとなった。横浜，名古屋，神戸，東京，近くの大阪は「大阪市歌」の制定公布を見たのである。京都という土地柄は，何でも全国にさきがけて，時宜にかなった名企画を実行に移す風が，早くからあったが市歌のことも正式のものではなかったが，全国に先鞭をつけたのである[38]。

と続けている。中原のこの「正式のものではなかった」という表現に見るように，この《京都》は，京都市が市歌として制定したものではなく，京都市小学校長会において編纂されたものであった。この編纂事情について，『京都府教育雑誌』では,

> 一昨年來京都市小學校長會に於て編纂中なりし京都市歌は黒川眞賴氏の作歌上眞行氏の作曲に依りて出來上り去月廿九日楠美本府師範學校助教諭を聘し京都市各小學校の唱歌に關係ある教員を集めて講習會を開きたりと云ふ[39]

36）この歌詞は「愛郷歌（京都市歌)」として，出版と同月の『おむがく』（第8年2号（通巻77号）1898（明治31）年2月25日）にも発表された。

37）京都音樂協會編『紀元二千六百年記念刊行　京都音樂史』1942（昭和17）年6月　京都音樂協會発行　p.5

38）中原都男『京都音楽史』1970（昭和45）年1月　音楽之友社　p.148

39）「京都市歌と講習會『京都府教育雑誌』第70号　1898（明治31）年2月20日

と報じられていたが，このように，唱歌教員を集めてこの歌の講習も行われて
いた。また，

> 下京区豊園尋常小學校にては去月紀元節祝賀式の際野田同校長の發意にて
> 四百名の生徒に常例の通り菓子を與ふる時各々先般校長會出版の郷歌「京
> 都」の刷物一部宛を添へ頒ちたりとかや實によき趣向と謂つべし[40]

という記事に見られるように，祝賀式の引き出物として《京都》が生徒に配ら
れた学校もあった。このようなことを併せ考えると，小学校長会の名による編
纂であり，加えて，「緒言」にも「教習其ノ宜キヲ得テ本市幾千万ノ兒童ヲ裨
益センコト」[41]と記されていた《京都》は，教育現場にある程度の強制力を
持っていたと推察される。

　この《京都》は，「緒言」の中で作歌者と作曲者に触れた後に，「以テ是ノ郷
歌ヲ製定シタリ」[42]と書かれていたように，「郷歌」を通して郷土を愛する心
を育成し，その延長線上に愛国心の育成が意図されていたことが「緒言」の，

> 愛國ノ徳性ヲ涵養スルノ途タルヤ一二ニシテ足ラスト雖而モ先ツ兒童ヲシ
> テ愛郷心ヲ勃興セシメ以テ之ガ基礎ヲ造成スルハ是レ自邇及遠ノ教育原理
> ニ遵由セル當然ノ事ニ屬ス[43]

という一文から明らかである。明治年間を通して，郷土地理唱歌には，多かれ
少なかれ，まず近隣の郷土を知り，理解を深めることを通して，最終的には愛
国心の養成を図るという構図が窺えるが，郷土唱歌の中でもごく早い時期に作
られたこの《京都》にも，その考え方が明確に打ち出されていた。

　しかし，唱歌の内容や楽曲の形態として考えた場合，この《京都》は，『地
理教育鐵道唱歌』以降，大流行となる一連の郷土地理唱歌とは若干，異なる種
類のものである。すなわち，《京都》の歌詞は，資料3－2に見るように，七

---

40)「唱歌（京都）を頒つ」『京都府教育雑誌』第71号　1898（明治31）年3月20日
　　同号には「京都」の出版広告も掲載されていた。
41)「緒言」京都市小學校長會編『京都』1898（明治31）年2月　京都三省舘蔵版
42)　同上
43)　同上

五調４句の歌詞を持ちながら，その内容は，京都市内の地理や歴史に関する詳細を詠い込んだものではなかった。また，曲調も譜例３－１に見るように，『地理教育鐵道唱歌』に代表されるスタイルのものではなかった。中原は，この曲調について，「ドイツ風聖歌の格調をもった正統的な作品であった。」[44] と述べているが，このように，「ドイツ風聖歌」を思わせるこの曲は，「正統的な作品」ではあったとしても，音域や曲調の面で，小学校で実際に歌われる場合には，指導に難しさが感じられるものであったと推察される。

　実際にこの曲がどのように教授されたかについては不詳である。しかし，表６に見るように，1906（明治39）年には『京都　地理歴史唱歌』が出版され，また，1914（大正３）年には後に慣用的に市歌として歌われることになる《京都市歌》という唱歌も作られたので[45]，おそらく京都市小学校長会編纂の《京都》はそれほど流布しなかったのではないかと推察される。

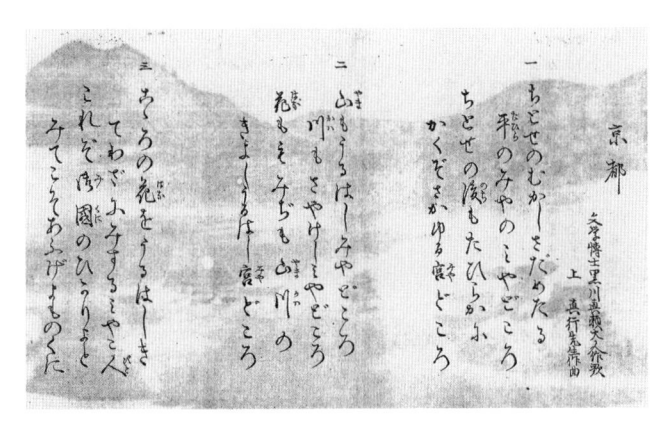

資料３－２　《京都》

出所）　京都市小學校長會編『京都』1898（明治31）年２月

44）中原都男『京都音楽史』1970（昭和45）年１月　音楽之友社　p.148
45）同上参照。中原によると，柏木学務課長作詞，田村虎藏作曲のこの唱歌は，「ひろく京都市小学校行事にも用いられるようになって，〈中略〉昭和二十年の終戦まで愛唱された。〈中略〉範唱レコードも京都市唱歌研究会の手で頒布された記録がある。」ということである。

譜例 3 － 1 　《京都》

出所）　京都市小學校長會編『京都』1898（明治31）年 2 月

（2）　《信濃の國》

　京都市小学校長会編《京都》と異なり，作成後，今日に至るまで歌い継がれ
てきた郷土唱歌の代表的なものとして，《信濃の國》が挙げられる。この《信
濃の國》は今日でも長野県内各学校で教えられ，かつ，冠婚葬祭などには欠か
せない郷土の歌として人びとに愛唱されている歌である。

　今日歌われている《信濃の國》は，北村季晴作曲のものであるが，北村の曲
の以前に実はこの《信濃の國》には別の曲が作られて発表されていた。

　《信濃の國》の歌詞自体は，1899（明治32）年 6 月に『信濃教育會雑誌』上で
発表されたものであった。この前年頃から，長野県下では，教員の間から唱歌
教授細目編纂の希望の声が上がり，信濃教育会常集会の席上でも，

　　　現今の唱歌敎授は教員各自の意に任せ區々の敎授をなし其歌詞楽譜も西洋
　　　諸國のものを直譯せしもの多ければ我國に適せさるものあるべし依て専門
　　　家に乞ひて適當の歌詞樂譜を選定し且敎授の方法を一定する等本會の事業

として之れか講習を開かれんことを望む[46]

という要望が出されていた。このような要望を受けて，信濃教育会の中に唱歌
教授細目に関する委員会が設置された。そして，毎月，開催される委員会の様
子が『信濃教育會雜誌』上で逐一，報告されていたが[47]，会合の結果，1899
(明治32) 年 5 月には，信濃教育会が編纂した「小學校唱歌教授細目」が同誌
に発表された。その「緒言」には，日清戦争時に刊行された唱歌集が現在の唱
歌教授に適さないことが，

　　當時國民ヲ奮勵スルニハ適シタリキト雖トモ其ノ事平ゲル今日尚之ヲ襲用
　　スルハ兒童ヲ教養スル所以ニアラズ[48]

という表現で述べられ，

　　各國國風ノ異ナル所アリ是ヲ以テ學科毎ニ其ノ國風ニ適スルモノヲ撰定ス
　　ルヲ可ナリトス況シヤ此ノ科ニ於テヲヤ彼ノ詩ニ所謂國風アル所以ナリ信
　　濃教育會是ニ見ル所アリ我輩五人ヲ擧ゲテ委員トシ本科ノ教授細目ヲ編纂
　　セシム我輩是ニ於テ廣ク材料ヲ天下ニ求メ會合八回以テ本細目ヲ作ル聊カ
　　其ノ始末ヲ序シテ緒言トス[49]

と続けられていた。そして，「緒言」の後に，「小學校唱歌科教授細目編纂委
員」として，内田慶三，依田辨之助，米野鹿之助，丸山久保吉，柳原静江の 5
名の名前が記されていた。

　この「緒言」の中で，注目すべきところは，「學科毎ニ其ノ國風ニ適スルモ
ノヲ撰定スルヲ可ナリトス」という点である。すなわち，これは，信濃教育会
では，信濃の教育のために，同地にちなんだ教材を扱っていこうという意図を
持っており，唱歌教授細目もその意図をよく汲んで編成したものであったこと

---

46)「信濃教育會常集會」『信濃教育會雜誌』第137号　1898 (明治31) 年 2 月25日
47)「調査委員會」『信濃教育會雜誌』(第147号　1898 (明治31) 年12月25日)，及び
　「唱歌細目取調委員會」(『信濃教育會雜誌』第150号　1899 (明治32) 年 3 月25日)
　など。
48)「小學校唱歌教授細目」『信濃教育會雜誌』第152号　1899 (明治32) 年 5 月25日
49) 同上

を示している。実際に，信濃教育会は，全国的にみても早い時期に，『信濃教育會雜誌』（後に『信濃教育』）を発刊した教育会であり，その充実した内容からも，県下教育界に大きな力を持っていた。実は，長野県下では，1896（明治29）年4月に，堀賢吉が『長野縣尋常師範學校附属小學校尋常科教授細目稿』を既に出版しており[50]，また，信濃教育会編纂の「小學校唱歌教授細目」が掲載された同時期には，同師範附属小学校用の教授細目が改めて出版されていた[51]。おそらく，信濃教育会は，このような附属小学校での動向を十分承知した上で，「小學校唱歌教授細目」を『信濃教育會雜誌』に掲載したものと思われる。それは，附属小学校が編成したものとは，一部，同一の教材を採りながらも構成が異なるものであった。その中でも「小學校唱歌教授細目」の特徴は，信濃に関係する歌詞を持つ新作の唱歌を7曲編成していることであった。その7曲については，「歌曲調査書目」の欄にも，「新作之歌曲　七曲　本調査會撰」[52]と明記されていたが，各学年の配当唱歌名及び作詞者名は以下の通りであった。

　　　高等科第一學年　　《諏訪湖》　　　　長野縣師範學校教諭　淺井洌[53]

　　　高等科第一學年　　《信濃國》　　　　同上

　　　高等科第二學年　　《淺間山》　　　　長野縣師範學校教諭　内田慶三

　　　高等科第二學年　　《川中島》　　　　同上

　　　高等科第三學年　　《養蠶》　　　　　同上

　　　高等科第四學年　　《村上義光》　　　長野縣師範學校教諭　淺井洌

---

50) 堀賢吉編『長野縣尋常師範學校附属小學校尋常科教授細目稿』1896（明治29）年　4月　堀賢吉出版

51)『長野縣師範學校附属小學校尋常科教授細目』（1899（明治32）年5月　信濃新聞）及び，堀賢吉編『長野縣師範學校附属小學校高等科教授細目』（1899（明治32）年　5月　信濃新聞）

52)「小學校唱歌教授細目」『信濃教育會雜誌』第152号　1899（明治32）年5月25日

53) 淺井洌の「洌」の字体は史料のママ。なお，史料によって「洌」と「冽」の両方が混在するものもある。たとえば，『信濃唱歌　第一編』（1901（明治34）年2月）の表紙には「冽」が，内表紙には「洌」の字が使われている。

高等科第四學年　　《宗良親王》　　　長野縣師範學校教諭　内田慶三[54]

　これらの曲は，《養蠶》を除いて，いずれも信濃の地理や歴史に題材をとったものであり，両教科と関連づけて教授されるのにも適するものであった。また，《養蠶》は，信濃の基幹産業であり，「世にも尊き寶（まゆの糸）」[55]を産出する養蚕の振興を促しながら，「はげめ人々國の為め」[56]というように，最終的には忠君愛国心の養成を目指す歌詞を持つものであった。

　このように，いずれも信濃にちなんだ題材を選び，新作唱歌を作って，高等科の各学年に配当しているところに，「學科毎ニ其ノ國風ニ適スルモノヲ撰定スルヲ可ナリトス」という唱歌教授細目の編纂意図が反映されている。

　そして，『信濃教育會雑誌』では，2回にわたって，上記7曲の全歌詞を発表し[57]，翌年には，《川中島》《淺間山》《こかひの歌》（《養蠶》と同じ歌詞）〈ママ〉《村上義光》《信濃國》の5曲の楽譜も附録として掲載した[58]。この時点で，附録として掲載された《信濃國》の楽譜は譜例3−2の通りである。

　ところが，現在，《信濃の國》として歌われているものは，1899（明治32）年から長野縣師範学校音楽講師となっていた北村季晴が作曲をし，1901（明治34）年2月に出版された『信濃唱歌　第一編』[59]の中に収められているものである（譜例3−3）。

　『信濃唱歌　第一編』には，《信濃の國》の他に，《姨捨山》《川中島》《大河原》《淺間山》《諏訪湖並一宮》の，いずれも信濃の地名をタイトルに持つ計6曲が収められていた。

54）「小學校唱歌教授細目」『信濃教育會雑誌』第152号　1899（明治32）年5月25日，
　　「長野縣小學校用唱歌」『信濃教育會雑誌』第153号　1899（明治32）年6月25日，
　　及び「長野縣小學校用唱歌」『信濃教育會雑誌』第154号　1899（明治32）年7月25日
55）『信濃教育會雑誌』第153号　1899（明治32）年6月25日
56）同上
57）同上，及び，第154号　1899（明治32）年7月25日
58）『信濃教育會雑誌』第160号附録　1900（明治33）年1月25日
59）村松今朝太郎編『信濃唱歌　第一編』1901（明治34）年2月　上原書店

150

譜例3－2 《信濃國》

出所）『信濃教育會雑誌』第160号附録　1900（明治33）年1月25日

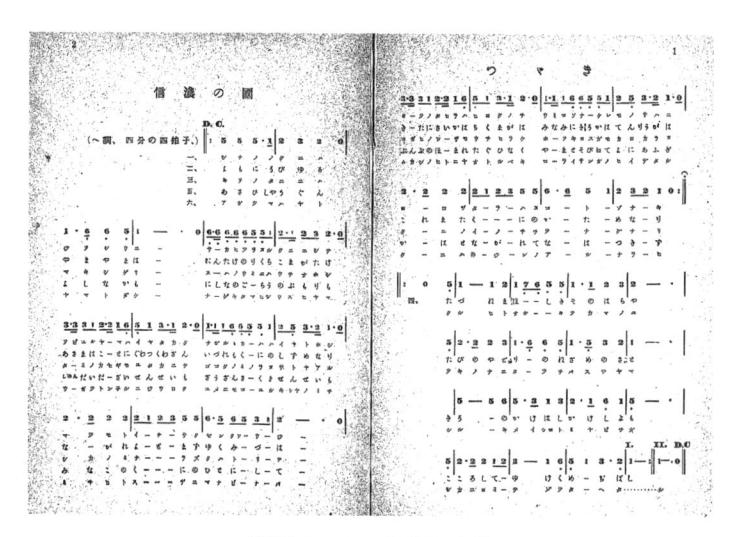

譜例3－3 《信濃の國》

出所）村松今朝太郎編『信濃唱歌　第一編』1901（明治34）年2月

この『信濃唱歌　第一編』は，

　本書は信濃各地の山川都邑物産人情風情に關する事柄を材料として誦唱の
　間其地方の情況を知らしむるの趣向を以て編纂せるもの冊巻小なれとも其
　効や大なるものありと云ふべし[60]

と，『信濃教育會雑誌』でも紹介されていた。これはまさに，『地理教育鐵道唱
歌』以降出版された多種の郷土地理唱歌の出版趣旨と同じものであった。さらに，

　本書は淺井洌内田慶三両氏の作歌に北村季晴氏の作曲を附したるものにし
　て學校唱歌には最も適當の什なり又定價は金六銭編者は村松今朝太郎氏な
　り[61]

という「新刊紹介」文からは，先の信濃教育会による「小學校唱歌教授細目」
編纂時に作られた歌詞に，編纂委員ではなかった北村の曲が付けられ，新たな
曲として『信濃唱歌　第一編』に掲載されたことが明らかである。実際には歌
詞の一部が変更されており，「小學校唱歌教授細目」編纂後，『信濃唱歌　第一
編』出版までの間に，どのような経緯で北村が作曲をし直すことになったの
か，そのあたりの詳細は明らかではない[62]。しかしながら，信濃教育会とい
う県下の大きな教育団体が，「其ノ國風ニ適スルモノ」を主旨として作った
《信濃の國》は，その後，正式に県歌となり[63]，今日に至ってなお，信濃の郷
土の歌として広く歌い継がれるものとなった[64]。

60）「新刊紹介」『信濃教育會雑誌』第172号　1901（明治34）年1月25日
61）「新刊紹介」『信濃教育會雑誌』第173号　1901（明治34）年2月25日
62）北村が『信濃の國』を作曲した経緯について中村佐伝治は『県歌「信濃の国」を
　　考える』（1990（平成2）年11月　ほおずき書籍）の中で，「浅井洌と北村季晴の原
　　作詞，原作曲を誤らせた原因は，五回の出版物である。その功罪を挙げると，第一
　　回は明治三十二年に創作し，三十三年一月号の『信濃教育誌』（ママ）に発表した依田弁
　　之助の『信濃の国』である（完全推敲前で洌の許可のない試作）。」としている（p.167）。
63）県歌の制定は1968（昭和43）年5月20日（中村佐伝治『県歌「信濃の国」を考え
　　る』1990（平成2）年11月　ほおずき書籍　p.191参照）
64）「県歌　長野はなぜ熱い？」『朝日新聞』第45023号　2007（平成19）年2月23日
　　第20面参照

152

（3）《大阪市の歌》

　《信濃の國》が，教育会が主体となって作った郷土の歌であったのに比して，《大阪市の歌》は，当初，新聞社が懸賞募集したものが学校でも積極的に使われるようになり，その結果，文部省から小学校唱歌用歌曲として正式な採用認可を受けることになった唱歌である。

　1902（明治35）年11月，『大阪朝日新聞』は，

　　〈中略〉この時に方り，我大阪市の今昔を俯仰して，未來の幸福を祝し，全市の精神と，市民の抱負とを，發揮するに足るべき市歌の作定に須つや切なり。吾社は進んで其期待に酬いんが為，汎く江湖に向うて，『大阪市‥の歌』を募集せんとす。〈中略〉吾社の市歌を募集して，之を公にせんとするは，啻に以て吾大阪市の誇となすに止まらず，實に他の都市に對して，其先聲たるべきを期せんとてなり[65]

という社告により，全市に向けて《大阪市の歌》の歌詞の募集を行った。そして，「募集要項」として，「歌曲は，普通唱歌を標準とし，其調を問はず，句數は，約三十句以内たるべし。」[66]という歌詞についての条件や，審査は社の審査員のほかに「専門大家に委嘱」[67]することが掲げられていた。この《大阪市の歌》の懸賞募集は翌1903（明治36）年に予定されていた「第五回内國勸業博覽會」に合わせたものであり，その募集は連日，新聞の第1面を飾り，購読者に積極的に広報する形で行われた。そして，歌詞の審査は鳥居忱，井上哲次郎，黒川眞頼，木村正辭，森林太郎に，「作譜」は山田源一郎と小山作之助に委嘱される旨が報じられていた[68]。

　この懸賞募集に関しては，

65）「市歌募集」『大阪朝日新聞』第7457号　1902（明治35）年11月17日　第1面
66）同上
67）同上
68）『大阪朝日新聞』第7470号　1902（明治35）年12月1日　第1面

蓋し從來わが社會に認識されたる詩歌は，多くは知的方面の用具に供せられたるのみにして，情的方面の感化に依るもの少かりしなり，遠くは福澤翁の世界國盡しの歌より，近くは鐵道唱歌の如きに至るまで，唯だ格律に諧ふ句調を以て述べられたる教科讀本に過ぎざるなり，彼等の作絶えて情感趣味の感化を及ぼす所あらず[69]

という記事に見られるように，知育に走りすぎない，情感のある作詞を望む声が寄せられていた。当時は，『地理教育鐵道唱歌』に端を発した知育的な郷土地理唱歌の全盛期であっただけに，上記の記事はこのような状況に対する懸念として注目に値する。

　審査の結果，1903（明治36）年１月１日付の『大阪朝日新聞』に《大阪市の歌》として発表されたのは，次のような大阪府立堺中学校教諭一柳安次郎（芳風）による歌詞の曲であった（譜例３−４）。

一，霞こめたりいこま山　　　浪は静けし茅渟の海
　　三州の野のすえ遠く　　　造りたてたる大都會
　　大厦高樓並み立てる　　　浪華の春は夢ならず
　　　　あゝ麗はしき大阪市
二，三韓のふね呉のふね　　　泊りはてけむ大伴や
　　みつの濱松長しへに　　　緑の色のいやましに
　　行交ふ千舟もゝ舟の　　　楫緒もほさぬおほ港
　　　　あゝ賑はしき大阪市
〈三，四番省略〉[70]

　この時点で，一柳安次郎は既に，『地理歴史唱歌　第二集　大和之部』[71]という唱歌集を出版しており，時代の趨勢をよく把握し，その上で知育に流され

69）浩々歌客「市歌と大阪」『大阪朝日新聞』第7477号　1902（明治35）年12月８日　第６面
70）「大阪市の歌」『大阪朝日新聞』第7501号　1903（明治36）年１月１日　第１面
71）『地理歴史唱歌　第２集　大和之部』1900（明治33）年12月　藻文堂　作曲は目賀田萬世吉

ず，「情的方面の感化に依るもの」という要求に応えて，《大阪市の歌》を作詞
したと推察される。しかし，この一柳の歌詞を，当時の鶴原大阪市長が，大阪
市歌披露会の席上[72]で，

> ドウか我大阪市民は此新聞社の諸君，並に作歌者，作曲者の諸君の勞を空
> くせず將來平和の戰爭に於て此軍歌を唱つて十分に勝利を得なければなら
> ぬと思ふのであります[73]

というように，「軍歌」と称していたことは興味深い。つまり，この一文は，
《大阪市の歌》が，大阪市民としての精神の鼓舞のために有用な，軍歌の一種
として捉えられていたことを示すものである。郷土唱歌の中には，『兵庫縣歌
我が軍旗』[74]のように，軍隊と関連があるかのような曲名を持つ唱歌も幾つか
作られていたが，当時は，「唱歌」と「軍歌」が明確に区別されて使われてい
たわけではなかったことを示す一文である。

　新聞社は，《大阪市の歌》発表の当日，すなわち，1903（明治36）年元旦に大
阪市内各学校に略譜を添えてこの歌詞を数万部，配布したが[75]，

> 元旦吾社の市内各小學校に寄贈したる市歌の折本は新年の擧式より早く各
> 校に到達し各校長は市歌募集の事を説明したる上夫々之を生徒に交付し音
> 樂教員は直に其曲譜を樂器に上せ奏演を試みたる向多しといふ[76]
> （ママ）

---

72)《大阪市の歌》の披露会は，1903（明治36）年1月6日に小山作之助や山田源一
　郎を招いて，新築されたばかりの大阪ホテルに於いて大々的に開催された。当日は，
　「豫て其練習を託したる第四師團軍樂隊」と，山田源一郎や東区第二高等小學校と
　北大江尋常小學校の有志生徒50名が市歌を演奏した。「大阪市歌披露」『大阪朝日新
　聞』第7501号　1903（明治36）年1月1日　第2面，及び「大阪市歌披露會」『大
　阪朝日新聞』第7505号　1903（明治36）年1月7日　第2面
73)「大阪市歌披露會」『大阪朝日新聞』第7505号　1903（明治36）年1月7日　第2
　面　傍点は資料のママ
74) 井上昌基『兵庫縣歌我が軍旗　全』1903（明治36）年10月　吉岡書店　作曲は米
　野鹿之助
75)「『大阪市の歌』數萬部」『大阪朝日新聞』第7501号　1903（明治36）年1月1日
　　第2面　なお，「略譜」は1月3日付同紙（第7502号）に掲載された。
76)「市歌と小學校」『大阪朝日新聞』第7502号　1903（明治36）年1月3日　第14面

譜例 3 − 4　《大阪市の歌》

出所）「大阪市の歌」『大阪朝日新聞』第7501号　1903（明治36）年 1 月 1 日

という記事に見られるように，早くもその当日にこの演奏を試みる音楽教員も
いたようである。さらに，

　　霞罩めたり生駒山の歌は嚴正なる歐州樂譜によりて壯重雄麗に奏唱せられ
　　市長の新年會に於て全く大阪市民の聲たるを得，又市内各小學にても或學
　　級を限りて之を豫習しつゝあるもの尠からず一朝文部大臣の檢定濟となら

　ば先づ未來の大阪市民の口より一齊に奏唱せらるべき氣運となり[77]

というように，早速，この歌の練習を開始した学校があることが報じられると
同時に，暗に文部省の歌曲採用認可を受けることも促されていた。

　新聞というメディア，しかも大新聞による《大阪市の歌》の発表，そして市
内小学校への楽譜の寄贈，それに加えて，学校における練習の報道は，市内の
唱歌教育界に大きな影響を与えた。そして，同市北区内小学校が口火を切って
早速，これを小学校唱歌教育の正規の教材とするために文部省の認可を受けよ
うと動き出し，北区長から大阪市長[78]，大阪府知事[79]，そして文部省へとい
う認可申請[80] の手続きを経て，同年4月29日に文部省の認可を得て，《大阪市
の歌》は小学校唱歌用の歌曲として正式に採用が可能となった[81]。なお，文
部省の認可を受けたことは，即日，『大阪朝日新聞』でも報じられていた[82]。

　このように大阪市では，当初は唱歌教育という想定がされずに新聞社が懸賞
募集をした《大阪市の歌》が，制作後に積極的に唱歌教育に採り入れられ，正
式な唱歌用歌曲として文部省の認可を受けるまでに至った。『地理教育鐵道唱

---

77)「大阪市歌の普及」『大阪朝日新聞』第7509号　1903（明治36）年1月11日　第5
　面
78)　一昨日北區校園長會を開き我社募集の大阪市歌を同區小學校及び幼稚園の唱歌科
　に用ふる件につき協議あり全會一致を以て區長より市長に申出で知事より文部大臣
　の認可を受くる手順をなすを求むることを可決したるが梶原區長は直に之を採用し
　本日又は明日此趣を市長に上申すること〃したる由（「市歌と北區」『大阪朝日新
　聞』第7510号　1903（明治36）年1月12日　第5面）
79)　鶴原市長は吾社募集當選の大阪市歌を市内小學校の唱歌科に採用せんとし今回其
　認可手續を知事に上申したり（「大阪市歌」『大阪朝日新聞』第7516号　1903（明治
　36）年1月18日　第2面）
80)　本年一月大阪朝日新聞が募集に當選せし大阪市歌は當市内各小學校の唱歌科へ採
　用の認可申請を府知事より文部大臣へ願出致しました。誠に當市が漸々音樂的に發
　達しつ〻遂に市歌の創成を見るに至りしは寛賀せざるを得ざる次第で御座い升す。
　（加川澄琴「大阪市の音樂」『音樂之友』第3巻第5号　1903（明治36）年3月2日）
81)「大阪市の歌」作歌者　一柳安次郎，作曲者　小山作之助・山田源一郎『官報』
　第5944号　1903（明治36）年4月29日

歌』の出版以来，郷土地理唱歌が各地で盛んに作られ始めていたこの時期の大阪市歌の懸賞募集と発表は，同市内の唱歌教育界にとっても，郷土の歌を扱っていく上で，好都合な出来事であったと推察される。何故なら，地域の中で認められた郷土の歌を小学校に採用し，式日などに子どもに歌わせることは，唱歌教育の有用性を人びとに宣伝する良い機会であったからである。それ故，《大阪市の歌》の発表後，4カ月という僅かな期間に，市や府を動かし，最終的に文部省の認可を受けることが可能となったと考えられる。

　大阪市のこのような市歌制定と学校での扱いに関する一連の動きは，近隣にも少なからぬ影響を及ぼすことになった。たとえば，神戸市では市歌制定のために各学校職員に作歌を依頼したところ，市歌としては「不十分」のため発表には至っていないことが報じられていたが[83]，この神戸市の市歌制定に向けた動きの例もおそらく《大阪市の歌》の影響によるものと思われる。

　発端が新聞社の懸賞募集であったこと，また，審査や「作譜」に当時の一流の文学者や作曲家が加わったことなどから，この《大阪市の歌》の制定は，郷土唱歌制定のごく早い時期の，教育現場も巻き込んだ大掛かりなものであったと言える。

---

82) 本社が懸賞を以て募集したる大阪市の歌は作曲の上之を大阪市に寄贈し大阪市長は學校教科用として式日に唱和せしめんことを監督官廳に出願し高崎府知事は其認可を文部大臣に申請したりしが別項東電に見ゆる如く昨日を以て大阪市高等小學校以上の教科用たることを認可ありたり，是にて市歌は正式に市の唱歌たる資格を具備したるものといふべし（「大阪市の歌（校用認可）」『大阪朝日新聞』第7613号　1903（明治36）年4月29日　第2面）

83)「神戸市歌」『大阪朝日新聞』第7518号　1903（明治36）年1月20日　第5面

2. 地理教育のための地理唱歌

　前項で述べた愛郷心の養成を目的としたような市町村という行政単位による郷土の歌とは別に，あくまで地理教育を目的としている地理唱歌も，『地理教育鐡道唱歌』の出版以来，相次いで作られた。これら地理教育を主眼としたような唱歌の特徴は，端的に言えば，『地理教育鐡道唱歌』の曲調に酷似した付点のリズムを持つメロディーに，地理科内容を羅列した長い歌詞が付けられていることである。表6に見るように，これらの唱歌の曲集名や曲名の多くには，「地理教育」あるいは「地理歴史」という文言が附されていた。しかしながら，曲数から見ると，歴史を含んだものよりは「地理教育」と銘打たれたものの方が圧倒的に多く，「地理歴史」とされている場合でも，「歴史」事項は，あくまで地理に関連する歴史上の人物や合戦の内容を文言に詠い込むことに留められている。この点は，第4章で考察する「歴史唱歌」が，忠義の鑑と言われたような歴史上の人物を採り上げ，その偉業や遺徳を讃える歌詞で貫かれているのとは趣を異にしている。

　地理教育を主眼としていると考えられる地理唱歌の典型的なものは，『地理教育東京唱歌』，『京都地理唱歌』，『新潟縣地理唱歌』，『兵庫縣地理唱歌』などである。これらは，いずれも長い歌詞を持ち，上記4点の唱歌のうち，『京都地理唱歌』を除く3点は，七五調4句の歌詞が延々と100番以上にわたって続けられるというものであった。

　京都では，前項で考察したように，1898（明治31）年にすでに京都市小学校長会によって《京都》という郷土の歌が作られていたが，1900（明治33）年11月には，岩内誠一作歌，楠美恩三郎作曲の『京都地理唱歌』が出版された。その「緒言」には，

　　こは我京都市の兒童の為めに諷唱の際に郷土地誌の梗概を知らしめんとて
　　作りたるものなり故に歌詞は平易を貴び難解を避け専ら其骨子をのみ述へ
　　たり[84]

と述べられているが，「郷土地誌の梗概」を教えることが，この唱歌の編纂意図であったことが明白である。この点では，「愛郷心ヲ勃興セシメ」ることを目的として作られた先の《京都》とは異なり，地理科の教育に資するという明確な目的を持つものであった。先の《京都》の歌詞は，典雅な雰囲気を持つものであったが，次第に地理唱歌の台頭の影響を受け，この地においても，《京都》とは異なる地理教育を前面に打ち出した唱歌編纂の気運が出てきていたものと思われる。

　この『京都地理唱歌』の歌詞の冒頭部分は以下のようなものであった。また譜例3－5に楽譜を示す。

　　　一　いざや友どち聲あげて　　　　うたひうたはん諸共に
　　　　　千百餘年の都なる　　　　　　わが京都市の地理の歌
　　　二　東に聳ゆる比叡の山　　　　　西にも高き愛宕山
　　　　　加茂の流は清くして　　　　　桂の川はいとふかし
　　　三　山のすがたも河の瀬も　　　　類はあらじ國々に
　　　　　四季の眺望の絶間なく　　　　至る所は古跡にて
　　　四　人口三十有五万　　　　　　　戸數は凡そ七万餘
　　　　　東西長さ一里半　　　　　　　南北二里の大都會
　　　　　〈以下省略〉[85]

　『京都地理唱歌』の歌詞の作り方は，第1章の「数えうた」に関する考察の中で示した地理教育のための「数えうた」に典型的なものと同じであった。地理教育的な歌詞を持つ「数えうた」については，まずその地域の位置関係から始まり，自然環境，そして都市名や人口などの文言の組み合わせで，地理科の内容が網羅されていたことを指摘したが，1900年代に入って盛んに作られた俗謡ではない唱歌の楽曲形態を持つ地理唱歌の類にも，同様のことが言える。特に，『京都地理唱歌』の第4番に見るように，人口，戸数，距離などの数字を

---

84)「緒言」楠美恩三郎・岩内誠一『京都地理唱歌』1900（明治33）年11月　村上書店
85) 楠美恩三郎・岩内誠一『京都地理唱歌』1900（明治33）年11月　村上書店

譜例 3 － 5 　『京都地理唱歌』

出所）　楠美恩三郎・岩内誠一『京都地理唱歌』1900（明治33）年11月

調子の良い付点が入ったリズムに合わせて唱えることは，単に数字として暗記
をするより，遥かに覚えやすいものである。地理教育的な「数えうた」とは楽
曲の形態が異なりながら，その歌詞の作り方には，音数律を一定にし，そこに
地理科で教えるべき内容を当てはめていくという全く同じ手法がここでも採ら
れていた。そこには本来，唱歌の歌詞が持つべき詩情は勿論のこと，楽曲とし
ての音楽性という問題が入り込む余地はなかったと言っても過言ではない。

　しかしながら，このような傾向は，『京都地理唱歌』に限ったことではなく，
他の同様の曲名を持つ唱歌に共通して見られるものであった。

　たとえば，1900（明治33）年9月に出版された『地理教育東京唱歌』[86]は，

86）武島又次郎『地理教育東京唱歌　第一集・第二集』1900（明治33）年9月　大倉
　　書店

唱歌集としては第一集と第二集から成り立つものであったが，実際には，小山作之助が作曲した1種類の曲に，武島又次郎（羽衣）による，第一集54番と，第二集52番，合計106番の歌詞が付けられたものであった。第一集と第二集の歌詞には，これを別記する特別な理由は見出せず，第二集は内容的には第一集の続きでしかなかった。そして，これを物語るように，第二集は55番から開始され，その冒頭の歌詞も「是區の北に秀でたる」というように，明らかに前の歌詞を受け継ぐものであった。

　さらに，1901（明治34）年2月出版の原省吾の『新潟縣地理唱歌』[87] や，同年4月出版の中村秋香編『兵庫縣地理唱歌』[88] をはじめとして，この時期に出版された同種のタイトルを持つ唱歌集にも，『京都地理唱歌』や『地理教育東京唱歌』と同様の傾向が見られた。これは，これらの唱歌集が，『地理教育鐵道唱歌』をモデルとして，それぞれの地域の地理に合わせて作り替えられていたことの証左である。

　上記の唱歌集が扱っている題材は子どもを取り巻く地域の地理的事項である。しかしながら，歌詞の形態からは，前項で論じたような，愛郷心の養成を目的とした郷土の歌の場合とは明らかに異なる，地理科の補助的教材としての編纂者の意図が如実に読み取れる。これは，郷土に対する愛郷心を育てるというよりは，まず，調子のよいリズムに乗せて地理の教育内容を教え込もうという趣旨のものであった。上述のように，ここで例示した唱歌集の作詞者には，武島羽衣や中村秋香という当時としては一流と言われた文学者の名前が見られる。彼等がどのような意図でこれらの唱歌集編纂に関わったのかは明らかではないが，この当時の文学者の中に，このような文言の羅列的な唱歌の歌詞像があったことは否めない。むしろ，これらの文学者のこうした歌詞の作り方は，この種の唱歌集の隆盛にますます拍車をかけるとともに，歌詞偏重の唱歌観を

87）原省吾『新潟縣地理唱歌』1901（明治34）年2月　発行者櫻井產作他　作曲者は入江好治郎

88）中村秋香編『兵庫縣地理唱歌』1901（明治34）年4月　女學書院　作曲者は不詳

助長させることに繋がるものであったと考えられる。

3. 郷土地理唱歌の楽曲の特徴

　前項では，郷土地理唱歌の歌詞のほとんどが七五調で作られ，この音数律に則って替え歌詞的に延々と続く歌詞が羅列されたものであったことを述べた。一方，序章で明らかにしたように，『地理教育鐵道唱歌』の流行は，七五調の歌詞を調子よく唱えるのに適した，付点を伴う同音反復のリズムパターンという，唱歌特有の楽曲のスタイルを生み出していた。そして，郷土地理唱歌として作られた七五調の歌詞は，まさに，このリズムパターンに音数律を入れ込むのに適したものであり，この時代には，『地理教育鐵道唱歌』の楽曲と似通った，時には，見間違う程に酷似したものが相次いで作られた。以下に，その『地理教育鐵道唱歌』の楽曲形態を踏襲した典型的な例を示す。

　下記の6曲は，明治年間に作られた郷土地理唱歌の中のほんの一例にすぎな

譜例3－6　『上野唱歌　全』

出所）石原和三郎作詞・田村虎藏作曲　1900（明治33）年11月

譜例3－7　『山形縣鐵道唱歌』

出所）關時發作詞・岡井二郎作曲　1900（明治33）年11月

譜例3－8　『日本地理教育日本一週船旅行唱歌　全』
出所）須藤流鴬作詞・田村虎藏作曲　1907（明治40）年6月[89]

譜例3－9　『地理教育千葉縣一週唱歌』
出所）村山自彊作詞・作曲者不詳　1908（明治41）年5月[90]

譜例3－10　『汽車　東海道唱歌』
出所）大和田建樹作詞・田村虎藏作曲　1909（明治42）年1月[91]

譜例3－11　『汽車　山陽線唱歌』
出所）大和田建樹作詞・田村虎藏作曲　1909（明治42）年10月[92]

いが，一見したところ，いずれも『地理教育鐵道唱歌』掲載の多梅稚作曲のメロディーを想起させるものである。特に，譜例３－７の『山形縣鐵道唱歌』の第２段から３段にかけて，あるいは，譜例３－９の『千葉縣一週唱歌』の冒頭から第３段のはじめの部分にかけてなどは，酷似していると言っても過言ではない。

　巻末の表６の作曲者名欄から明らかなように，田村虎藏は積極的に郷土地理唱歌を作った作曲家の一人であったが，譜例３－10，及び，譜例３－11に示したように，田村自身が作曲したものの中にも類似したメロディーを持つものが多数含まれている。さらに，譜例３－８の『日本一週船旅行唱歌』は，『教科適用幼年唱歌』（二編上巻）所収の《兎と龜》（石原和三郎作詞・納所辨次郎作曲）にきわめて似ているメロディーのものであった。

　著作権という考え方が厳しくは問われなかった当時としては，このような類似，あるいは酷似は十分，あり得ることであった。敢えて言えば，限られた音域と七五調の歌詞を充足させるための一定のリズムパターンの中では，このように，各曲が似通った旋律を持つに至るのは当然のなりゆきでもあった。それ故に，これらの曲調がこの時期の唱歌特有のスタイルとして，人びとに広く受け入れられ，明治期の唱歌観を作り上げることになったと言える。

　しかし，次第に，これらの七五調一点張りの替え歌詞的な歌詞内容とそれに付けられた類似した曲調や，これらを多用した唱歌教育については，さまざまな視点から賛否両論が繰り広げられるようになった。

　『地理教育鐵道唱歌』の類の唱歌に対する批判的な意見のほとんどは，その歌詞の部分，すなわち，替え歌詞的な性格を持つ，七五調の延々と続く長い歌

89）初版発行。譜例の印影は1907（明治40）年８月版による。
90）作詞者の村山自彊は，当時，『千葉教育雑誌』に，「千葉十二景」（第100-101号　1900（明治33）年８月及び９月号），「日本歴史唱歌」（第120号　1902（明治35）年４月号）などの七五調歌詞や校歌歌詞を数多く発表していた。
91）初版発行。譜例の印影は1909（明治42）年５月版による。
92）初版発行。譜例の印影は1910（明治43）年１月版による。

詞に対するものであった。たとえば，

> もし現行の地理歴史等に關する定價六錢的唱歌より，彼のトン々々拍子的
> の曲を除き去らば，兒童は讀みて理解すること難かるべく，又讀むことも
> なからむ。されは兒童は，かの六錢的唱歌のために，理外の重荷を負はし
> められたりといふも不可なし[93]

と，この種の唱歌を教授することにより，子どもにかなりの負担を強いている
ことを懸念する声も挙げられていた。この記事中にある「六錢的唱歌」という
言葉は，当時，『地理教育鐡道唱歌』をはじめとして，この種の唱歌集が六錢
内外の価格で出版されていたことから，これら一連の唱歌集を揶揄する総称と
して使われている。さらには，

> 多數の唱歌中，其二三種を除く外，孰れも作者の拙劣なるが爲め，毫も誦
> するに足らず，詞辭野卑に，格調平低に，徒に地名事物を臚列するのみ，
> 謠ふ者，聞く者をして，毫も感情を動かすことなからしむ。而かも之に冠
> するに，『地理教育』，『歴史教育』，『修身教育』の美名を以てす，實に片
> 腹痛き次第と日ふべし[94]

とまで断言する者も現れていた。そして，このような安易な作りの唱歌の教授
に対して，

> 思ひ付き次第に鐡道唱歌さては軍艦唱歌など流行歌を喃々せしめて美なる
> 唱歌科の目的にそふべしとなす[95]

というように厳しい指摘がされていた。

　先述のように，『地理教育鐡道唱歌』の流行以降，明治後期にかけて積極的
に各地の郷土地理唱歌の作成に関与することになる田村虎藏も当初は，

> 一時の流行にほだされて出版せられたる，是等數多の鐡道唱歌は，實に粗
> 漏杜撰極まりて，殆んど見るに堪へざるものあるなり[96]

93）小蘆生「教育話譚」『教育實驗界』第7巻第5号　1901（明治34）年3月10日
94）「各種唱歌の流行に就て」『教育時論』第572号　1901（明治34）年3月5日
95）雪峰生「塵埃録（五）」『紀伊教育』第96号　1901（明治34）年2月25日

さらには,

　　顧ふに此鐵道唱歌の大流行につれては,唱歌教授上一般に大混亂を來せる
　　ものありと信ず[97]

というように,次々に出版される一連の郷土地理唱歌などに対して,「粗漏杜
撰極まりて」という厳しい評価を下し,唱歌教授上への影響を懸念していた。

　このように,当時,『地理教育鐵道唱歌』と同様の形態を持つ唱歌の流行に
対しては主に,言葉の羅列にすぎない歌詞の作り方という点から,唱歌として
の価値を危惧する論評が見受けられた。勿論,なかには,そのような歌詞を安
易に「トン々々拍子」に乗せる曲の作り方に対して批判的なニュアンスの論調
も見られるが,概して,この時期には歌詞の面で唱歌が論じられる傾向が強く
見られた。

　そして,このような『地理教育鐵道唱歌』および一連の唱歌に関する議論
は,明治末年まで繰返し展開されることになるが,これは,この種の唱歌の流
行が,この時期の唱歌教育のみならず社会全般にとって,いかに大きな事象で
あったかを物語るものである。明治末年近くに至ってもなお,この『地理教育
鐵道唱歌』に典型的な楽曲スタイルの唱歌によって唱歌教育が推進されてきた
様子を,

　　小學校の唱歌も數十年依然として進歩したものも現はれず,「鐵道唱歌」
　　や「電車唱歌」のやうな雑無味な歌や,「青葉繁れる」のやうなメソ々々
　　した歌が兒童の口に謠れる有様[98]

と述べる記事や,

---

96)　田村虎藏「鐵道唱歌の批評及び其の教授上の注意」『教育實驗界』第7巻第3号
　　1901(明治34)年2月10日
97)　同上　郷土地理唱歌に対する田村自身の考え方は,一つの寄稿記事でも引用する
　　箇所によってさまざまに読み取れるが,総じて『地理教育鐵道唱歌』の流行によっ
　　て唱歌集の出版が活性化されたことは評価しつつ,粗製濫造気味な郷土地理唱歌の
　　作り方に対しては批判的な立場をとっていたと考えられる。
98)「過渡期の吾が樂檀」『音樂月刊』第26号　1907(明治40)年2月25日

かの有名な鐵道唱歌の如きもたゞ作者が大和田健樹氏（マ*マ）だといふ事だけ判つ
てゐて作曲者を知つてゐる人は少ないといふやうに社會からは忘られてゐ
る事が多い，又今までの作歌をする人は唱歌の形式とか性質とかいふやう
な物を辨へずに只字割を寄越して貰つてそれへ歌詞をつけてゆく字割に依
つても言によつては殆ど日本語でないやうに成る事がある作曲者も亦さう
いふ點に心を用ゐて居ないさうして濫造されたのが從來の唱歌である[99]

というように，この種の唱歌のスタイルが確立されて以来の唱歌のあり方を批
判的に論じる記事も見られた。

　しかしながら，唱歌教育が開始の途に就いた頃には，唱歌教育の必要性を認
知させることさえ難しい状況であったものが，これらの唱歌の流行により，人
びとに「平易」な歌いやすい唱歌を提供し，歌うことの楽しさを教え，唱歌教
育の必要性に対する理解を得られる段階に至ったことは，これらの替え歌詞的
な唱歌，「六錢的唱歌」あるいは，「トン々々拍子」の唱歌が果たした大きな功
績として認められる。そして，この点に着眼し後年，唱歌教育の推進という観
点から，これらの特有のスタイルを持つ唱歌が果たした役割を積極的に評価し
ようとしたのが田村虎藏であった。田村は，「例の『鐵道唱歌』の如きは，素
より單純な薄ツぺらなものだが」[100] としながらも，

　　併し明治式に産出されたるメロディーとして，全國の各小學校に歌はれた
　　許りでなく，子守ッ子も小僧ッ子も喜んで猶且つ歌つた。其の他廣く流行
　　したものに，『青葉繁れる』だとか『世界一週』だとか『日露軍歌』だと
　　か『電車唱歌』だとか『戰友』だとか，數多の唱歌を算へる事が出來る。
　　是等も明治に産れたメロディーとして，一般の國民に廣く歡迎された。低
　　級なものではあるが，漸次に今も發達しつゝある。隨つて小學校の教授上

99）吉丸一昌「歌曲雜談（下）」『音樂世界』第5巻第11号　1911（明治44）年11月15
　日
100）田村虎藏「國民教育としての音樂」『音樂界』第4巻第2号　1911（明治44）年
　2月1日

に近年は大分見るべき唱歌が多きを加へて來た。私は此の傾向を非常に喜んでゐる[101]

と述べていた。東京高等師範学校訓導として，唱歌教育を牽引していかなければならない立場にあった田村としては，これら『地理教育鐵道唱歌』に典型を見るようなスタイルの唱歌がもたらした功罪を見極めつつ，これが唱歌教育の推進に果たした役割の大きさを認め，この現状に立脚したさらなる唱歌教育の発展を考えざるを得なかったのであろう。このような田村の考え方が，自身による数多くの郷土地理唱歌のスタイルを有した唱歌の創作を導いたものと考える。

第3節　唱歌教授における郷土地理唱歌

1.　歌曲採用認可と郷土地理唱歌

　前節で考察したような特徴を持つ郷土地理唱歌は，実際に小学校ではどのように教授されていたのであろうか。『地理教育鐵道唱歌』や一連の郷土地理唱歌が流行すると，教育現場では次第に，これらを唱歌教育の教材として採り上げようとする動きが起こり，文部省にこれらの唱歌を採用するための認可申請が提出されるようになった。そこで，本項では，郷土地理唱歌の隆盛と唱歌教育の展開との関連性を考察するために，文部省の歌曲採用認可制度の中で，これらの郷土地理唱歌，とりわけ，市町村単位の郷土唱歌がどのように扱われていたのかに焦点をあてて論じる。

　巻末の表6に示すように，明治期には多種の郷土地理唱歌の類の唱歌集が出版されていたが，その数に比して，明治期編成の唱歌教授細目の中に掲載され

---

101) 田村虎藏「國民教育としての音樂」『音樂界』第4巻第2号　1911（明治44）年2月1日

ている郷土地理唱歌はそれほど多くはない。地理教育的な副題を持つ唱歌集は，検定を経たものが採用されることも時々，見られたが，郷土唱歌の類に限ってはその数はきわめて少ない。これは，第2章で明らかにした，明治後期の教授細目に何種類もの軍歌集から多数の軍歌が採用されていたこととは趣を異にする。

　その理由の一つには，「教育勅語」発布以降の教育全体が修身教育を頂点として進められ，忠君愛国という考え方を直接的に歌詞で表現しやすい軍歌の扱いが，唱歌教育の中でも，より積極的に考えられたことによる。郷土地理唱歌の教授も結果的には，愛国心の養成を目指すものではあったが，修身よりは地理科そのものの補助的教材としての色合いが濃く，したがって，唱歌教育の中では，直接的に志気を鼓舞するような歌詞を持つ軍歌の方が，より教育的価値があると受けとめられたと考えられる。

　また，郷土地理唱歌が，各々の地域の実態に合わせた歌詞で作られていることも，理由の一つと考えられる。現存する教授細目は，各地師範学校附属小学校編成のものが主となっているが，これらの教授細目には当然，府県という単位の中の小学校に使用されるべき教授細目のモデルが示されることが一般的であった。つまり町村，あるいは郡単位の題名を持つ郷土地理唱歌が各学校で教材として扱われていたとしても，それを師範学校附属小学校が編成した教授細目から読み取ることには限界がある。

　さらに，1894（明治27）年末に小学校の唱歌教材に対して，歌曲認可制度が導入されたことは，教授細目中に郷土地理唱歌の題名が少ないことの理由の一つと考えられる。文部省への歌曲採用認可申請にあたっては，第2節の《大阪市の歌》の事例で明らかにしたように，大変煩雑な手続きが必要で，申請から認可までに必要な期間も数カ月，なかには1年近くも要するものがあるという状況であった。教育の第一義である徳育に資するため，また，日清戦争後という状況もあって，軍歌はいち早くこの制度を利用して，唱歌教材として位置づけられたし，各学校が独自に制定した校歌も，学校が存続する限り歌い継がれるものであり，地域における各校の地位を獲得するためにも，正式な採用認可

を受ける必要があった。一方で，地理科の補助的教材としての位置づけが強い一連の郷土地理唱歌には，そのような手間暇をかけて正式な唱歌教材とする必要性があまり認められなかったというのが実情ではなかったかと推察される。加えて，申請から認可までに要する長い期間に対して，実際に子どもを目前にした現実の教育は，もっと緊要なものであった。したがって，教授細目中に，

> 時トシテ別ニ授クヘキ歌曲ハ細目中一々コレヲ示サズト雖モ地理教授ノ總括ニ鐵道唱歌ノ數節又ハ航海唱歌世界唱歌等ヲ唱ヘシムルハ教授者ニ於テ便宜取計フヘキコトヽセリ[102]

というような一文を加えることによってこの問題を処理し，教育の場に応じた郷土地理唱歌の教授を可能にさせていたと考えられる。とりわけ，郡や市町村単位の郷土唱歌の場合は，各校で臨機応変に扱われることが多かったのではないかと推察される。

　しかしながら，文部省の歌曲採用認可を受けた郷土唱歌が皆無であったという訳ではない。以下の各曲は，明治年間に歌曲採用認可を受けた郷土唱歌の曲名と認可年月日である[103]。

102）「凡例」山口縣師範學校附属小學校編『各學科教授細目　上巻』1901（明治34）年5月

103）1902（明治35）年6月5日には新潟県が申請した『新潟縣地理唱歌』の採用も認可されたが，この唱歌は地理教育的な内容の唱歌である。したがって，郷土唱歌を中心に採用認可された唱歌を扱う本欄からはこの唱歌を除外する。なお，新潟県柏崎市立図書館が所蔵する『新潟縣地理唱歌』の表紙には，「柏崎尋常高等小學校」の蔵書印紙が貼られている。残念ながら「購求年月　明治　年　月」欄には，購入年月の記入がないが，おそらく同校ではこの唱歌を使った教授が行われていたのではないかと推察される。この他，『官報』によると，1903（明治36）年6月11日には，大阪市第一盈進高等小學校作歌曲とされる《地理唱歌》という唱歌も認可を受けている。また，大正期に入っても引き続き郷土唱歌の認可申請は行われ，『官報』には採用許可を受けた唱歌として，《郷歌》（滋賀縣栗田郡上田上尋常高等小學校用唱歌として　1912（大正元）年9月21日），《郷土唱歌》（宮崎縣宮崎郡大淀尋常高等小學校用唱歌として　1912（大正元）年10月1日）などの唱歌名が見られる。

《大阪市の歌》（大阪府より大阪高等小學校唱歌用として）

　　　　　　　　1903（明治36）年4月29日　　『官報』第5944号

《上野唱歌》（群馬縣より小學校唱歌用として）

　　　　　　　　1903（明治36）年6月12日　　『官報』第5982号

《静岡市歌》（静岡縣より静岡市立小學校唱歌用として）

　　　　　　　　1905（明治38）年2月25日　　『官報』第6494号

《堅田町の歌》（滋賀縣より小學校唱歌用として）

　　　　　　　　1905（明治38）年9月9日　　『官報』第6660号

《滋賀郡ノ歌》（滋賀縣より滋賀郡内各小學校唱歌用として）

　　　　　　　　1906（明治39）年5月5日　　『官報』第6852号

《東京唱歌》（東京府より東京市小學校唱歌用として）

　　　　　　　　1907（明治40）年11月25日　　『官報』第7323号

《敦賀唱歌》（福井縣より小學校唱歌用として）

　　　　　　　　1908（明治41）年3月28日　　『官報』第7423号

《横濱市歌》（神奈川縣より横浜市各小學校唱歌用として）

　　　　　　　　1909（明治42）年7月2日　　『官報』第7805号

《名古屋市歌》（愛知縣より名古屋市各小學校唱歌用として）

　　　　　　　　1910（明治43）年4月20日　　『官報』第8045号

《安曇村の歌》（滋賀縣より高島郡安曇村尋常高等小學校用唱歌として）

　　　　　　　　1911（明治44）年11月7日　　『官報』第8515号

《小樽區歌》（北海道廳より小樽區立各小學校用唱歌として）

　　　　　　　　1911（明治44）年11月27日　　『官報』第8531号

《豊丘村歌》（長野縣より上高井郡小山尋常高等小學校用唱歌として）

　　　　　　　　1911（明治44）年12月5日　　『官報』第8538号

《高松唱歌》（香川縣より高松市内小學校用唱歌として）

　　　　　　　　1912（明治45）年2月10日　　『官報』第8590号

《新田郡の歌》（群馬縣より新田郡内各小學校唱歌用として）

　　　　　　　　1912（明治45）年4月5日　　『官報』第8635号

《上毛の歌》（群馬縣より縣内各小學校唱歌用として）

1912（明治45）年5月23日 『官報』第8676号

　上記の中には，《横濱市歌》（森林太郎作詞・南能衛作曲）などのように，今日に至ってなお，市内各小学校で教えられ，各校が集う連合音楽会などで歌われ続けている郷土唱歌もある。

　ところで，歌曲採用認可を受けた郷土唱歌には，滋賀県や群馬県内のものなど，当時としては唱歌教育の先進的な府県とは考えられていなかった地域が含まれていることは興味深い。滋賀県では，1900（明治33）年11月という比較的早い時期に，『地理歴史近江唱歌』が出版されているが，隣接する京都では先述のように，郷土唱歌や地理唱歌の制作が盛んであったこともあり，これらが滋賀県内の郷土唱歌制作に影響を与えた可能性も考えられる。一方，群馬県における郷土唱歌の流行は，次項で考察するように《上野唱歌》が勢多教育会が編纂した教授細目に採り上げられたことによっていると推察される。

　また，上記の採用認可の曲名には，《安曇村の歌》や《豊丘村歌》のように，一小学校の唱歌用として採用認可を受けている唱歌も見られるが，これらの唱歌の扱いには，「我が校の歌」という意識が働き，校歌と同義的に用いられた可能性も否定できない。

　これらの唱歌が，実際にはどのような経緯で文部省の認可を受けるに至ったかは不詳であるが，おそらく《大阪市の歌》と同様に，小学校で歌われることを経て，その後に，正式な認可申請の手続きが取られることになったのではないかと推察される。

2. 唱歌教授細目に見る郷土地理唱歌

　本項では，実際の唱歌教授の中に郷土地理唱歌がどのように位置づけられていたのかを，現存する唱歌教授細目を手がかりに考察する。

　巻末の表6の曲集名や曲名に見るように，1900年以降に作られた郷土地理唱歌の多くに「教育」という言葉が付けられていたことから，これらの唱歌が学

校教育を念頭に置いて作られたことは明らかであるが，たとえ，教授細目にこれらの唱歌名を載せずとも，先の引用のように「細目中一々コレヲ示サズト雖モ〈中略〉教授者ニ於テ便宜取計フヘキコト」として，郷土地理唱歌を臨機応変に扱っていた学校も多かったと推察される。

　しかし唱歌教授細目の一部には，これらの郷土地理唱歌を学年に配当し，唱歌科で扱うべき教材として明確に位置づけているものもあった。たとえば，群馬県から採用申請が出されていた《上野唱歌》は，1903（明治36）年6月に文部省から採用認可を受ける前年の1902（明治35）年に県下勢多教育会が編纂した『教授細目』の中に，既に教材として唱歌名が挙げられていた。その高等科用「唱歌體操教授細目」の欄には，「唱歌教授の注意」として，

　　一，本細目に掲げたる唱歌にして他科に連絡を有するもの多し此等は其時
　　　期を誤らず勉めて連絡を保たしむべし[104]

というように，他教科との関連を図る旨が明確に記されていた。そして，《上野唱歌》は高等科第1学年第1学期に，《春の彌生》《皇御國》に次ぐ3番目の唱歌として挙げられていたが，同じ高等科第1学年第1学期の「地理」では，「近傍地理」「赤城の山狩」「前橋見物」「日光見物」「利根の水上」などの題目名が見られる。つまり，高等科に進み，これらの郷土に関する地理教育を展開する上で，この《上野唱歌》は「他科に連絡を有するもの」と認められ，「時期を誤らず勉めて連絡を保」つことを考慮し，このような時期に編成されたと考えられる。

　また，『史料開智学校』所載の1901（明治34）年「教授綱目〈ママ〉」[105]には，《信濃の国》の唱歌名が見られる。高等小学科第1学年用の「教授綱目〈ママ〉」では，「地理」として，「教授細目による郷土　信濃　東海　中仙　畿内」の各学習項

104）勢多教育會編『教授細目』1902（明治35）年9月　米田勝之助出版
105）重要文化財旧開智学校資料集刊行会編『史料開智学校　第11巻　授業の実態1』
　　1991（平成3）年1月　電算出版企画　pp.17-19　なお，同資料には國ではなく国
　　と表記されているので以下，同資料からの引用に関する考察に限り国と表記する。

目が挙げられ，「教授細目による毎月凡一題」と記されていた「唱歌」の欄に
は，第1学年の9月の唱歌名として《信濃の国》が挙げられている。具体的に
は，地理科で4，5月にかけて，「教室　学校　居村」「組合村」という題材を
学習した後に，6，7月の2カ月をかけて「諏訪郡」について学び，その後，
8，9月の「信濃国」の学習を経て，「信濃　東海」へと学習範囲が拡大され
ていく構図になっていた。つまりここでは，地理科の，居住する小さな範囲か
ら「信濃」という拡大された郷土について学ぶ時期を考慮して，唱歌科で《信
濃の国》が教授される仕組みが整えられていたと考えられる。このような，教
科間の関連が図られた上で《信濃の国》を歌うことは，たとえ既に，郷土の歌
として日頃から歌っていたとしても，郷土の地理についての理解をより深く
し，また，集団で歌うことを通して郷土の一員としての連帯感をも味わわせる
ものであったと考えられる。こうした，早い時期からの積極的な教材としての
扱いが，郷土の歌としての《信濃の国》の位置づけを確固としたものにし，今
日に至ってなおこの曲が愛着を持って歌われることに繋がっているのであろ
う。

　この他，入手した唱歌教授細目の中では，1903（明治36）年4月に茨城県東
茨城郡教員集会が編纂した『尋常小學校教授細目』に《茨城縣唱歌》という唱
歌名が見られる。これまでのところ，《茨城縣唱歌》の現物は未確認であるが，
他の郷土地理唱歌と同時期の出版であることから，おそらく同様の形態や内容
を持つ唱歌であったと考えられる[106]。この唱歌教授細目にも，これまで見て
きた他の細目と同様に，「他ノ學科トノ關係アラシムヘク」[107]という一文が明

---

106)《茨城縣唱歌》については永沢久美子による社会科郷土学習の観点からの先行研
　　究がある。永沢の研究論文に引用された《茨城縣唱歌》の歌詞を見る限りにおいて
　　は，この唱歌も七五調4句61番までの歌詞を持つものであった（楽曲は引用されて
　　いない）。（永沢久美子「明治期の『茨城縣唱歌』と『茨城縣地理歴史唱歌』につい
　　て　―社会科郷土学習の資料として―」『群馬大学社会科教育論集』第11号　2002
　　（平成14）年3月参照）
107)「要旨」東茨城郡教員集會編『尋常小學校教授細目』1903（明治36）年4月

記されている。そして，《茨城縣唱歌》の曲名がはじめて出される第 3 学年以前に，第 2 学年でまず，「鐵道唱歌東海道八節」[108] というように，『地理教育鐵道唱歌』第 1 集の冒頭の 8 番までが教えられることになっていた。続く第 3 学年では，「茨城縣唱歌八節」と「鐵道唱歌東海道十五節」が，第 4 学年では，「茨城縣唱歌十六節」が編成されていた。楽曲の教授という面から考えれば，2 学年にわたって細目に編成することは，既習曲の復習という扱いになると考えられるが，このような教授細目上の 2 学年にわたる《茨城縣唱歌》の編成からは，歌詞の内容を十分に理解させるために分割して教えようという意図が窺われる。歌詞に謳われている内容，すなわち，地理科教育の学習内容を子どもに十分に把握させることこそが，唱歌における郷土地理唱歌教授の重要事項だったのである。つまり，ここにも，当時の歌詞偏重の唱歌教育観が如実に読み取れる。

　このように，一連の郷土地理唱歌は唱歌本来の目的のためではなく，地理という他教科の補助的手段として唱歌教育の中で，地理教育の進度と連携を保ちながら教えられるものであった。そして，このような方法によって，唱歌は学校教育の主要教科である地理科の教授に大きく寄与するという役割も明確にされ，教科としての位置づけを確固としたものにすることができたと考えられる。

---

108)　東茨城郡教員集會編『尋常小學校教授細目』1903（明治36）年 4 月

第4章
歴史唱歌と唱歌教育

　前章までにおいて，唱歌教育が展開していくさまざまな段階で，中心的な教材として位置づけられていた「数えうた」「軍歌」「郷土地理唱歌」を中心に，各々の唱歌教材としての成立の様子を明らかにしながら，それらが唱歌教育の中でどのような役割を果たしていたのかという点を中心に考察を行ってきた。

　上記の3種の教材は，「数えうた」がいわゆる俗謡であるのに対して，「軍歌」や「郷土地理唱歌」が，西洋音楽の作曲手法による唱歌の形態を持っているという点で相違はあったが，いずれも，歌うことを通して無意識のうちに，歌詞に詠み込まれた徳目を子どもの心身に取り込ませ，最終的には，忠君愛国心の養成を意図して作られたものであった。

　この他にも，唱歌集自体の数は少ないながら，このような唱歌教育にとって必須の教材であったものに，「歴史唱歌」というジャンルが挙げられる。明治期に出版された唱歌集の中には，奥好義編『歴史唱歌』[1] や，鳥居忱『忠君憂國歴史唱歌　1』[2] などのように，タイトルそのものに「歴史唱歌」という名称を持つものもあった。しかし，「歴史唱歌」というタイトルを持たずとも，歴史上の有名な人物の偉業を讃える歌詞を持つ多くの唱歌も，この「歴史唱歌」として分類され，唱歌教授細目に編成されていたことが明らかである。これらの唱歌の扱いには明らかに，「教育勅語」発布以降，主要な教科となった

1）奥好義編『歴史唱歌』1894（明治27）年6月初版　1895（明治28）年8月訂正3版　遏雲館蔵版
2）鳥居忱『忠君憂國歴史唱歌　1』1911（明治44）年7月　天香閣書房

歴史科との関連づけが求められており，先の３種の教材と同様に，「歴史唱歌」の教授にも，他教科教育の補助的手段としての唱歌教育の役割が顕著に見受けられる。

　本章では，この「歴史唱歌」に属する唱歌を，明治期の唱歌教育の重要な教材の一つとして位置づけ，その成立過程を考察し，唱歌教授に際してこの種の唱歌に託された目的を明らかにする。

第１節　遺徳の歴史唱歌

1.　歴史唱歌の出現

　歴史科と関連づけられた唱歌としては，地理歴史教育的な内容を扱った一連の郷土地理唱歌がある。たとえば，前章で示した巻末の表６の郷土地理唱歌の中にも，『地理歴史鐵道唱歌』『大阪府管内地理歴史教育唱歌』『地理歴史愛知縣唱歌』『地理歴史近江唱歌』『地理歴史三重縣唱歌』『地理歴史教育新潟縣唱歌』など，タイトルに「歴史」とつくものは数多く挙げられる。しかしながら，前章でも述べたように，これらの唱歌集の主眼は，「地理教育」に置かれており，その中で「歴史」は，歌詞に出てくる地名や旧跡等の説明のために使われるという傾向が強く見られた。

　このような，「地理」に重心が置かれた郷土地理唱歌における「歴史」の扱いとは異なり，タイトルに「歴史唱歌」という名称を持つ唱歌集は，地理教育的な項目を除外し，歴史上の人物の偉業や遺徳に焦点をあてて歌詞が作られるのが一般的であった。

　これらの歴史上の人物を中心に，歴史事項だけを題材とした「歴史唱歌」に属する唱歌集は，その原型を，1894（明治27）年に奥好義が編纂した『歴史唱歌』[3]に見ることができる。この『歴史唱歌』は「緒言」に，「此書ハ小學の道徳教育の一助に供せんが為め特に本邦歴史上の偉人に關する唱歌を集めた

り」[4] と記されていたように，25人の「歴史上の偉人」に関する唱歌を集めた唱歌集であった。25人は「忠臣」「孝子」「才女」などの5分野に分けられていたが，その内訳は以下の通りである。

　　「忠臣」　和氣清麿・藤原鎌足・楠正成（ママ）・菅原道真・平重盛

　　「孝子」　橘逸勢の女・微妙・下毛野公助・藤原吉野・池田光政

　　「才女」　紫式部・清少納言・赤染衛門・伊勢大輔・小式部内侍（以下省略）

　上記の「歴史上の偉人」が分類された項目は，「小學校教則大綱」中の修身の内容として挙げられた徳目の各項目に該当するものであり，偉人に関する歌詞を歌うことに，「道徳教育の一助」となることが求められていたのであった。

　これらの唱歌の作歌者には，坂正臣（ママ），小中村義象，中村秋香，鳥山啓らの名前が見られるが，歌詞はいずれも七五調4句で作られており，「和氣清麿（神の御告）」，あるいは，「楠正成（ママ）（下蔭）」というように，「歴史上の偉人」の名前とその「偉人」にちなんだ副題が併記されていた。一方，作曲には奥の他に，山田源一郎，納所辨次郎や小山作之助があたっていた。しかしながら，その「緒言」では楽曲について，

　　楽譜ハ必しも多種を収むるの要なきを以て能く一種の旋律にして同性質の
　　歌詞に流用し得べきものを収めたり[5]

と述べられていた。つまり，奥をはじめとして当時を代表する作曲家が曲を作りながらも，数種の歌詞が一つの旋律を供用してもよいとされていたのであった。ここにも，「道徳教育の一助」のために，これらの歌詞によって偉人の業績を知ることこそが肝要であるという当時の歌詞重視の唱歌観が如実に表されている。

　このように「歴史上の偉人」の遺徳を詠った歌詞を持つ「歴史唱歌」は，地

3）奥好義編『歴史唱歌』1894（明治27）年6月初版　1895（明治28）年8月訂正3
　版　遏雲館蔵版
4）「緒言」同上
5）同上

理教育的な内容の歌詞を持つ一連の郷土地理唱歌よりも，直截的に「道徳教育の一助」，すなわち徳育と結びつくものである。つまり，これらの唱歌は歴史を通して最終的には修身科と密接に関連づけられながら教えられたと推察される。

2. 徳目「忠孝」と「楠公」唱歌

明治期に出版された多くの歴史唱歌に類する唱歌集の中で，もっとも頻繁に題材として採り上げられたものに，楠木正成と正行親子の物語，いわゆる「楠公」に関するものがある。この「楠公」の題材は，「忠君」「孝行」というこの時代の重要な徳目を教え込むための最適な題材であり，明治期を通して，無数の歌詞が作られていることが明らかとなっている。本項ではこうした「楠公」の題材が，明治年間を通して，さまざまな唱歌集に繰り返し採り上げられ，「忠孝」という徳目を教え込む教材として扱われた過程について考察する。

（1） 小泉八雲が聞いた「忠臣楠木正成の歌」

1890（明治23）年秋，小泉八雲は赴任していた松江の尋常中学校からの帰途，しばしば城内の広場で子ども達が教師から「歌をうたいながら行進することを習っている」[6] 光景を目にするが，その時，子ども達が歌っていたのは，「日本でもっとも高貴な英雄とみなされている忠臣楠木正成の歌」[7] であったと「英語教師の日記から」に記している。

今日，われわれが楠木正成の歌として歌うことができる唱歌は，「青葉茂れ

6）「英語教師の日記から」小泉八雲著，平川祐弘編『明治日本の面影』1990（平成2）年10月　講談社　p.27
7）同上　p.28　楠公父子が題材として唱歌や軍歌の歌詞に採り上げられていく過程については，中山エイ子が詳細に考察している（中山エイ子『明治唱歌の誕生』（2010（平成22）年　勉誠出版）所載の「初期の軍歌と『楠公』の歌」参照）。なお，中山もこの「英語教師の日記から」の記述に着目している。

る櫻井の」という歌詞に始まる《湊川》と題する唱歌にほとんど限られている
が，実は，この《湊川》は1899（明治32）年に作られたものであり，この時，
小泉が聞いた「忠臣楠木正成の歌」は当然，《湊川》の歌とは異なるもので
あった。つまり《湊川》以前に，「忠臣楠木正成の歌」が唱歌教材として使わ
れていたことになる。

　この点に関しては，平川祐弘が本田秀夫の記述を引きながら，「歌は『建武
のむかし正成は……肌の守りをとりいだし』であるという。」[8]と注を添えて
いる。つまり，《湊川》が出版され，一般の人びとに愛唱歌として受け入れら
れる以前に既に，「建武のむかし正成は」という歌い出しの「楠公唱歌」が教
材として扱われていたことをこの小泉の日記は証明してくれるのである。唱歌
教育開始のごく早い時期から，「数えうた」にも顕著に見られたように，「忠
君」と「孝行」の二大徳目は，明治年間を通して歌詞で扱うべき徳目のもっと
も重要なものであり続けた。そして「忠君」と「孝行」という二大徳目を同時
に充足する「日本でもっとも高貴な英雄」である楠木正成と正行父子の物語
は，唱歌教材の題材として最適なものと考えられ，長くその位置を保つことに
なったのである。小泉の時代から明治年間を通して如何に「楠公」が唱歌の題
材として命脈を保ってきたかを考察することは，徳育に向かって推進された唱
歌教育の実態解明の上で大きな意味を持つと考えられる。

（2）『小學唱歌集』に見る《忠臣》

　1880年代前半に編纂された『小學唱歌集』の中には既に「忠臣　楠木正成」
を扱った歌詞を持つ唱歌が編成されていた。それは譜例4－1に示すような
《忠臣》と題する唱歌で，『小學唱歌集　第三編』（1884年）に収められていた。
　音楽取調掛で『小學唱歌集』の編纂に関わった伊澤修二は，1882（明治15）
年12月に学事諮問会会員が音楽取調掛を参観した折に，唱歌の効益について演

8）「英語教師の日記から」小泉八雲著，平川祐弘編『明治日本の面影』1990（平成
　2）年10月　講談社　p.84

第七十九　忠臣

譜例4－1　《忠臣》

出所）　東京芸術大学百年史編集委員会編『東京芸術大学百年史　東京音楽学校篇　第一巻』1987（昭
　　　和62）年10月

説を行ったが，その中で，

　　第七　君に事ヘテ能ク忠ヲ盡スハ臣タルモノヽ分ナリ。故ニ忠臣ノ功烈ヲ
　　追慕スル情ヲ養ハザルベカラズ[9]

というように，「勤勉」や「孝行」と並んで唱歌教育が徳育に資する点を力説
し，「忠臣ノ功烈ヲ追慕スル情」を養うためとして《湊川（洋琴)》を挙げ，次
の歌詞を挙げた。

　　其歌　湊川（洋琴）

　　忍びえぬ，人の涙や，むせびゆく，みなとがは，いりあひの，かねぞ身に
　　しむ，そのあはれ，そのいさを，忠臣嗚呼忠臣，兄弟の人，忠臣，嗚呼忠
　　臣，たぐひなや，君がため，散れとをしへし，みよしのヽ，さくらばな，
　　ちりはてヽ，世にこそかほれ，そのうたと，そのまこと，忠臣，嗚呼忠

9）　東京芸術大学百年史編集委員会編『東京芸術大学百年史　東京音楽学校篇　第一
　　巻』1987（昭和62）年10月　音楽之友社　p.118

臣，兄弟の人，忠臣，嗚呼忠臣，たぐひなや[10]

　ただし，この《湊川（洋琴）》という題名には洋琴の楽器名が見られるが，実際にこの曲が演奏されたか否かは明らかではない。

　この曲は『小學唱歌集　第三編』では《忠臣》という曲名に改められて掲載されているが，そこでは，歌詞の前半も譜例4－1のように，「嗚呼香ぐハし。楠の二本。あゝ絶せじ。みなと川。浪の音も。身にぞしむなる。」と改作されていた。

　ところで，このような歌詞に対して，どのようなメロディーが付けられたのかという問題になると，ここにも当時の歌詞尊重の唱歌観が如実に見て取れる。すなわち，「嗚呼香ぐハし。楠の二本」という歌詞に相応しいメロディーとして選ばれたものは，実は外国曲だったのである[11]。どのような経緯でこの曲が選択されたのかは明らかではないが，付点を多用した躍動感のある4分の3拍子の楽曲のイメージは，湊川において散り果てていく「楠公」の物語とは乖離したものである。しかも冒頭から終わりまで二部合唱の楽曲でもある。『小學唱歌集』の編纂に携わっていた音楽取調掛の関係者が，当時の地方の小学校で，唱歌教員がこの楽譜から正しく跳躍音程をとりつつ範唱し，子ども達に教授していけると考えていたとは考え難い。つまり，楽曲は二の次の問題であり，その楽曲が歌詞の内容に即しているか，あるいは，小学校の唱歌教育に適しているかは，考慮の外にあったと考えざるを得ない。

　この『小學唱歌集』所載の唱歌《忠臣》が語ることは，そうした楽曲理解の

10）東京芸術大学百年史編集委員会編『東京芸術大学百年史　東京音楽学校篇　第一巻』1987（昭和62）年10月　音楽之友社　pp.118-119
11）この原曲については同上書には「ポルトガル民謡」と記載されているが（p.97），櫻井雅人の研究により元歌が"Juanita"であり，その作曲の経緯についても明らかにされている（櫻井雅人「唱歌集の中の外国曲―『小学唱歌集』を中心として（2）」一橋大学語学研究室『言語文化』第42巻　2005年　p.7及び，櫻井雅人，ヘルマン・ゴチェフスキ，安田寛『仰げば尊し―幻の原曲発見と「小学唱歌集」全軌跡』2015年　東京堂出版　pp.317-318参照）。

能力云々の問題ではなく，小学校の唱歌教育が企図されたまさしく当初から，楠木正成父子の物語は，その「忠孝」という徳目ゆえに，唱歌にとっての恰好の題材であったということである。

（3） 明治期出版唱歌集に見る「楠公」

　徳育に資するという謳い文句を掲げた明治期の唱歌教育にとって「楠公」に関わる題材は，もっとも歌詞として扱いやすいものであり，『小學唱歌集』の《忠臣》以降，明治期には題材としての「楠公もの」が，さまざまな人の手により歌詞に仕立て上げられ，多種多様な唱歌集の中に編成されていた。

　国立音楽大学音楽研究所編『唱歌索引（明治編）』によると，「楠公」に関する歌詞を持つと考えられるタイトルの唱歌に限っても，下記のように多種にわたっている。

　《菊》《楠櫻井之驛訣別の歌》《楠氏》《楠正成》《楠正成遺訓の歌》《楠正成卿》《楠正成軍歌》《楠正成其子正行へ遺訓の歌》《楠正成の智謀》《楠正成を詠する歌》《楠正行》《楠木正行》《楠正行最後の歌》《楠正行出陣の歌》《楠正行尊氏が宿所を焼く》《楠正行の詞》《楠正行の歌》《楠正行の母》《楠正儀》《櫻井》《さくら井》《さくらゐ》《櫻井驛》《櫻井驛楠公父子訣別の伊呂波歌》《櫻井訣別》《櫻井の里》《さくら井の里》《櫻井のわかれ》《四條畷》《四條畷合戰の歌》《四條畷曲》《四條畷の血戰》《四條畷の小楠公》《小楠公》《小楠公決死之歌》《小楠公四條畷戰死の歌》《小楠公の歌》《小楠公の詠ずるの詩》《小楠公の曲》《小楠公の最後》《小楠公を詠す》《小楠公を詠ずる歌》《小楠公を詠ずるの歌》《忠孝》《忠孝の士》《忠臣》《忠臣，五忠臣》《忠臣の歌》《楠公》《楠公赤城城防戰の歌》《楠公遺訓の歌》《楠公父子》《楠公父子訣別の歌》《楠公頌徳》《楠公決別》《楠公古戰場》《楠公櫻井驛遺訓の歌》《楠公櫻驛遺訓の歌》《楠公櫻井之驛》《楠公十番の内》《楠公千劍破城防守の歌》《楠公の歌》《楠公夫人》《楠公を詠す》《南朝五忠臣》《楠母》《南北朝》《楠母慈訓》《楠母慈訓の歌》《楠母慈訓之段》《湊川》《みなと川》《湊川神社祭典》《湊川の歌》《湊川の役正成戰死

の歌》《湊川の忠死》《湊川奮戦》[12]

　さらに同じタイトルを持ちながらも実は歌詞は異なるという唱歌も多々あるので，実際のところ，「楠公」に関する題材を扱った明治の唱歌教材は膨大な数に上ることになる。つまり，これほどまでに「楠公もの」は唱歌題材として不可避の題材，換言すれば，子ども達の口に上らせ，「唱える」ことによって「楠公の遺訓」を子どもの脳裏に焼き付けさせたい題材であったということである。

　しかしながら，同じ歌詞であっても異なる曲名をつけて他の唱歌集に転載する例もしばしば見られるような明治期の特殊な出版事情を鑑みると，上記の膨大な量の曲目にも精査が必要である。特に，1900年代には唱歌集や唱歌歌詞集の出版が活況を呈し，各地で粗製濫造気味に出版され，紙価の暴騰を招くなどの理由で社会的にも批判の声が上がるようになる時期があり，この時期には，言葉を書き連ねた安易な出版の形の「楠公もの」もかなり作られたのではないかと推察される。したがって，実際に唱歌教材として学校教育で扱われた可能性がある「楠公もの」はかなり限定されるように思われる。そこで次に，明治期の唱歌教育教材として採用される頻度の高かった唱歌集所載の「楠公もの」に属する唱歌を採り上げ，その歌詞の内容を分析し，明治期唱歌教育の徳育に資するという目的がこれらの歌詞においてどのように具現されていたのかを考察する。

（4）　河井源藏編『軍歌』における唱えの「楠公」

　先述の『小学唱歌集　第三編』以降，早い時期に出された歌集の中で，その後の「楠公」を題材とする唱歌に大きな影響を与えたものとして河井源藏編『軍歌』に掲載された「楠公」を扱った二つの長篇の歌詞が挙げられる。『軍歌』自体は楽譜が掲載されていない歌詞集であるが，その中には，「来たれや

---

12) 国立音楽大学音楽研究所編『唱歌索引（明治編）』（国立音楽大学音楽研究所年報　第5集別冊　1985（昭和60）年3月）参照

来たれ」で始まる《軍歌》，あるいは《抜刀隊の歌》の歌詞などが収められており，当時，大変な流行を来たし，同じ原版のものが次々と各地から出版されるほどであった。この『軍歌』には，《楠正成櫻井驛に於て正行へ遺訓の歌》と《小楠公を詠ずるの歌》の二つの歌詞が収められている。前者は，「建武の昔し正成は　肌の守りを取り出し」という冒頭の歌詞を持つもので，国立音楽大学音楽研究所編『唱歌索引（明治編）』によると，《楠公遺訓の歌》などに曲名が変更されたものも含めて，明治年間に限っても30種余の唱歌集に転載されていることがわかる。先述の小泉八雲が聞いた「日本でもっとも高貴な英雄」の歌も実はこの「建武の昔し正成は」で始まる歌詞であったようである。

　一方，後者の《小楠公を詠ずるの歌》は「嗚呼正成よ正成よ　公の逝去のこのかたは」と始まる歌詞であるが，この歌詞に至っては同上書によると実に120種を越える唱歌集に同じ歌詞が見られるという。

　いずれも歌詞のみの，「唱える」ことが目的の「軍歌」であったが，『軍歌』発行までには，既に《抜刀隊》（吾は官軍我が敵は　天地容れざる朝敵ぞ）が歌われていたことから，同じ七五調の歌詞を持つ上記の2種類の歌詞もこの《抜刀隊》のメロディーに乗せて替え歌的に歌われたことも十分考えられる。聞き知っているメロディーに歌詞を乗せて歌うことにより，歌詞の内容は一層，深く脳裏に焼き付けられたであろう。しかし，メロディーに乗せて歌ったか否かはともかくとして，このように多種の唱歌集へ転載されていたことは，「楠公」に関する題材がいかに明治期の唱歌教材にとって重要なものであったかを如実に物語るものである。

　唱歌教育自体が，徳育に依拠するところから開始されたことは言うまでもないが，上記の《楠正成櫻井驛に於て正行へ遺訓の歌》や《小楠公を詠ずるの歌》が「修身」と銘打った唱歌集に次々と転載されていくことからも当時の唱歌と徳育との密接な関係が窺われる。1887（明治20）年の『小學校幼稚園生徒修身運動歌』や，1894（明治27）年の『小學生徒修身唱歌』などをはじめとして，この頃には，「修身」という文字が掲げられた唱歌集が数多く編纂される。そしてそれらの中には，必ずと言えるほど，「楠公」にまつわる歌詞があり，

『小學校幼稚園生徒修身運動歌』における菟道春千代のように，

　　左ノ歌ハ小楠公ヲ詠スルノ歌ヲ見テ聊カ思フ所アルヲ以テ彼ノ歌ニヨリ更

　　ニ芳野櫻ノ名ヲ負セテ作リシ者ナリ[13]

として，《小楠公を詠ずるの歌》を踏まえて，さらに，「嗚呼正行よ正行よ　汝

をさなく有とても　父の言葉を能きけよ」という歌詞の《芳野櫻》を新たに発

表しているものもあった。

　もっともこのような唱歌と徳育の関係は，単に唱歌教育界からの希求であっ

ただけではなく，修身教育を考える人びとにとっても唱歌は，「徳性ノ涵養」

に有効に作用すると考えられていた。たとえば，白井毅と與良熊太郎が著した

『小學修身教科細目』では特に「徳性ト唱歌ノ関係」という章が設けられ，

　　唱歌ノ徳性ヲ涵養スルニ効アルハ言ヲ俟タザルコトナレドモソノ之ヲ課ス

　　ルノ方法宜ヲ得ザルトキハ則チ十分ノ効果ヲ収ムベカラザルモノナレバ唱

　　歌ヲ教授スルモノハ最モ茲ニ注意セザルベカラズ[14]

と述べられていた。このように，白井毅という当時の中心的な教育実践者が徳

育における唱歌の効用に言及していることは，唱歌教育界にとっても徳育に資

するという唱歌教育の進むべき道を確認させ，かつ拍車をかけるものになっ

た。

（5）　伊澤修二編『小學唱歌』所載《臣の鑑》における「楠公」

　伊澤修二は自らが編纂した『小學唱歌』の「巻之五　男生徒之部　上篇」に

《臣の鑑》（譜例4－2）という教材を掲載しているが，この中では，名和長年，

児島孝徳と並んで，「楠公」及び「小楠公」に計2番が費やされていた。山田

源一郎作曲の楽譜が五線譜で示されていることからすると，先の「唱え」とし

てのものよりは，唱歌教育を意識したもののように見える。しかし，伊澤によ

---

13)　菟道春千代『小學校幼稚園生徒修身運動歌』1887（明治20）年3月　瀬原國魁堂

14)　白井毅・與良熊太郎『小學修身教科細目　第一』1890（明治23）年5月　普及舎

　　　pp.41-42

188

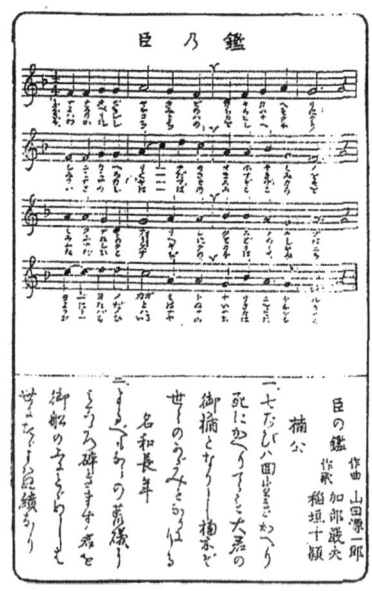

譜例 4 － 2 《臣の鑑》

出所）　伊澤修二編『小學唱歌　巻之五　上』1893（明治26）年 9 月発行　1894（明治27）年 1 月訂正
　　　発行（江崎公子編『音楽基礎研究文献集　第17巻』1991（平成 3 ）年 2 月より転載）

る「此曲ハ，主トシテ，前曲ニテ學ビルタル，『ヘ』調ノ要項ヲ確認セシメン
為メニ掲ゲタルモノナレバ」[15] という解説から察するところ，忠臣としての楠
公父子をたたえる歌詞とは分離した楽曲作りのあり方が垣間見られる。

　伊澤はこの《臣の鑑》の一番の「楠公」について，

　楠公ノ，南朝無二ノ忠臣ナリシコトハ，人ミナ，是ヲ知レリ。湊川ノ軍，
　敗レテ，民家ニ入リ，將ニ自盡セントスルトキ，弟正季ヲ顧ミテ，死シ
　テ，何ヲカ為サント思ヘル」ト云ヒシカバ，正季，願ハクハ，七タビ人間
　ニ生レテ，國賊ヲ斃サン」ト云ヘルニ，正成，莞爾トウチエミ，是レ吾心

---

15)「敎授法及解釋」伊澤修二編『小學唱歌　巻之五　上』1893（明治26）年 9 月
　　1894（明治27）年 1 月訂正発行　大日本圖書　p.8（江崎公子編『音楽基礎研究文献
　　集　第17巻』1991（平成 3 ）年 2 月より転載）

ナリ」〔ママ〕トイヒ畢リ，耦刺シテ，死ニ就ケリ[16]

というように，広く語り継がれてきた楠公最期の様子を解説していた。そして，「楠氏父子始メ，忠臣ノ事蹟ヲ，ヨク講話シ，唱歌ニモ，十分精神ヲ發表スルヲ要ス。」[17] というように，より深く歌詞の内容を理解してこの曲を歌うために，忠臣の話を「講話」することの必要性を強調していた。

（6）『學校生徒行軍歌　湊川』

　1900年前後になると，日本人の作曲能力も少しずつ向上し，楽曲の形態を保った唱歌が作られるようになるが，1894（明治27）年の日清戦争開始と共に，いわゆる「軍歌調」の唱歌の作曲が盛んになる。そして河井源藏編纂の歌詞集である『軍歌』に端を発した一連の唱え的な軍歌の流行とは異なる，楽曲の形を整えた軍歌集の出版が相継ぐようになる。

　このような軍歌に類する「行軍歌」と記され，かつ七五調の延々と続く長い歌詞を持つ『學校生徒行軍歌　湊川』（以下，曲名の《湊川》で表記する）は「楠公もの」の中でも特別な唱歌として位置づけられる。何故なら，これが今日，「楠公」唱歌としてわれわれが思い起こせるほとんど唯一の唱歌だからである。同時に，《湊川》以降の唱歌の作曲手法に大きな影響を及ぼすことになったからでもある。

　「學校生徒行軍歌」と銘打たれた《湊川》（譜例4－3）が出版されたのは，1899（明治32）年6月のことであった。作歌は落合直文，そして作曲は当時，岡山県師範学校教諭であった奥山朝恭である。

　この唱歌の特徴は，一つのメロディーに対し，七五調の長い歌詞が付けられていること，しかもその歌詞が一部分，楽曲の構成とは無関係に分断されて，

---

16)「教授法及解釋」伊澤修二編『小學唱歌　巻之五　上』1893（明治26）年9月　1894（明治27）年1月訂正発行　大日本圖書　p.8（江崎公子編『音楽基礎研究文献集　第17巻』1991（平成3）年2月より転載）
17) 同上

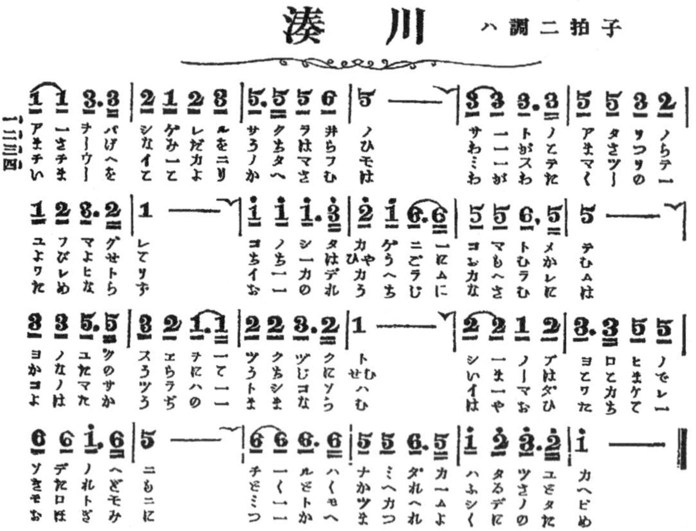

譜例 4 - 3 《湊川》

出所）　落合直文・奥山朝恭『學校生徒行軍歌　湊川』1899（明治32）年 6 月　1901（明治34）年10月 4 版
（神戸市立中央図書館所蔵）

4 つのタイトルに区分けされていることである。この同じメロディーに七五調の歌詞を延々と繰返して歌うスタイルは，《湊川》の翌年，すなわち1900（明治33）年に出版された『地理教育鐵道唱歌』においてほぼ完成され，これに類する郷土地理唱歌の隆盛を迎えることになるが，ここに《湊川》が明治後期の唱歌の作曲方法に及ぼした多大な影響が読み取れる。

　この《湊川》の歌詞は以下のように分類されている。

- 一　櫻井訣別　　自第壹歌至第六歌
- 一　敵軍襲來　　自第七歌至第八歌
- 一　湊川奮戰　　自第九歌至第十五歌前半
- 一　楠公頌徳　　第十五歌後半[18]

　ここでの「第壹歌」とは七五調 6 句の一括りのものを示すので，合計で，七五調90句の歌詞があることになる。しかしながら，現在，人びとに口ずさまれるのはその「一　櫻井訣別」の冒頭，すなわち，

資料4－1　『學校生徒行軍歌　湊川』の表紙

出所）　落合直文・奥山朝恭『學校生徒行軍歌　湊川』1899（明治32）年6月　1901（明治34）年10月4版
　　　（神戸市立中央図書館所蔵）

青葉茂れる櫻井の　　　　　里のわたりの夕まぐれ
木の下蔭に駒とめて　　　　世の行く末をつくぐと
忍ぶ鎧の袖の上に　　　　　散るは涙かはた露か
正成涙を打ち拂ひ　　　　　我子正行呼び寄せて
父は兵庫に赴かむ　　　　　彼方の浦にて打死せん
いましはこゝ迄來れども　　とく々々歸れ故郷へ[19]

のあたりに限られるであろう。

　そしてこの歌詞に表されている父子訣別の情景を描いた資料4－1のような
精緻な絵がこの『學校生徒行軍歌　湊川』の表紙を飾っていたが，作歌者や作

18）「湊川歌詞分類」落合直文・奥山朝恭『學校生徒行軍歌　湊川』1899（明治32）
　　年6月　1901（明治34）年10月4版　熊谷久榮堂
19）同上　p.6

曲者，その曲調や歌詞の内容，そして冊子としての体裁などすべての面において，この《湊川》は明治期唱歌教材における「楠公」唱歌の極致ともいえるものであった。

　この唱歌がいかに迅速に人びとに歌われるようになっていったかについては，次の『茨城教育協會雜誌』掲載の記事が雄弁に物語っている。同誌の1901（明治34）年2月号には，「兒童の好める唱歌」と題する訓導の記事が掲載されていたが，そこでは，

> さしあたり，まづ，一，「櫻井の里」をかかけてん，この唱歌は，去年十月本縣師範學校生徒（四年）が仙臺地方へ修學旅行をなせし折，全地の師生より傳へられしものにして，歸校後之を練習し，且つ附属小學校の兒童にも教へたりしに，歌詞も譜も兒童に適したりけん，兒童大に好みければ，しはしの程に巧になり，十一月二日，三日に催せる運動會に於て，高等科女生は，斜行連鎖行進をなしつゝこをうたひたりしに，動作と歌曲と共に巧妙を極めたりしより，忽ち來觀人の大稱賛を博し，其後，市中一般の兒童に行はれしといふ。余三週間許前に市中を散歩せしことありしに，この歌をきゝしこと少からさりき[20]

というように，仙台からもたらされたこの唱歌が，瞬く間に市中で歌われていく様子が活写されていた。《湊川》の冒頭部分の《櫻井訣別》には，この記事の《櫻井の里》というタイトルの他にも，教授細目に多く使われた《青葉茂れる》という曲名など，多くの異なる呼称が使われていたようである。しかし，いずれにしても，それはこの《櫻井訣別》がいかに当時の人びとに広く親しまれ，歌われたのかを示すことに他ならない。故に，この歌には，さまざまな種類の替え歌詞が付けられ，お手玉遊びや手合わせの際の遊び歌としても長く歌い継がれてきたのであった[21]。

20）市毛金太郎「兒童の好める唱歌（一）」『茨城教育協會雜誌』第203号　1901（明治34）年2月28日

（7）「軍歌調」の「楠公」唱歌

　1900（明治33）年の『地理教育鐵道唱歌』の出版以降，次第に七五調４句の歌詞に対し，４分の２拍子16小節という唱歌の定型が整ってくる。同時に，付点音符を持つ同音反復のメロディーという，軍歌に似た曲調が唱歌の主流を占めるようになっていく。譜例４－４の《四條畷》は，「楠公」を扱ったいわゆる「軍歌調」の初期の唱歌として代表的なものである[22]。

　８番まで続く歌詞では，形勢不利な中を「わか木の楠（８番の歌詞）」が「す

譜例４－４　《四條畷》

出所）　教育音楽講習會編『新編教育唱歌集　第五集』1896（明治29）年５月　1906（明治39）年１月
　　　合本訂正６版

21)「青葉茂ちゃん昨日は」（『日本わらべ歌全集１　北海道のわらべ歌』1985（昭和
　　60）年５月　柳原書店），「青葉一銭がと饅頭買うて」（『日本わらべ歌全集24　佐賀
　　長崎のわらべ歌』1982（昭和57）年10月　柳原書店），「青葉一銭がた飴買うて」
　　（『日本わらべ歌全集25　熊本宮崎のわらべ歌』1982（昭和57）年３月　柳原書店）
　　など参照。

つる命は君のため（6番）」に「かれの首を取らずんば，ふたゝび生きて還る
まじ（2番）」と，決死の覚悟で戦場に赴く様子が描写されている。そしてそ
の忠義の士ぶりが，「ほまれや人に語るらん（8番）」として，この唱歌で語り
継がれているのであった。

　同音反復をもつ付点音符のメロディーは，こうした何番までも長く続く七五
調の歌詞を調子よくそのリズムに乗せて歌い継がせるのにもっとも適したもの
である。子どもは唱歌の授業で教えられる「軍歌調」の《四條畷》を調子よく
歌いながら，自分たちの年齢に近い「小楠公」を鑑とする皇国民教育を受けて
いたことになる。

　《四條畷》が掲載されていた『新編教育唱歌集』（教育音楽講習會編）は，全
8集，合計247曲を収める明治期のもっとも大掛かりな唱歌集のひとつであり，
その中には，《夏は來ぬ》や《港》などの今日まで歌い継がれている唱歌が収
められ，軍歌のさきがけであった《婦人従軍歌》も転載されていた。こうした
この時期の代表的な唱歌集に載せられた「軍歌調」の《四條畷》が，徳育に資
することを旨とした唱歌教育において果たした役割には大きなものがあったと
推察される。

（8）　田村虎藏の「楠公」唱歌

　東京高等師範学校附属小学校での指導と数多くの唱歌集の編纂を通して，
1900年代から昭和初期に至る唱歌教育界の重鎮であった田村虎藏は「楠公」と
いう題材をどのように扱っていたのであろうか。次に唱歌教育界に影響力の強
かった田村が編纂した唱歌集における「楠公」唱歌を考察する。

　1900（明治33）年から田村らの『教科適用幼年唱歌』は順次出版されたが，
田村はその第四編上に《菊》（譜例4－5）という曲名で，自らが作曲をした

22）教育音楽講習會編『新編教育唱歌集　第五集』1896（明治29）年5月　1906（明
　　治39）年1月合本訂正6版　東京開成館　pp.57-59　作詞は大和田建樹，作曲は小
　　山作之助。譜例4－4には4番まで示したが8番までの歌詞がある。

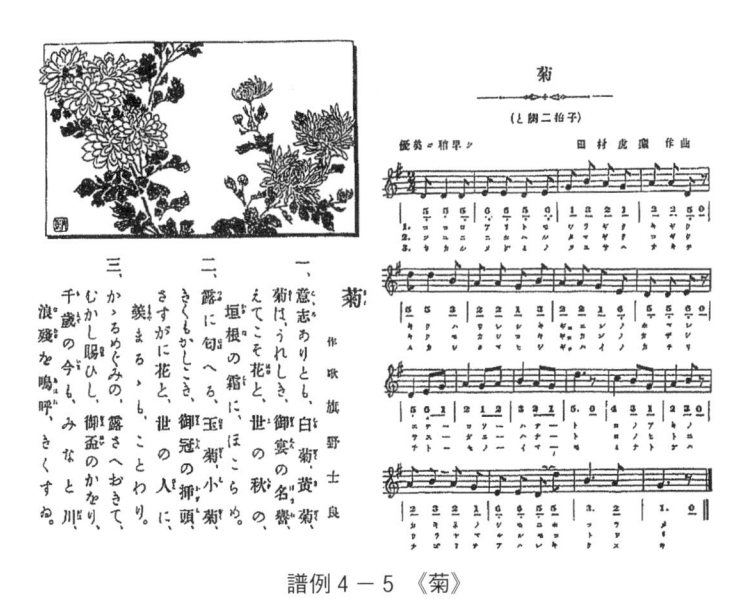

譜例 4 － 5　《菊》

出所）　納所辨次郎・田村虎藏共編『教科適用幼年唱歌　四編上巻』1902（明治35）年 9 月

「楠公」に関する唱歌を載せている。

　そもそもこの『教科適用幼年唱歌』は「緒言」に，「其教材は，尋常第一學年より高等第四學年に至る迄，各學年各學期に配當したれば，順次編を遂ひて教科用書に充て得べきものとす。」[23] と書かれていたように，唱歌教育の教材として教授する学年や学期までも想定して編纂されたものであった。音楽取調掛編『小學唱歌集』，伊澤修二編『小學唱歌』などと並んで，明治後期の唱歌教材集の中心的なものであったが，その勢いは，明治末年からの文部省編纂『尋常小學唱歌』の刊行以降も衰えるものではなかった。

　この第四編上に収められた《菊》は，おそらく秋の教材として編成されたものであるが，白菊，黄菊の花に寄せて，実はその 3 番で「千歳の今も，みなと川，浪殘を嗚呼，きくすゐ」[24] というように，楠公家の家紋である「菊水」と

---

23)「緒言」納所辨次郎・田村虎藏共編『教科適用幼年唱歌　四編上巻』1902（明治35）年 9 月初版　1903（明治36）年 7 月訂正再版発行　十字屋

196

いう言葉で全体の歌詞を締めくくり，楠公讃美の唱歌に転じるという仕掛けのものであった。

確かに『教科適用幼年唱歌』の編纂要旨として，

一．題目，尋常科には，専ら修身，讀書科に關係を有する事項，及び四季の風物に因みて之を取り，高等科には，更に地理，歴史，理科等の教科に關係を有する事項を加へ，以て各教科の統一を完からしめんことに力めたり

一．歌詞，多年小學教育に經驗を有する識者の手に成りて，兒童の心情に討へ，程度を察し，平易にして理解し易く，而も詩的興味を失はざるものより，漸く進みては，古今名家の作に及ぼし，以て國民感情の養成に資せんとせり[25]

と述べられていたように，修身との関連性を図ること，四季の風物から題材をとること，そして国民感情の養成に資するという側面が見事に《菊》という唱歌に結実されている。

この唱歌は，『教科適用幼年唱歌』の共編者である納所辨次郎の娘文子によってレコード録音をされ，音としても聴かれるようになったことを考えると[26]，唱歌教材として広く使われていたと推察される。

この他に，田村虎藏が編纂した唱歌集では『國定教科書準據　尋常小學唱歌』の第４学年上に《楠公父子》という唱歌が掲載されている[27]。この唱歌集も編纂趣旨として先の『教科適用幼年唱歌』と類似のものが「緒言」で述べられているが，「内田氏」と記載された作曲者による楽曲には簡潔性が乏しく，

24）納所辨次郎・田村虎藏共編『教科適用幼年唱歌　四編上巻』1902（明治35）年9月　十字屋　p.19

25）「緒言」同上

26）《菊》の音源としては以下のものが確認できる。納所文子（V）納所辨次郎（P）レコードレーベル：ニッポノホン　レコード番号：唱歌1599　録音年月日不詳。ただし納所文子の他の唱歌の録音年月から考えて明治末年から大正初期にかけてと推測される。

先の《菊》のような唱歌と比べると，唱歌教材として扱われる頻度はそれほど高くなかったと考えられる。

（9）　文部省『尋常小學唱歌』における「楠公」

「楠公」を題材とする唱歌は，1911（明治44）年から文部省が発行した『尋常小學唱歌』でも扱われていた。それらは，第 4 學年の《櫻井のわかれ》と《家の紋》という唱歌である。

《櫻井のわかれ》について東京府青山師範学校教諭の森山保は，

> 尋常小學讀本卷七，第一，第二，「楠正行」及尋常小學修身書卷四，第三「忠君愛國」に關聯して選擇したる教材である。古來楠公父子の忠君は，我國の人口に膾炙せらるゝ所で，彼等小さき兒童の腦裡にも，早くより大忠臣として深く印象されて居る。本課はその楠公父子の櫻井の驛に於ける訣別の當時を詠じて，益，忠君愛國の情操を興起するを目的とす[28]

と解説し，この唱歌に関する読本の記載を 2 ページにわたって紹介していた。元来，森山は，

> いつもいふ通り歌詞の程度の標準は，國語科の讀本によるのが至當で，少し位の程度の高いものは先づよいとしても，まるで程度の異なるものは，不可といはねばならぬ[29]

という考えの持ち主であったが，唱歌《櫻井のわかれ》の解説にあたっては，読本の関係部分を転載して，《櫻井のわかれ》が，いかに，読本や修身と密接に関連した重要な唱歌教材であり，「忠君愛國の情操を興起する」教材であるのかを強調したと考えられる。

---

27)《楠公父子》佐々木吉三郎・納所辨次郎・田村虎藏共編『國定教科書準據　尋常小學唱歌　第四學年上』1906（明治39）年 4 月　1906（明治39）年 9 月訂正再版　國定教科書共同販賣所　作詞は大和田建樹。
28)　森山保『文部省編尋常小學唱歌教材解説　第四編　尋常四學年用』1913（大正 2）年 6 月　廣文堂書店　p.14
29)　同上　p.3

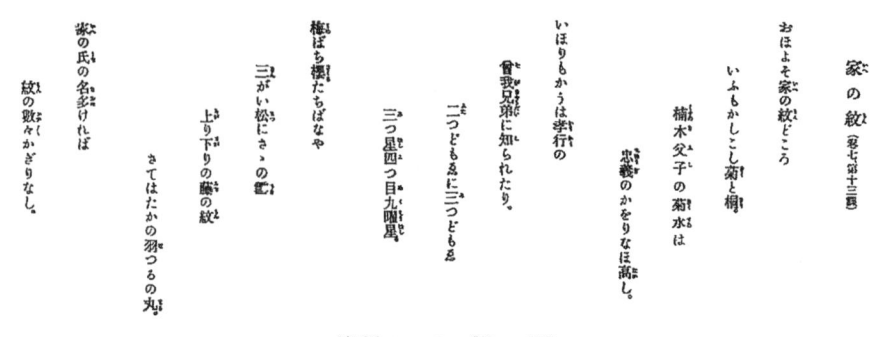

資料4－2 《家の紋》

出所） 文部省編『尋常小學読本唱歌』1910（明治43）年7月（江崎公子編『音楽基礎研究文献集　第16巻』1991（平成3）年2月より転載）

　一方，《家の紋》は，4学年用の『尋常小學唱歌』掲載に先駆けて，1910（明治43）年発行の『尋常小學讀本唱歌』にも収められていた。

　この曲の歌詞は資料4－2に見るように家紋の紹介のようなものであるが，1番の歌詞には，楠公家の紋である「菊水」が採り上げられ，「忠義のかをりなほ高し」と結ばれていた。

　先の《櫻井のわかれ》に比べてこの《家の紋》に対する森山の解説は厳しい。森山は，「芳賀博士の作と傳へらる」[30] この《家の紋》の歌詞を唱歌教材に使ったことに対して，

　　尋常小學讀本巻七，第十三「家の紋」の韻文を，唱歌教材として取りたるもの，これといふ定まつたやかましい理由はない。單に家の紋づくしである。或は國民的教材として取つたかも知れぬが，之を歌ひて音調の快感の外に，何等の得る所もない。内容にもまた何等の通じたる意味もない。畢竟作譜して之を歌はしめる程，教育的價値のないものである[31]

とまで言い切っていた。森山の《家の紋》に対する「教育的價値のない」とい

30）森山保『文部省編尋常小學唱歌教材解説　第四編　尋常四學年用』1913（大正2）年6月　廣文堂書店　p.41

31）同上　p.40

う評価は，先の《櫻井のわかれ》を「忠君愛国」に関連した教材として評価していたこととは対照的なものであった。

　以上，考察してきたように，「歴史上の偉人」の中でも，歌詞の題材に採り上げられる筆頭的な存在であった楠公父子に関する題材は，明治年間を通して無数の唱歌を作り出した点で「歴史唱歌」の代表的な題材であった。つまり，父子の遺徳が，「忠君」というこの時代の教育全体にとってもっとも重要な徳目に合致していたからに他ならない。

第 2 節　歴史唱歌の教授

1.「楠公」唱歌の教授

　これまで考察してきたように，明治年間には，「楠公」に関する歌詞内容を持つ夥しい数の唱歌が作られていた。ところで，次々と出版されたこれらの「楠公」唱歌は，実際の唱歌教育の場ではどのように扱われていたのであろうか。次に明治期小学校唱歌教授細目を資料として，この点を考察する。

　現在入手している唱歌教授細目のうち，「楠公」に関する唱歌が載せられているもっとも早いものは，1894（明治27）年に岡山県の後月教育会が編纂した『後月郡尋常小學科教授細目』である。この教授細目自体は，当時としてはかなり大冊のもので各教科にわたって詳細な「教授ノ要旨」が記されているものであったが，唱歌科の第 4 学年第 2 学期の教材として《忠臣》の唱歌名が見られる。残念ながら出典が明記されていないので，前節で検討した『小學唱歌集』所載の《忠臣》と断言できないが，可能性は高いと考えられる。この唱歌教授細目では，唱歌科の要旨として，

　　一　歌詞ハ讀本及修身書中ヨリ撰擇スル者多シ是ハ他ノ學科ト連絡シ徳性
　　ヲ涵養シ且記臆ヲ強固ニシ及興味ヲ興ンカ為メナリ[32]

というように，読本や修身などの他学科との関連を図り，「徳性ヲ涵養」すべ

き旨が明示されていた[33]。

　《忠臣》の曲名は，1896（明治29）年の『仙臺市小學校教授細目』にも，出典に（唱歌集三）という表記が付され，高等小学校第4学年用教材として編成されている[34]。この曲に関しては，前節で述べたような楽曲としての難しさは考慮されず，『小學唱歌集』に掲載されている徳目を扱った唱歌という理由だけで唱歌教授細目に編成されていたのではないかと考えられる。そして，その後，明治30年代後半に至ってもなお，この唱歌は尋常科の高学年，あるいは高等科の教材として編成され続けることから，『小學唱歌集』所載の《忠臣》は，明治期の官製の「楠公」唱歌の一つとして，唱歌教授細目上に位置づけられていたと言える。

　この他，1894（明治27）年に千葉教育会が作った唱歌教授細目にも尋常科第2学年第2学期の教材として《五忠臣》の唱歌名が掲げられている[35]他，先述の仙台市の教授細目にも（家庭唱歌二）の出典が添えられた《五忠臣》の唱歌名が見られる[36]。

　その後，1900年代に入ると，伊澤修二が編纂した『小學唱歌』が唱歌教育に及ぼした影響の大きさを教授細目からも見てとることができるが，ここに収められた《臣の鑑》は『神奈川縣師範學校附属小學校教授細目』[37]や，『足利郡

32）後月教育會編『後月郡尋常小學科教授細目』1894（明治27）年5月　p.241

33）近代日本の各教科の教科書に現われる楠木正成像とその変遷については海津一朗『楠木正成と悪党　―南北朝時代を読みなおす』（1999（平成11）年1月　筑摩書房）p.51参照。

34）眞山寛編『仙臺市小學校教授細目』1896（明治29）年2月

35）千葉教育會編『千葉縣尋常師範學校附属小學校教授細目』1894（明治27）年5月

36）眞山寛編『仙臺市小學校教授細目』1896（明治29）年2月　なお岡村増太郎編『家庭唱歌　第二集』（1888（明治21）年8月　普及舍）所収の楠公父子をはじめ5人の忠臣を題材とした唱歌の曲名は《忠臣》である。

37）神奈川師範學校編『神奈川縣師範學校附属小學校教授細目』1901（明治34）年4月　《臣の鑑》は高等科第1学年（男）用に編成されている。また『小學唱歌集』の《忠臣》が高等科第4学年（男）用の細目に見られる。

小學校教授細目』[38]，あるいは山口県師範学校附属小学校の教授細目[39]などに次々と編成されていく。

　一方，現在も歌われる唯一の「楠公」唱歌である《湊川》の曲名が見られるのは，確認できたものの中では，1902（明治35）年5月に鹿児島県師範学校附属小学校が編成した唱歌教授細目が最初である。尋常科第4学年第3学期の教材として編成されているが，唱歌《湊川》の「主要歌旨（ママ）」は「忠節義勇なるべきこと」であり，修身及び国語と連絡を保って指導すべき旨が記されていた[40]。掲載書名欄は不詳となっているが，年代的にみて《湊川》の唱歌が唱歌教授細目に編成されたごく初期の事例と考えられる。

　その他，田村虎藏作曲の《菊》も，1905（明治38）年の長野県師範学校附属小学校の教授細目[41]をはじめとして『教科適用幼年唱歌』所載の他の曲と並んで，唱歌教材として位置づけられていたことが確認される。

　一方，文部省編纂の『尋常小學讀本唱歌』そして『尋常小學唱歌』が刊行されると当然，これらの唱歌集からの唱歌が中心となって唱歌教授が構成されていくが，唱歌科教科書が国定化されなかったことは，かなりの程度の教材選択の幅を残していたことになり，大正期も引き続き上記のような多様な「楠公」唱歌が修身教育と密接に関連づけられながら教授されていた。

　以上のように，本項では明治年間に「日本でもっとも高貴な英雄」と見なされていた「楠公」に関する多種多様な唱歌を中心に，これらの歴史唱歌が教育現場に提供された過程を明らかにした。そこでは常に，「忠孝」という徳目を

38）足利郡役所編『足利郡小學校教授細目』1901（明治34）年9月　「臣の鑑」は高等科第3学年の7月の教材
39）山口縣師範學校附属小學校編『各學科教授細目　上巻』1901（明治34）年5月　「臣の鑑」は尋常科第3・4学年の教材。特にこの教授細目では「臣の鑑」の横に（楠公）という添え書きがされている。また高等科第1・2学年でもこの曲の練習が課せられている。
40）鹿児島縣師範學校附属小學校編『尋常科各教科教授細目』1902（明治35）年5月
41）長野縣師範學校附属小學校編『國定教科書各科教授細目』1905（明治38）年2月　《菊》は尋常科第4学年第2学期の教材

202

中心とする徳育との関連で唱歌教育が語られ，そのために，楽曲としての価値よりも，歌詞の内容により多くの関心が払われていた。ともすれば無用と思われがちな唱歌を学校の教科目として位置づけるために，これらの「楠公」唱歌を教えることを通して徳育に積極的に関与しているという姿勢を示すことは，唱歌教育界にとっても得策であった。子ども達は歌うことよりはむしろ歌詞を「唱える」ことによって，その歌詞に詠われている「楠公」「小楠公」の遺訓を知り，大人達から語り聞かされてきた「櫻井」での父子の別れや，「湊川」そして「四条畷」の戦いにおける身を捨てての忠義ぶりを再確認したことであろう。同じ年頃の「小楠公」に孝行の手本を感じたことでもあろう。

　つまるところ，「歴史唱歌」の教授もまた，「唱える」，あるいは「歌う」という行為を通して，修身や読本の教科書によって学んだ忠孝を中心とする徳目を，子どもの脳裏に染み込ませる役割を担っていたのであった。

2．その他の歴史唱歌の教授

　明治期に編成された唱歌教授細目によると，上述の「楠公」唱歌以外の歴史唱歌に関しては，奥好義編纂『歴史唱歌』から教材が採られることが多かったようである。これは，この種の唱歌集として，奥編纂のこの唱歌集がもっとも早く出版されたものであり，本章第1節でも述べたように，「道徳教育の一助」のためにという編纂趣旨を明確に表した唱歌集であったからであろう。

　『歴史唱歌』所載の唱歌を採り入れた教授細目の例としては，早いものでは，1899（明治32）年に知多郡聯合教育会が編纂した『尋常小學教授細目』[42]が挙げられる。この教授細目には，修身，読書，作文，習字，体操，唱歌の各教科の細目が掲載されていたが，唱歌科の教授細目では，『幼稚園唱歌集　全』『小學唱歌集』『小學唱歌』，そして『大祭祝日唱歌集』と並び，奥編纂の『歴史唱

42)「緒言」知多郡聯合教育會編『尋常小學敎授細目』1899（明治32）年3月

歌』が重要な出典唱歌集として位置づけられていた。この『歴史唱歌』から
は、《菅原道眞》（第2学年第3期）、《微妙》（第4学年第1期）、《和氣淸麿》（第
4学年第2期）、《平重盛》（第4学年第3期）という4曲が教材として編成され
ていた。このうち「孝子」として分類されている《微妙》を除く他の3曲はい
ずれも「忠臣」に類されていた。この唱歌科教授細目の「緒言」には、「唱歌
ヲ授クルニハ歌詞ノ大意ヲ知ラシメ」[43]　と記されており、これらの「忠臣」を
扱う唱歌の歌詞の意味の教授を通して、修身でも学んだ「歴史上の偉人」の
「遺徳」が、唱歌においても繰り返し教えられる仕組みになっていた。

　奥編纂の『歴史唱歌』は、出典唱歌集名としてその後も、各地で編成された
唱歌教授細目に名前が見られるが、「楠公」以外にも、「忠臣」として知られた
「菅原道眞」や「平重盛」を扱った歌詞は、徳育に基盤を置いた明治期の唱歌
教授細目編成に際して恰好の教材であった。

---

43)「緒言」知多郡聯合敎育會編『尋常小學敎授細目』1899（明治32）年3月　p.91

終　章

1．唱歌教育展開の特徴

　1872（明治5）年の「學制」により，「唱歌（當分之ヲ欠ク）」と定められて以来，小学校の教科としての加設が進まなかった唱歌が，少しずつ展開の途に就き始めるのは，ようやく1890（明治23）年前後からのことであった。勿論，全国的な規模で見れば，東京などの都市部と地方との間，あるいは，同じ地域によっても学校間にはかなりの格差が生じていた。しかし，この1890年前後から1910年代にかけての約20年の期間は，唱歌教育に直接的に携わる者だけではなく，作詞者や作曲者などのいわば唱歌の作り手も一体となって，唱歌教育の展開に向けて積極的に活動した時期であった。そこからは，軍歌を含む数多くの唱歌が作り出された。粗製濫造気味に作られたそれらの唱歌の総体から言えば，そのほとんどは今日，残されていない。しかし，それらの中から人びとの口に繰返しのぼり，歌われ続けてきたいくつかの唱歌は，今日に至ってなお，この時代の唱歌として共通して認められる特有のスタイルを持つものである。

　このように，今日に生きるわれわれの唱歌観にまで作用するほどの唱歌を生み出したこの唱歌教育の展開の過程を解明することは，西洋音楽導入以来，現在に至るまでの音楽教育の流れを見通す際に必須の課題であると考えた。

　本書は，唱歌教育の展開を，学校教育という大きな枠組みの中で教育自体に課せられた目標との関連を見極めながら，唱歌という教科がどのように教育目標に寄与していこうとしたのか，そして自ら役割を明確にすることを通して，

どのように学校教育の一教科としての位置づけを確固としたものにしていったのかを明らかにしようとしたものである。そのためには，まず，唱歌教育の展開を促進させるきっかけとなった要因を明らかにする必要があった。

　序章では，唱歌教育展開の基本的視点として，4点を採り上げて論じた。

　唱歌教育を展開させたもっとも大きな要因として，1890（明治23）年の「教育勅語」発布と，翌年の「小學校教則大綱」が挙げられる。序章ではまず，「教育勅語」発布により，唱歌教育の目的がどのように変容し，徳育重視に急速に傾斜する教育全体の動きとの関連において，唱歌という教科に何が求められたのかという本書の基盤となる視点を明らかにした。

　1891（明治24）年の「小學校教則大綱」公布は，前年の「教育勅語」で示された教育目標を「德性ノ涵養」として示し，かつ，そのための各教科の具体的な内容が明示されたという点で，公教育全体を大きく推進させるものであった。しかし，唱歌科にとってこの「小學校教則大綱」は，読書，作文，あるいは算術といった他の教科にも増して大きな意味合いを持っていた。何故なら，教科としての名前が挙げられながらも，尋常小学校にあっては「土地ノ情況ニ依リ加フルコトヲ得」，高等小学校にあっては「土地ノ情況ニ依リ缺クコトヲ得」る教科であった唱歌科は，「小學校教則大綱」公布当時には，いまだ，確たる教科としての存在意義を明示できずにいたからである。その背景には，近代学校教育制度の開始にあたって導入された西洋音楽が依然として一般の人びとの間にまでは普及，浸透されておらず，したがって，人びとの唱歌そのものや，唱歌教育の必要性に対する認識や関心が低かったこと，西洋音楽を教授し得る教員養成の問題，あるいは，学校における唱歌教育に関する設備等の問題など，さまざまな難問が山積していた。そのような状況の中で，「教育勅語」発布を受けて，「小學校教則大綱」において，徳育というものが教育の中心課題として明確に示されたことは，唱歌教育の展開にとってまさに時宜を得たものであった。すなわち，ここを拠り所として唱歌教育を推進していけるという確証が得られたからである。

　当時，人びとの西洋音楽に関する未習熟もあって，唱歌は一般的に音楽の問

題としてではなく，歌詞の問題として考えられる傾向が強かった。どのような内容の歌詞であるか，そこに何が詠われているかということこそが，まさに人びとの唱歌に対する最大の関心事であったと言っても良い。このような歌詞偏重の唱歌観が人びとの中に既にあったことは，徳育に依拠して唱歌教育を推進していこうとする唱歌教育界にとってはむしろ好都合なことであった。と言うのも，徳目を並べた歌詞を持った唱歌を扱うことで，唱歌科も教育目標へ向けて積極的に関わっているという姿勢を示すことができたからである。

　また，1890（明治23）年の「教育勅語」と関わって，唱歌教育を推進させた大きな要因として，儀式を中心とする学校行事の確立の問題が挙げられる。とりわけ，「紀元節」「天長節」をはじめとする諸儀式の整備は，唱歌教育の普及を加速させるものであった。つまり，儀式で一斉に歌われる「儀式用唱歌」は，厳粛な儀式の雰囲気を作り上げて儀式らしさを加味させ，儀式自体を一層，権威づけるものであった。また，そこで「忠君愛国」的な歌詞の「儀式用唱歌」を子どもが一斉に「正しく」唱和するためには，必然的に事前の教授が必要であった。そこに，「儀式用唱歌」を教材に採り込んだ日常的な唱歌科の授業の必要性が認められ，唱歌はそのために，学校教科としての位置を与えられたのでもあった。それは唱歌教育を推進していくにあたり，各地で開催された教員を対象とした唱歌講習が，当初は「儀式用唱歌」の教授から開始されていたことからも明らかである。

　一方，社会に目を向ければ，日清戦争を契機として一般の人びとの間では志気を鼓舞するような歌詞を持つ軍歌が盛んに歌われるようになっていたが，唱歌教育が展開していく際にこの軍歌から大きな影響を受けたことは，明確にしておかなければならない点であった。「忠君愛国」を旨とする当時の教育の流れの中で，こうした軍歌の指導は，唱歌教育の必須の課題とされ，そのことによって，唱歌教育自体が飛躍的に推進されたと考えられる。

　さらに，「小學校敎則大綱」で，各教科間の連携の必要性が示されたことにより，徳育に依拠した唱歌教育推進の中で，唱歌にも，修身科は勿論のこと，忠君愛国心の養成に関わる地理や歴史といった教科とも密接な関連性をもって

教えられることが求められるようになったが，これにより，唱歌は，学校教育の教科目としての位置づけを確固としたものにしていくことになった。それは，あくまで他教科教育の補助的手段としての唱歌の扱われ方であり，唱歌が音楽芸術として扱われたものでは決してなかった。しかし，裏を返せば，そのようなスタンスをとることによってのみ，唱歌はこの当時，教科としての位置を確保し，今日に至る教科目としての位置づけの礎を築くことができたのであった。

　序章の最後では，この時代に作られた唱歌が持つ典型的な形が，この期の唱歌教育のあり方と密接な関連をもっていたことを立証するために，唱歌教育展開期の唱歌がどのような特徴を持ち，唱歌特有のスタイルを確立させていったのか，その過程を明らかにした。

　1882（明治15）年の『新體詩抄』の発刊は，文学界にだけではなく唱歌教育界にとっても，唱歌教育の辿る道筋を決定するほどの影響を及ぼすものであった。すなわち，「新体詩」として示された七五調という音数律による詩の形態は，この後に作られる唱歌歌詞の七五調4句という基本的な形を決定するほどのものであった。そして，1890年前後から，最初は，この音数律に則った「唱え」としての唱歌が数多く作られ，その「唱え」から，付点がついた拍内同音反復のメロディーという，この時期の特徴的な唱歌の形態が生み出されることになった。そして，この弾みのついた調子の良い曲調に乗って，修身はもとより，地理や歴史教育の内容を詠った歌詞を歌い続けることによって，唱歌の指導は，他教科教育にも十分に貢献していると認められ，学校の教科としての位置づけを確固としたものにすることができたのであった。

　この唱歌特有のスタイルの楽曲は，1900（明治33）年の『地理教育鐵道唱歌』発刊を契機として大流行したが，その結果，この時期は，唱歌教育の歴史の中でももっとも唱歌集出版事業が活況を呈し，民間から多種多様な唱歌集が出版された時期となった。しかし，それは反面，七五調4句という音数律に則っていれば安易に唱歌を作ってしまえるという風潮を生み出すことにも繋がり，粗製濫造気味な唱歌の相次ぐ出版を招くことにもなるものであった。そして，このような七五調に則った安易な唱歌の作り方は，結果的に，替え歌詞の音楽文

化を助長させることになったと言っても過言ではない。

　第1章以下では，序章で述べた唱歌教育の基本的視点を踏まえて，この時期の唱歌教育が，実際にはどのような特徴的な唱歌教材によって推進されていったのかを，当時，出版された唱歌の収集と分析を通して詳細に検討した。唱歌教育の展開期を特徴づける唱歌教材としては，「数えうた」，軍歌，『地理教育鐵道唱歌』をはじめとする一連の郷土地理唱歌，そして，歴史唱歌が挙げられる。

　第1章から第4章で論じたこれらの唱歌教材に共通する特徴は，いずれも替え歌詞的な唱歌であるということであった。この時期に使われた「数えうた」自体は，もともと俗謡であり，楽曲の形態的には唱歌に属するものではないが，唱歌教育の展開期には，これも唱歌教材の一つとして扱われていた。このような「数えうた」を含めて，軍歌，一連の郷土地理唱歌，そして歴史唱歌のいずれもが，七五調という定型に則った延々と続く歌詞を持つものであった。そして，俗謡である「数えうた」を除く，軍歌，郷土地理唱歌，および代表的な歴史唱歌の楽曲形態は，序章で論じた唱歌特有のスタイルによるものであった。つまり，軍歌，郷土地理唱歌，あるいは歴史唱歌と分類される相違点は楽曲によるものではなく，その歌詞の内容によるものであったことになる。題材が戦意昂揚的なものであるか，郷土や本邦の地理教育的なものであるか，あるいは，偉人の遺徳を讃える内容を詠ったものであるかということだけが，これらの一見，ほとんど同じ形態と考えられる唱歌を，それぞれ，軍歌，郷土地理唱歌，歴史唱歌として分類し得るのであった。ここにも楽曲そのものを論じるのではなく，歌詞のみが関心の的であった当時の歌詞偏重の唱歌観が如実に窺える。

　これらの唱歌の歌詞は，修身は勿論，地理，歴史といった他教科教育の補助的手段としてや，戦意昂揚のためなど，他の目的をもって作られたものであり，最終的には，徳育に資し，臣民の育成に貢献することを期待されていた。したがって，これらの唱歌が唱歌教育で扱われる際には，修身を中心とする他教科と密接に関連づけて教授されることが重要とされた。しかし，この他教科への働きかけは唱歌科からの一方的なものであり，他教科の教授細目に見る限りに

おいては，一部の修身科で「儀式用唱歌」の教授との関連が示されているもの
などを除けば，ほとんど，他教科から唱歌への関連づけは見られなかった。こ
れは，既に，徳育のための重要な教科と認められていた修身や地理歴史には必
要のなかった教科としての意義づけを，唱歌は他教科教育をも補完できるとい
う点を顕示してまでも為さざるを得なかったことの証左である。このことはま
さに，当時の唱歌科が抱えていた教科としての不安定性を物語るものである。

　以上のように，唱歌教育展開の時期には，唱歌は歌詞の問題として考えられ
ていたこと，この歌詞の中に徳育に資する内容を詠い込み，その唱歌を教授す
ることを通して，学校教育に必須の教科としての唱歌科の位置づけを得ようと
した過程を明らかにすることができた。そして，この徳育と密接に関連づけら
れた唱歌教材を使った唱歌教育のあり方こそが，皮肉にも唱歌教育を推進させ
る原動力となっていたという事実も浮き彫りにできたと考える。

　教科として西洋音楽導入が考えられてからようやく全国的な規模で唱歌が加
設されるに至った間の約40年間を，唱歌教育の開始と展開にとって期間を要し
たと考えるか，あるいは，短かったと考えるかは歴史の見方によるであろう。
しかし，少なくとも唱歌科の加設という側面での唱歌教育展開のもっとも大き
な要因は，徳育と結び付けた歌詞重視の唱歌観に基づいた実践の推進であった
ことは確かである。

２．唱歌教育の歴史的意義

　これまで述べてきたように，唱歌教育展開の過程では唱歌の楽曲面ではなく，
徳目を詠い込んだ歌詞のみに重点が置かれ，そこに立脚した唱歌教育の推進が
図られてきたことが明らかとなった。これは言うなれば，唱歌の音楽的な側面
がないがしろにされていたことを物語ることでもある。むしろ，この時期には，
音楽的な側面に触れずに，歌詞の面のみを特化して教育方針に資することに利
用したがために，唱歌は教科としての位置づけを得られ，学校教育に採り込ま
れることになったのでもあった。

　しかし，このような唱歌教育の辿ってきた歴史を今日的な視点で顧みるとき，過去から学ぶべき多くのことが見出される。たとえば，音楽が有している本来の教育的価値とは何か，そしてその音楽にしか求められない価値をどのような形で子どもに教授すべきかという問題は，歴史を鑑みつつ考えていかなければならない問題であろう。音楽科教育が学校教育の中で将来にわたって教科の位置を保ち続けることに，さまざまな懸念が投げかけられている昨今の状況を考える時，今一度，音楽教育の歴史を振り返って，真に芸術教育としての音楽教育の進むべき道を模索する必要がある。

　さらに，本書で明らかにした，教育目標が意図的に歌詞に詠われ，その歌詞を通して「愛国心」の養成，臣民の育成が図られたという唱歌教育の歴史上の事実は，教育を巡る今日的な課題に対しても示唆を与えるものとなる。

　本書が取り扱った時期は，洋楽導入期の混沌とした時期から，ようやく，いかにして唱歌教育を推進すべきかの手だてを得て，唱歌教育関係者のみならず，唱歌の作り手も一体となって唱歌教育を展開させることに邁進した時期であった。それは，わが国の音楽芸術にとって今日の隆盛の基盤を築いたという点で大変意味のある時代でもあった。しかし，その過程で，意図したか否かには拘わらず，排除された音楽の芸術としての側面を，今後の教育の中でどのように扱っていくべきか，はたまた，音楽によってどのような子どもを育てていくべきか，それを考える上で，本書の成果が寄与できるところがあればと願う。

3．今後の課題

　本書は，唱歌教育展開の要因を，徳育と密接に結びついた歌詞を主体とした唱歌教授の推進にあったという仮説に基づいて，徳育と唱歌教育の関係を明らかにした上で，当時の唱歌や唱歌教授細目の分析を踏まえながらその実態を実証的に論じたものである。したがって，ここでは唱歌の歌詞の側面に，いかに当時の教育思潮が反映されていたか，教育目標に唱歌も一役を担っているという姿勢を顕示して教科としての位置づけを得ようとしていたのか，ということ

が考察の対象とされ，必然的に唱歌の楽曲面での考察は，七五調とリズムの面での唱歌特有のスタイル成立の関係という観点を除いては，詳細には検討されなかった。しかし，この時期の唱歌特有のスタイルは，今日に至ってわれわれの音楽感覚にも大きな作用を及ぼし続けてきたものである。たとえば，ここから生まれてきた寮歌や演歌，そしてこれらに連なる流行歌の問題，あるいは，これらの楽曲を歌う時の姿勢や発声の問題，さらには，歌詞を明瞭に伝えるという点に重点が置かれた歌唱指導の問題などは，いずれも，この時期の唱歌の楽曲としての考察とその教授の実態の分析を経なければ究明され得ない問題であろう。徳育に焦点をあてた本研究の今後の発展的な課題として，唱歌の楽曲的な側面の分析を加味することが必要だと考える。

　また，教員養成の問題も残された課題である。明治初頭に導入された西洋音楽による音楽教育の推進に際し，大きな問題となったものが，音楽を教えることができる教員の問題であったことは想像に難くない。洋楽に未習熟であった教員を短期間のうちに養成し，学校で唱歌教育を推進し得るまでにすることは各地教育界にとって緊要な課題ではありながら，容易には実現できない問題であったと推察される。故に，比較的早い時期から唱歌教員養成のシステムが構築されていた東京などの都市部と地方の間には，唱歌科の加設時期にかなりの格差が生じたことは当然の成り行きであった。唱歌教育の開始が遅れた地域の，その理由の筆頭は教員確保の問題であった。したがって，この唱歌教員養成の問題は，唱歌教育の展開の問題の全体像を解明する際には不可欠な課題であると考えられる。本書は徳育との関連における唱歌教育の展開を論じたものであるので，この教員養成の問題には論及していない。しかし，近年，教員養成史に関する優れた研究成果が著されつつあり，また筆者自身もこれまでに，東京府唱歌速成伝習所，あるいは，私立の唱歌会などにおける唱歌教員養成に関する研究を既に推進してきており，今後，本書の成果とこれらの教員養成に関する研究を総体的に関連づけた視点での考察の可能性を探りたい。

　もう一点，本書で論じた徳育と唱歌教育に関する問題が，1910年代以降，官製の唱歌集が中心となった時代にどのように引き継がれていったのかも時代を

追って考察する必要がある。何故なら，本書が扱った時期の後半期に唱歌教育
を推進した田村虎藏のような人物は，官製の唱歌集が刊行された後も，積極的
に唱歌教育論を展開しながら，長く唱歌教育界を牽引していくことになるから
である。田村自身，唱歌特有の楽曲スタイルを使って膨大な数の唱歌を作り，
また，大正，昭和前期に及んでも，この楽曲スタイルに基づく『教科適用幼年
唱歌』を中心教材に据える唱歌教授を推進しており，これらのことを考えると，
本書が扱った時期に抱えていた唱歌教育の諸問題がどのような形でその後の教
育に継承され，今日に至る音楽教育の基盤を作ることになったのかという観点
から，唱歌教育展開期以降の唱歌教授の実態をも見届ける必要を感じている。

参考文献

青柳善吾『音楽教育の実際問題』1932（昭和7）年　厚生閣書店

青柳善吾『本邦音楽教育史〈改訂新版〉』1979（昭和54）年　青柳寿美子

雨宮久美「明治期の倫理教育と唱歌　―教育勅語関係唱歌について―」『日本大学教育制度研究所紀要』第28集　1997（平成9）年

雨宮久美「明治期の倫理教育と唱歌2　―曲のつかない教育勅語関係唱歌について―」『日本大学教育制度研究所紀要』第29集　1998（平成10）年

雨宮久美「明治期の倫理教育と唱歌3　―教育勅語関係唱歌・教育童歌―」『日本大学教育制度研究所紀要』第30集　1999（平成11）年

有本真紀『卒業式の歴史学』2013（平成25）年　講談社

石附実編『近代日本の学校文化誌』1992（平成4）年　思文閣出版

伊瀬仙太郎『わが国の義務教育における教育方法の歴史的研究』1972（昭和47）年　風間書房

稲垣忠彦『増補版　明治教授理論史研究』2001（平成13）年　2刷　評論社

稲田正次『教育勅語成立過程の研究』1971（昭和46）年　講談社

稲富栄次郎『明治以降・教育目的の変遷』1968（昭和43）年　同文書院

岩井正浩『子どもの歌の文化史　20世紀前半期の日本』1998（平成10）年　第一書房

上野浩道『知育とは何か　近代日本の教育思想をめぐって』1990（平成2）年　勁草書房

上村てる緒・上原優子・高橋政秋『日本わらべ歌全集25　熊本宮崎のわらべ歌』1982（昭和57）年　柳原書店

江崎公子編『音楽基礎研究文献集　第17巻』1991（平成3）年　大空社

江利川春雄『近代日本の英語科教育史　職業系諸学校による英語教育の大衆化過程』2006（平成18）年　東信堂

遠藤宏『明治音楽史考』1948（昭和23）年　有朋堂

大久保慈泉『うたでつづる明治の時代世相　上　―幕末から明治29年まで―』1997（平成9）年　新版　国書刊行会

大久保慈泉『うたでつづる明治の時代世相　下　―明治30年から明治の終焉まで―』1997（平成9）年　新版　国書刊行会

大阪読売新聞社編『百年の大阪　第3巻　（続）明治時代』1967（昭和42）年　浪速社

大槻健・松村憲一『愛国心教育の史的究明　天皇制イデオロギー教育の本質と展開』1970（昭和45）年　青木書店

奥中康人「五線譜による儀式唱歌の国楽化」平成13・14年度科学研究費補助金研究成果報告書『近代音楽・歌謡の成立過程における国民性の問題』（研究代表者：劉麟玉　課題番号：13610063）2003（平成15）年3月）

小野芳朗『〈清潔〉の近代：「衛生唱歌」から「抗菌グッズ」へ』1997（平成9）年

講談社

音楽教育史学会編『戦後音楽教育60年』2006（平成18）年　開成出版

オンキョウパブリシュ編集部編『決定版校歌・寮歌・軍歌集』1999（平成11）年　オンキョウパブリシュ

海後宗臣『教育勅語成立史研究』（『海後宗臣著作集　第10巻』）1981（昭和56）年　東京書籍

海後宗臣等編『日本教科書大系　近代編　第三巻　修身（三）』1962（昭和37）年　講談社

海後宗臣等編『日本教科書大系　近代編　第十六巻　地理（二）』1965（昭和40）年　講談社

海後宗臣等編『日本教科書大系　近代編　第二十五巻　唱歌』1965（昭和40）年　講談社

海津一朗『楠木正成と悪党　南北朝時代を読みなおす』1999（平成11）年　筑摩書房

笠間賢二『地方改良運動期における小学校と地域社会　―「教化ノ中心」としての小学校―』2003（平成15）年　日本図書センター

片桐芳雄『自由民権期教育史研究　―近代公教育と民衆―』1990（平成2）年　東京大学出版会

鎌谷静男『琥珀のフーガ　―永井幸次論考―』1998（平成10）年　音楽之友社

河口道朗「音楽教育の歴史　―音楽性の陶冶についての史的一考察―」国立音楽大学音楽教育研究会（代表・山崎昌甫）編『音楽教育学序説　―明日をきずく音楽教育―』1965（昭和40）年　カワイ楽譜

河口道朗『音楽教育の理論と歴史』1991（平成3）年　音楽之友社

河口道朗『近代音楽教育論成立史研究』1996（平成8）年　音楽之友社

河口道朗監修『音楽教育史文献・資料叢書』第15巻　1992（平成4）年　大空社

河口道朗監修『音楽教育史論叢』（Ⅰ・Ⅱ・Ⅲ（上下）巻）2005（平成17）年　開成出版

木村吉次『日本近代体育思想の形成』1975（昭和50）年　杏林書院

キーン，ドナルド著，新井潤美訳『日本文学の歴史17　近代・現代篇8』1997（平成9）年　中央公論社

国立音楽大学音楽研究所編『唱歌索引（明治編）』（国立音楽大学音楽研究所年報第5集別冊）1985（昭和60）年

倉田喜弘『「はやり歌」の考古学　開国から戦後復興まで』2001（平成13）年　文藝春秋

小泉八雲（平川祐弘編）『明治日本の面影』1990（平成2）年　講談社

ゴチェフスキ，ヘルマン「日本語のリズムと洋楽のリズム」『茨城キリスト教大学言語文化研究所紀要』第2号　1997（平成9）年

坂口茂『近代日本の愛国思想教育（上巻）』1999（平成11）年　星雲社

坂野信彦『七五調の謎をとく　―日本語リズム原論』1996（平成8）年　大修館書店

坂本麻実子「明治時代の地理唱歌の出版と西洋音楽受容」『お茶の水女子大学人間文化研究年報』第15号　1992（平成4）年

坂本麻実子『明治中等音楽教員の研究　―「田舎教師」とその時代―』2006（平成18）年　風間書房

佐藤秀夫『教育の文化史1　学校の構造』2004（平成16）年　阿吽社

佐藤秀夫『教育の文化史2　学校の文化』2005（平成17）年　阿吽社

櫻井雅人「唱歌集の中の外国曲　―『小学唱歌集』を中心として（2）」『言語文化』第42巻　2005（平成17）年

櫻井雅人・ゴチェフスキ，ヘルマン・安田寛『仰げば尊し―幻の原曲発見と「小学唱歌集」全軌跡』2015年　東京堂出版

嶋田明『日本近代化への教育思潮』1995（平成7）年　全国日本学士会

白井久也『明治国家と日清戦争』1997（平成9）年　社会評論社

添田啞蟬坊『添田啞蟬坊・知道著作集　1　啞蟬坊流生記』1982（昭和57）年　刀水書房

添田知道『添田啞蟬坊・知道著作集　4　演歌の明治大正史』1982（昭和57）年　刀水書房

添田知道『添田啞蟬坊・知道著作集　別巻　流行歌明治大正史』1982（昭和57）年　刀水書房

多賀秋五郎『近代日本教育史』1956（昭和31）年　岩崎書店

鷹野良宏『唱歌教材で辿る国民教育史　ハナハト世代からサイタサクラ育ちの憶えた歌』2006（平成18）年　日本図書刊行会

武田清子『天皇制思想と教育』1964（昭和39）年　明治図書出版

田辺尚雄『明治音楽物語』1965（昭和40）年　青蛙房

谷川俊太郎「ことばあそびの周辺」『言語』第4巻第2号　1975（昭和50）年2月

團伊玖磨『私の日本音楽史　異文化との出会い』1999（平成11）年　日本放送出版協会

田甫桂三編『近代日本音楽教育史　Ⅰ』1980（昭和55）年　学文社

田甫桂三編『近代日本音楽教育史　Ⅱ』1981（昭和56）年　学文社

寺杣雅人『五音と七音のリズム　―等時音律説試論―』2001（平成13）年　南窓社

寺杣雅人「等時音律説試論　―定型詩歌はどう読むべきか―」『文学』第46巻第2号　1978（昭和53）年

東京芸術大学百年史編集委員会編『東京芸術大学百年史　東京音楽学校篇　第一巻』1987（昭和62）年　音楽之友社

永井幸次『来し方八十年』1954（昭和29）年　大阪音楽短期大学学友会出版部

中内敏夫『近代日本教育思想史』1989（昭和64）年　3版　国土社

永沢久美子「明治期の『茨城県唱歌』と『茨城県地理歴史唱歌』について　―社会科

郷土学習の資料として—」『群馬大学社会科教育論集』第11号　2002（平成14）年

永野賢「言文一致運動と口語文法研究」金田一春彦博士古稀記念論文集編集委員会編『金田一春彦博士古稀記念論文集』（第1巻　国語学編）1983（昭和58）年　三省堂

中原都男『京都音楽史』1970（昭和45）年　音楽之友社

中村紀久二『教科書の社会史　—明治維新から敗戦まで—』1992（平成4）年　岩波書店

中村佐伝治『県歌「信濃の国」を考える』1990（平成2）年　ほおずき書籍

中山エイ子『明治唱歌の誕生』2010（平成22）年　勉誠出版

西村亨「七五調の根源」金田一春彦博士古稀記念論文集編集委員会編『金田一春彦博士古稀記念論文集』（第3巻　文学芸能編）1984（昭和59）年　三省堂

日本大学教育制度研究所編『近代日本における倫理教育の研究』2000（平成12）年　日本大学教育制度研究所

日本大学精神文化研究所・日本大学教育制度研究所編『教育勅語関係資料』第4・5・7集　1977（昭和52）～1979（昭和54）年　日本大学精神文化研究所・日本大学教育制度研究所

能勢修一『明治期学校体育の研究　—学校体操の確立過程—』1995（平成7）年　不昧堂出版

芳賀徹編『創像新世紀』2001（平成13）年　淡交社

芳賀徹『詩歌の森へ　日本詩へのいざない』2002（平成14）年　中央公論社

原田勝正『汽車・電車の社会史』1983（昭和58）年　講談社

平川祐弘『和魂洋才の系譜　上　内と外からの明治日本』2006（平成18）年　平凡社

福岡博・黒島宏泰『日本わらべ歌全集24　佐賀長崎のわらべ歌』1982（昭和57）年　柳原書店

藤澤衛彦『明治流行歌史』1929（昭和4）年　春陽堂

藤原政行「明治十年代の音楽教育（唱歌教育）と修身教育　—『徳育』を目的とする唱歌教育の教授方法と授業のあり方について—」『日本大学教育制度研究所紀要』第30集　1999（平成11）年

穂積重行『寮歌の時代』1991（平成3）年　時事通信社

堀内敬三『音楽明治百年史』1968（昭和43）年　音楽之友社

堀内敬三『定本　日本の軍歌』1969（昭和44）年　実業之日本社

松本達雄・更科源蔵『日本わらべ歌全集1　北海道のわらべ歌』1985（昭和60）年　柳原書店

丸山忠璋『言文一致唱歌の創始者　田村虎蔵の生涯』1998（平成10）年　音楽之友社

水原克敏『近代日本カリキュラム政策史研究』1997（平成9）年　風間書房

森川輝紀『教育勅語への道　教育の政治史』1990（平成2）年　三元社

森川輝紀『近代天皇制と教育　その問題史的検討』1987（昭和62）年　梓出版社

森川輝紀『国民道徳論の道　「伝統」と「近代化」の相克』2003（平成15）年　三元社

安田寛「キリスト教伝道と日本の近代音楽」同志社大学人文科学研究所研究叢書XXX
Ⅶ『アメリカン・ボード宣教師　―神戸・大阪・京都ステーションを中心に，1869
～1890年』2004（平成16）年

安田寛『「唱歌」という奇跡　十二の物語　―讃美歌と近代化の間で』2003（平成15）
年　文藝春秋

安田寛『日韓唱歌の源流　すると彼らは新しい歌をうたった』1999（平成11）年　音
楽之友社

安田寛（代表）・赤井励・閔庚燦編『原典による近代唱歌集成　―誕生・変遷・伝播―
解説・論文・索引』2000（平成12）年　ビクターエンタテインメント

柳田国男『明治大正史　世相篇』（東洋文庫）1967（昭和42）年　平凡社

矢野峰人編『明治文学全集　60　明治詩人集（一）』1972（昭和47）年　筑摩書房

山口幸男「明治期郷土唱歌の地理教育的考察　―山梨・長野・茨城・新潟各県の場合
―」『群馬大学教育実践研究』第12号　1995（平成7）年

山口幸男「明治期における地理教育唱歌について」『新地理』第41-4号　1994（平成6）
年

山口幸男「明治期の郷土唱歌　―群馬，千葉，埼玉，栃木各県の場合―」『群馬大学
社会科教育論集』第3号　1994（平成6）年

山住正己『教育勅語』1980（昭和55）年　朝日新聞社

山住正己『教育内容と日本文化』1977（昭和52）年　青木書店

山住正己『唱歌教育成立過程の研究』1967（昭和42）年　東京大学出版会

山本信良・今野敏彦『近代教育の天皇制イデオロギー　明治期学校行事の考察』1973
（昭和48）年　新泉社

地方教育会雑誌一覧

愛知敎育會『愛知敎育會雜誌』『愛知敎育雜誌』

秋田縣敎育會『秋田縣敎育雜誌』

茨城敎育協會『茨城敎育協會雜誌』

越佐敎育雑誌社『越佐敎育雑誌』

愛媛敎育協會『愛媛敎育雜誌』

大分縣共立敎育會事務所『大分縣敎育雑誌』

大阪府敎育會『大阪府敎育會報』

小野德藏編『奈良縣敎育會雜誌』

香川縣敎育會『香川縣敎育會報告』『香川縣敎育會雜誌』

神奈川縣敎育會事務所『神奈川縣敎育會雜誌』

紀伊敎育會『紀伊敎育會雜誌』

北多摩郡敎育會『北多摩郡敎育會會報』

京都府敎育會事務所『京都敎育會雜誌』『京都府敎育雜誌』『京都府敎育會雜誌』

上野敎育會事務所『上野敎育會雜誌』

埼玉私立敎育會事務所『埼玉敎育雜誌』

佐賀縣敎育會『佐賀縣敎育會雜誌』

滋賀縣私立敎育會事務所『滋賀縣私立敎育會雜誌』

靜岡縣聯合敎育會『靜岡縣敎育新誌』

信濃敎育會『信濃敎育會雜誌』［復刻版］

下野私立敎育會事務所『下野敎育』

私立石川縣敎育會『私立石川縣敎育會雜誌』

私立岡山縣敎育會『私立岡山縣敎育會雜誌』

千葉敎育會『千葉敎育雜誌』

東京敎育雑誌発行所『東京敎育雜誌』

東京市敎育會『東京市敎育時報』

東京府敎育會『東京府敎育會雜誌』

長崎縣敎育會『長崎縣敎育雜誌』

函館敎育協會『函館敎育協會雜誌』

東筑摩郡郷土資料編纂會『東筑摩郡敎育會雜誌』［復刻版］

廣島縣私立敎育會『廣島縣私立敎育會會報』

福井縣私立敎育會事務所『福井縣敎育會雜誌』

福島敎育社『福島敎育』

三重縣私立敎育會『三重縣私立敎育會雜誌』

明輝社編『私立兵庫縣敎育會雜誌』

和歌山縣敎育會『紀伊敎育會雜誌』『紀伊敎育』

あ と が き

　先人の残した記録に出会うことは心躍るものである。近年では，国立国会図書館のデジタルコレクションをはじめとして，インターネットを駆使して歴史的資料の検索，閲覧にも当たれるようになっており，その意味では研究自体にスピード感が出てきたと言える。しかし，一つひとつの史資料を手にとってその当時，音楽教育に携わっていた人びとの真摯，かつ切実な願いに思いを馳せることはこの上なく楽しい作業である。このような研究の醍醐味を最初に私たちに示して研究への道筋を開いて下さった田甫桂三先生に感謝の言葉を捧げたい。大学院時代に先生や仲間と国会図書館で過ごした日々が，現在の私の礎となっていることは言うまでもない。

　本書は，2007年度に東京学芸大学に提出した学位請求論文がもとになっている。あまり大きな研究グループを持たない私を見守り，学位論文としてまとめるように言葉をかけて下さった河口道朗先生には論文の構成の段階からご指導を頂いた。先生のお声かけがなければ現在，どのように研究を推進できていたか想像ができない。心よりお礼を申し上げる。また審査に至るまで根気強く見守り，主査をつとめて下さった加藤富美子先生をはじめ，研究を支えて下さった多くの方々にもあらためて感謝の気持ちをお届けしたい。

　学位請求論文提出以降，現在の所属への異動など個人的な事由により時間が経ってしまったが，貴重な史資料の散逸が危ぶまれる状況を鑑み，後進に少しでも役立ててもらえればという思いもあり，このたび刊行を思い立った次第である。かつて田甫先生が私たち駆け出しの研究者を鼓舞して編纂された書籍刊行のご縁もあって学文社の代表，田中千津子さんに出版を引き受けていただけたことは嬉しいことであった。なお，出版にあたり新しい史資料の入手や見直しなどにより一部修正を加えたり再構成した部分があるが，論旨自体は変わるものではない。

　歴史研究は，決して華やかな研究ではないかも知れないが，音楽教育学の発

222

展の基礎として重要な研究手法であるという自負は変わらずに持ち続けている。この出版が，少しでも音楽教育の発展に寄与できれば幸いである。

　最後に，本書の刊行には，平成30年度学習院大学研究成果刊行助成金による支援を受けていることを付記し，感謝の意を表したい。

2018年盛夏

著　者

資　料

表1　明治年間作成

年代	曲名	作詞者名	種別	出	
				掲載書・雑誌名	編者
1884（M.17）	孝行まり歌		一つとや	小學手まり歌　全	梅村甚太郎
	學校まり歌		一つとや	小學手まり歌　全	梅村甚太郎
1885（M.18）	［一トヤ］		一つとや	小學児童ノ毬歌	竹本重雄
	［いノ字トヤ］		いろはうた	小學児童ノ毬歌	竹本重雄
	手毬哥		一つとせ	幼童教訓歌	杉浦里橋
1886（M.19）	ひなぶり	土岐秀音	一つとや	教育時論	
	一ツトヤ		一つとや	明治新撰體育運動歌	吉井量平
	虎列剌病よけのうた	慶野庄作	一つとや	教育時論	
	虎列剌豫防の鞠歌	福島甲子三	一つとや	東京日日新聞	
	勸學まりうた	村上與介	一つとや	教育報知	
	行軍の歌	鳥居忱	一つとや	教育時論	
1887（M.20）	行軍餘興の歌	鳥居忱	一つとや	教育時論	
	花の家	菟道春千代	一つとや	改良日本女子てまりうた	菟道春千代
	梅の家	山田阿徒子	一つとや	改良日本女子てまりうた	菟道春千代
	數へ歌	大野保太郎	一つとや	教育時論	
	改良てまり歌	菟道春千代	一つとや	小學校幼稚園生徒修身運動歌　下巻	菟道春千代
	一ツトヤ		一つとや	幼稚唱歌集　全	眞鍋定造
	數へ歌		一つとや	幼稚園小學校こども歌	増山英次郎　高橋雪子閨
	數へ歌	福羽美静	一つとや	音樂之枝折　巻下	大村芳樹
	修身數へ歌	福羽美静	一つとや	小學生徒用游戯唱歌集	矢羽根孝太郎
	甲斐地誌の數へ歌	中田尹治	あいうえお歌	小學生徒用游戯唱歌集	矢羽根孝太郎
	日本地誌の數へ歌	埼玉縣浦和學校教員	あいうえお歌	小學生徒用游戯唱歌集	矢羽根孝太郎
	勸學の歌	福羽美静	一つとや	家庭唱歌　第一集	岡村増太郎　四竈訥治閨
	愛國の歌	源烈公	一つとや	家庭唱歌　第一集	岡村増太郎　四竈訥治閨
	四季の歌	源烈公	一つとや	家庭唱歌　第一集	岡村増太郎　四竈訥治閨
	修身の歌	しかまとつぢ	一つとや	家庭唱歌　第一集	岡村増太郎　四竈訥治閨

の「數えうた」

典			樂譜の種別 (空欄は樂譜無し)	歌詞	番數
出版社	巻号	出版・掲載年月日			
山本亀太郎		1884(M.17).11		人と生れし志るしには　親には孝行せに やならぬ	10
山本亀太郎		1884(M.17).11		人と生れて礼なくば　鳥や獣に劣るべし	10
出版人　松村善助		1885(M.18).6	五線譜	人ハ心ガ第一ヨ　研イテ修メテ世ヲ渡レ	10
出版人　松村善助		1885(M.18).6	五線譜	幼時學バズ　老イテ悔トモ及ブマジ	47
杉浦里橋		1885(M.18).8版権		一ト夜明たる今朝よりや　幼こころもあ らたまる	12
	37号	1886(M.19).4		ひかりかがやく日の丸の　外國までもか くれなし	10
能勢土岐太郎		1886(M.19).7		人はもと善きものなれば　研いて修めて 道を知れ	10
	45号	1886(M.19).7		ひとはいのちが第一よ　ようじやうえい せいをこたるな	10
	4417号	1886(M.19).8		人のコレラを聞く度に　自分の用心忘る な	10
	45号	1886(M.19).11		人の生れハはじめより　あしき心ハさら になし	10
	61号	1886(M.19).12		人人今朝とく起出でて　出立つ行軍勇ま しや	10
	67号	1887(M.20).2		ひにましうららの春日影　此時行軍をも しろや	10
國魁堂		1887(M.20).2		人ハよろづの靈なれば　とりやけものに おとるなよ	10
國魁堂		1887(M.20).2		いつも勉強おこたらづ　師匠のをしへを よくまもれ	10
	70号	1887(M.20).3		ひびにはげみて玉鉾の　道のまにまにふ み分けよ	10
瀬原國魁堂		1887(M.20).3		人はよろづの靈なれば　鳥や獣類におと るなよ	10
普通社		1887(M.20).3	五線譜	ひとはこゝろが第一よ　ミがいておさめ て世をわたれ	10
香雲書樓		1887(M.20).4		人は心が第一よ　琢ひて修めて世を渡れ	10
普及舍		1887(M.20).6		人は心が第一よ　磨いて修めて世をわた れ	10
徴古堂		1887(M.20).8		人はこゝろが第一よ　磨て治めて世を渡 れ	10
徴古堂		1887(M.20).8		東ま海道の甲斐國は　駿河相摸の北に在 る	50
徴古堂		1887(M.20).8		天津日嗣の日の本は　亞細亞の東の離れ 國	50
普及舍		1887(M.20).10	五線譜・數字譜	人は心が第一よ　磨いて修めて世をわた れ	10
普及舍		1887(M.20).10	五線譜・數字譜	人の國より吾が邦を　治めん事こそはじ めなる	10
普及舍		1887(M.20).10	五線譜・數字譜	光のどけき春の日は　千里の外もうらや かに	10
普及舍		1887(M.20).10	五線譜・數字譜	人が一度よくなさば　已は百度百千度	10

年代	曲名	作詞者名	種別	出	
				掲載書・雑誌名	編者
	名所の歌	小田みよし	一つとや	家庭唱歌　第一集	岡村増太郎　四竈訥治閲
	四季動物の歌	小田みよし	一つとや	家庭唱歌　第一集	岡村増太郎　四竈訥治閲
	四季植物の歌	小田みよし	一つとや	家庭唱歌　第一集	岡村増太郎　四竈訥治閲
	數へ歌	福羽美静	一つとや	男女子供運動歌	鶴橋愛次郎
	數へ歌	慶野庄作	一つとや	男女子供運動歌	鶴橋愛次郎
	數へ歌	福富甲子三郎	一つとや	男女子供運動歌	鶴橋愛次郎
	軍行餘興の歌	鳥居忱	一つとや	男女子供運動歌	鶴橋愛次郎
	名所の數へ歌	小田深藏	一つとや	男女子供運動歌	鶴橋愛次郎
	こどものまりうた	那珂通世	いろはうた	男女子供運動歌	鶴橋愛次郎
	數へ歌		一つとや	小學女生徒必携改良手まり歌	福井淳
	伊呂波歌		いろはうた	小學女生徒必携改良手まり歌	福井淳
	鞠歌	佐藤修吉	一つとや	東京絵入新聞	
	［一ッとや］	鳥居忱	一つとや	教育時論	
	毛毬歌	佐藤定介	一つとや	教育時論	
	親睦會餘興の歌	鳥居忱	一つとや	教育時論	
	淑女以文會餘響	鳥居忱	一つとや	女學雑誌	
	一ツとや		一つとや	唱歌をしへ草	吉田鈺橘　恒川・豊田閲
	數へうた		一つとや	幼稚園唱歌集　全	文部省音樂取調掛
	數へうた(四季植物)	小田深滅	一つとや	教育時論	
	［一トツトセ］		一つとせ	教育手毬唱	鈴木喜一
	てまりうた		一つとや	幼児教訓唱歌	山田淳子　渡邊弘人校
1888(M.21)	鞠哥		いろはうた	普通唱歌集　全	佐藤維親　恒川鐐之助閲
	梅のはやし	鳥居忱	一つとや	教育時論	
	學校ノ児童ニ輿フ	白井規矩郎	一つとや	教育時論	
	子供のまり哥		いろはうた	新撰唱歌集　第一編	熊澤精
	數へうた		一つとや	音樂早まなび	梅田磯吉

典			樂譜の種別 (空欄は樂譜無し)	歌詞	番數
出版社	巻号	出版・掲載年月日			
普及舍		1887(M.20).10	五線譜・數字譜	比良の高嶺の夕間暮　積る深雪の面白き	10
普及舍		1887(M.20).10	五線譜・數字譜	一夜あくれば鴬も　春や來ぬると告てなく	10
普及舍		1887(M.20).10	五線譜・數字譜	開く垣根の白梅は　消殘る雪かとまがふまで	10
甕城堂		1887(M.20).10		人は心が第一よ　みがいて修めて世を渡れ	10
甕城堂		1887(M.20).10		人ハいのちが第一よ　養生衛生怠るな	10
甕城堂		1887(M.20).10		人のこれらをきくたびに　自分の用心怠るな	10
甕城堂		1887(M.20).10		ひにましうららの春日影　此時行軍をもしろや	10
甕城堂		1887(M.20).10		比良の高嶺の夕間ぐれ　つもる深雪の白面き〈ママ〉	10
甕城堂		1887(M.20).10		いとけなきときまなばずば　おいてくゆともおよぶまじ	47
文盛堂		1887(M.20).10		ヒトノコ、ロガ第一ヨ　ミガイテ修テ世ヲ渡レ〈ママ〉	10
文盛堂		1887(M.20).10		いとけなきときまなばずば　おいてくゆともおよぶまじ	47
	3739号	1887(M.20).11		人に自由がない時ハ　かたハのからだも同じこと	10
	92号	1887(M.20).11		日々に新にまた日々に　婦人の智識の進みゆく	10
	93号	1887(M.20).11		廣き日本やすやすと　をさまる御代こそめでたけれ	10
	94号	1887(M.20).11		日頃親しき校友の　うちむれあそぶや飛鳥山	10
	83号	1887(M.20).11		日々に新にまた日々に　婦人の智識の進みゆく	10
大成堂		1887(M.20).11	五線譜	人は心が第一よ　磨いて修めて世をわたれ	10
文部省編輯局		1887(M.20).12	五線譜	人々一日も忘るなよ　はぐゝみそだてしおやのおん	10
	95号	1887(M.20).12		ひらく垣根の白梅は　のこれる雪とまがふまて	10
鈴木喜一		1887(M.20).12		品行正しく身を脩め　福德自在の身となれよ勇しや	20
大阪教科用書出版書房		1887(M.20).12		ひろき世界の一めぐり　一万三百五十五里	20
東壁堂		1888(M.21).1	五線譜	いとけなきときまなばずば　おいてくゆともおよぶまじ	47
	101号	1888(M.21).2		廣き園生の梅林　時をまつ間の冬籠	10
	102号	1888(M.21).2		獨リ遊ビテ樂シキハ　唱歌ヲ除ヒテ他ニナシ	10
熊沢精		1888(M.21).2	五線譜・數字譜	いとけなきとき學ハずバ　老てくゆともおよぶまじ	47
早矢仕民治		1888(M.21).6	五線譜	一夜あくれバにぎやかで　おかざり立てたるまつかざり	5

年代	曲名	作詞者名	種別	出	
				掲載書・雑誌名	編者
	數へ歌		一つとや	家庭唱歌　第二集	岡村増太郎　四竈訥治閲
	愛知縣地理歌	高木協	いろはうた	愛知教育會雑誌	
	修身の歌		一つとや	尋常唱歌集　全	吉田鉦橘
	大和振數へ歌		一つとや	尋常唱歌集　全	吉田鉦橘
	數へ歌		一つとや	唱歌	吉村信二郎撰　四竈訥治校
1889 (M.22)	數へ歌		一つとや	家庭唱歌之友	堀中徹藏
	かぞへ歌		一つとや	唱歌うひまなび	三浦セイ
	まりうた		一つとや	唱歌うひまなび	三浦セイ
	紅葉狩		一つとや	唱歌うひまなび	三浦セイ
	かぞへうた		一つとや	唱歌のいとぐち	吉澤富太郎
	かぞへうた		一つとや	唱歌	不詳
	かぞへうた		一つとや	唱歌	不詳
	梅のかへし		一つとや	唱歌	不詳
	行軍餘興の歌		一つとや	唱歌	不詳
	十二ヶ月明治のかぞへうた		一月とや	新撰明治唱歌	吉澤富太郎
	行軍數へ歌		一つとや	小學生徒運動唱歌	有川貞清（櫻陰）
	行軍餘興數へ歌		一つとや	小學生徒運動唱歌	有川貞清（櫻陰）
	運動會數へ歌		一つとや	小學生徒運動唱歌	有川貞清（櫻陰）
	愛國數へ歌		一つとや	小學生徒運動唱歌	有川貞清（櫻陰）
	衛生かぞへうた		一つとや	唱歌乃さきがけ	吉澤富太郎
	日本歴史手鞠歌	堀澤周安	あいうえお歌	愛知教育會雑誌	
	［あの字とや］		あいうえお歌	愛知教育會雑誌	
1890 (M.23)	發端	明石吉五郎	一つとや	新撰唱歌地理之花　全	明石吉五郎
	日本の部	明石吉五郎	いろはうた	新撰唱歌地理之花　全	明石吉五郎
	萬國之部	明石吉五郎	あいうえお歌	新撰唱歌地理之花　全	明石吉五郎

典			樂譜の種別 (空欄は樂譜無し)	歌詞	番數
出版社	巻号	出版・掲載年月日			
普及舎		1888(M.21).8	五線譜	人を怨むな羨むな怨まるな　怨めバ人にも怨まるる憎まるる	10
	17号	1888(M.21).9		位置は日本の東海道　西部に属する二大國	47
大成堂		1888(M.21).10	五線譜	人の過ちとがむより　我身ひとりを愼めよ	10
大成堂		1888(M.21).10	五線譜	ひとつ日の本日乃光り　あふがぬ人こそなかりけれ	10
共進書屋		1888(M.21).12	數字譜	人を怨むな羨むな怨まるな　怨めバ人にも怨まるる憎まるる	10
文盛堂		1889(M.22).3	數字譜	人とは〈ママ〉心か第一よ　みかいて脩めて世を渡れ	10
壽盛堂		1889(M.22).4	數字譜	ひとひと今朝とくおきいで、　出で立つ行くんいさましや	10
壽盛堂		1889(M.22).4		ひとハ兎にあれ角もあれ　われハ我が身をまりてよ〈ママ〉	10
壽盛堂		1889(M.22).4		ひよりも長閑けきけふの日や　行軍かへりのもみちがり	10
開文堂		1889(M.22).5		ひとと生まれば孝行の　道をはじめにまなぶべし	10
千松堂		1889(M.22).5		ひとハこころがだい一よ　みがいておさめてよをわたれ	10
千松堂		1889(M.22).5		ひと夜あくれバうらうらとさしのぼるあさひのかげははるならで春めきぬ	10
千松堂		1889(M.22).5		ひろきその生のうめのはな　ときをまつまのふゆこもり	10
千松堂		1889(M.22).5		ひにましうららの春日かげ　このとき行軍おもしろや	10
開文堂		1889(M.22).5		一月参賀のひとびとは　宮じやうの御前に馬車をば乗揃え	12
福井正寶堂		1889(M.22).5		人々今朝とく起き出て　出で立つ行軍勇ましや	10
福井正寶堂		1889(M.22).5		ひにましうら、の春日影　この時行軍おもしろや	10
福井正寶堂		1889(M.22).5		日頃親しきともどちよ　いざもろともにあそばなむ	10
福井正寶堂		1889(M.22).5		ひかり清けき葦原の　瑞穂の國こそ縁とけれ	10
開文堂		1889(M.22).7		人ハ何より衛生の　ミちを守るが孝行ぞ	10
	29-30号	1889(M.22).9-10		天津日嗣のとこしへに　御代しろしめす日本國	50
	32号	1889(M.22).12		あけくれやすまずいづる子は　必ず人にまさるべし	5
明石吉五郎		1890(M.23).4		人々すみ居るこの世界　みそらにか、る星ぞかし	10
明石吉五郎		1890(M.23).4		いともさかゆく日の本ハ　亞細亞の東のみかど國	47
明石吉五郎		1890(M.23).4		亞細亞ハせかいのひろき洲　三大陸中たぐひなし	50

年代	曲名	作詞者名	種別	出	
				掲載書・雑誌名	編者
	岡山縣地理いろは數へ歌		いろはうた	繪入運動會(増補)	同胞社　進藤貞範閲
	通俗教育　里の教の歌		一つとや	繪入運動會(増補)	同胞社　進藤貞範閲
	生徒心得歌		あいうえお歌	繪入運動會(増補)	同胞社　進藤貞範閲
	生徒心得歌		一つとや	繪入運動會(増補)	同胞社　進藤貞範閲
	愛知縣地理百詠(上)	晩翠	一つとや	愛知教育會雑誌	
	稲作改良數へ歌(他全10種)		一つとや	実用勧農謳歌集　全	竹の舎翠(篠原信康)
	愛知縣地理百詠(下)	晩翠	あいうえお歌	愛知教育會雑誌	
	大日本地理手鞠歌	堀澤周安	あいうえお歌	愛知教育會雑誌	
	幼稚園數へ歌		一つとや	音樂雑誌	
	かぞひうた		一つとや	唱歌楷梯	仁平龜
	伊勢の國	松岡鋼一郎	一つとや	三重縣地理唱歌	松岡鋼一郎
	伊賀の國	松岡鋼一郎	一つとや	三重縣地理唱歌	松岡鋼一郎
	牟婁郡	松岡鋼一郎	一つとや	三重縣地理唱歌	松岡鋼一郎
	子供の鞠唄		いろはうた	唱歌獨稽古	三浦伊七
	品治郡地理數へ歌		一つとや	小學校生徒用品治郡地理數へ歌	斜森慶次郎
1891(M.24)	勸學數へ歌	MG	一つとや	音樂雑誌	
	行軍數へ歌	鶴陵士	一つとや	音樂雑誌	
	信濃地理歌	たけのや主人	いろはうた	信濃教育會雑誌	
	數へ歌	霍陵士	一つとや	音樂雑誌	
	數へ歌		一つとや	小學唱歌集　尋常三・四年級高等一年級	村岡留次郎
1892(M.25)	數へうた	伊澤修二	一つとや	小學唱歌　壹	伊澤修二
	徳島縣地理數へ歌	古田庭美	一つとや	音樂雑誌	
	數へうた		一つとや	唱歌	岩崎申吉
	教育數へ歌	伊澤修二	一つとや	小學唱歌　貳	伊澤修二
	改良てまり歌	菟道春千代	一つとや	小學遊戯運動歌	菟道春千代
	勸善數へ歌(一) 忠の道	晩翠	一つとや	愛知教育會雑誌	
	勸善數へ歌(二) 孝の道	晩翠	一つとや	愛知教育會雑誌	
	廣嶋縣安那郡地理數へ歌	松田直一	一つとや	音樂雑誌	
	忠君愛國の數へ歌	長野菊次郎	一つとや	音樂雑誌	

典			樂譜の種別 (空欄は樂譜無し)	歌詞	番數
出版社	巻号	出版・掲載年月日			
細謹舍		1890(M.23).5		位置は日本山陽道　西部に属する三ヶ國	47
細謹舍		1890(M.23).5		人の親たる輩は　我子の敎へを怠るな	10
細謹舍		1890(M.23).5		あけくれ休まず出る子は　必す人にまさるべし	5
細謹舍		1890(M.23).5		人に先立ち起き出でて　衣を更へ噉ひし梳れ	10
	38号	1890(M.23).6		ひろき御國のなかにても　名古屋の城は金の鯱	50
五明堂		1890(M.23).7		人の知らない此法は　老農林の恩恵ぞ	10
	40号	1890(M.23).8		油ヶ淵と芳池は　共に名高き沼ぞかし	50
	41・43号	1890(M.23).9・11		朝日に匂ふ山さくら　日々に開くる大日本	50
	1号	1890(M.23).9		一二三四五六七八　九つ十とは物の數	10
高崎書舘		1890(M.23).11		ひとのくにより我が國の　みかどはせかいにたぐいなし	10
文化堂		1890(M.23).11		東は伊勢の海波低く　舟檝漁獵の便利あり	10
文化堂		1890(M.23).11		光はくまなし朝日影　海なし國の谷間にも	10
文化堂		1890(M.23).11		東南はなだにして　舟行甚危險なり	10
壽盛堂		1890(M.23).12		いとけなきときまなばずば　おーいてくゆともおよふまじ	47
香文舍		1890(M.23).12	五線譜・數字譜	一つの郡を十村にて　成せるハ備後の品治郡	10
	5号	1891(M.24).1		人學ばずは何かせん　玉磨かされば光りなし	10
	5号	1891(M.24).1		人々畏るな後るな、　君に捧げし此命	10
	52号	1891(M.24).1		今は長野の一縣治　昔は十餘の藩治なり	47
	12号	1891(M.24).9		日の丸錦の御旗こそ　四方の國々吹靡け	10
村岡留次郎		1891(M.24).12	數字譜	人々一日も忘るなよ　はぐ、みそだてしおやのおん	10
大日本圖書		1892(M.25).3	五線譜・數字譜	ひと、生れて忠孝を　かきては皇國の人でなし	10
	18号	1892(M.25).3		日の本一の名を得しハ　阿波の鳴門のはやしほや	10
小谷義一		1892(M.25).4		ヒトビトヒトヒモワスルナヨ　ハグクミソダテシオヤノオン	10
大日本圖書		1892(M.25).5	數字譜	人と生れて忠孝を　かきては皇國の人でなし	10
東雲堂		1892(M.25).6		人は萬の長なれば　鳥獸に劣るなよ	10
	63号	1892(M.25).7		人と生れて忠の道　知らぬは眞の人でなし	10
	63号	1892(M.25).7		人と生れて孝の道　しらぬは眞の人でなし	10
	24号	1892(M.25).9		廣嶋縣の東なる　備中境を安那郡	10
	26号	1892(M.25).11		日の出の本と名に負へる　亞細亞の東の日本國	10

年代	曲名	作詞者名	種別	出	
				掲載書・雑誌名	編者
	伊勢名勝數へ歌	菊地哲士	一つとや	音樂雜誌	
	生徒心得數へ歌	茂木放外	一つとや	生徒用唱歌集	佐藤茂助
1893(M.26)	日本地理數へ歌	大熊淺次郎	一つとや	古今雜歌集	大熊淺次郎
	靜岡縣地理の歌		いろはうた	靜岡縣教育新誌	
	風光數へ歌	尾崎秋風	一つとや	音樂雜誌	
	日本地理數へ歌	大熊淺次郎	一つとや	音樂雜誌	
	伊賀國地理いろは歌	内田槌太郎	いろはうた	音樂雜誌	
	勸學數へ歌	小山寅之助	一つとや	音樂雜誌	
	靜岡縣地理數へ歌	大隈昇	一つとや	音樂雜誌	
	黑羽地方のまり唄	お，と	正月とや	音樂雜誌	
	かぞへうた		一つとや	小學明治唱歌	菟道春千代
	てまりうた	菟道春千代	一つとや	小學明治唱歌	菟道春千代
1894(M.27)	長崎縣地理歌	山本叢雲	いろはうた	記憶のよすが地理の數へ歌	山本叢雲（龍雄）
	日本地理歌	山本叢雲	いろはうた	記憶のよすが地理の數へ歌	山本叢雲（龍雄）
	數へ歌	德川慶喜	一つとや	音樂雜誌	
	小學生徒修身唱歌	遠藤半平	あいうえお歌	小學生徒修身唱歌	遠藤半平
	日本國數歌	遠藤半平	一つとや	小學生徒修身唱歌	遠藤半平
	音樂雜誌の五週年を祝ひて	菊地哲士	一つとや	音樂雜誌	
	征清數へ歌	小山寅之助	一つとや	音樂雜誌	
	カゾヘウタ		一つとや	唱歌筆記集	大分尋常小學校
1895(M.28)	かぞえ唄	道樂坊	一つとや	日清戰爭俗歌集　2編	環翠堂偏輯局
	浮石少年會いろは唱歌		いろはうた	少年會唱歌　一名・いろは歌	西智晃
	支那征伐一つとせ節		一つとせ	日清戰爭繪入いろはかぞへうた	數寄のや主人
	日清戰爭いろは數へ唄	數寄のや主人	いろはうた	日清戰爭繪入いろはかぞへうた	數寄のや主人
	修身かぞへ歌	悾々齋主人	一つとや	教育時論	
1896(M.29)	修身かぞへ歌	悾々齋主人	一つとや	音樂雜誌	
1898(M.31)	水戸烈公の手鞠歌	報知新聞より轉載	一つとや	音樂	

典			樂譜の種別 (空欄は樂譜無し)	歌詞	番數
出版社	巻号	出版・掲載年月日			
翰林堂	26号	1892(M.25).11		廣き日の本御威稜ある　外宮と内宮は伊勢にあり	10
		1892(M.25).12	數字譜	ひとりを愼ミ氣をつけて　つげぐちなんぞハせぬがよい	10
文港堂		1893(M.26).1		日の丸御旗の旭日影　國ハ豊かに瑞穂國	30
	4号	1893(M.26).2		一百餘万の人々が　我縣に住ひなす	47
	29号	1893(M.26).2		鄙に都に限らしな　景色に富し大八州	10
	29号	1893(M.26).2		日の丸御旗の旭日影　國は豊かに瑞穂國	30
	29号	1893(M.26).2		伊賀の郡ハ四郡あり　阿拜山田に伊賀名張り	47
	31号	1893(M.26).4		人のひとたる其甲斐は　忠孝二ツを知るにあり	10
	31号	1893(M.26).4		引馬野の原の萩が香の　みゆきに匂ふ濱松や	10
	36号	1893(M.26).9		障子明ければ萬歳が　つゞみ打つやら歌の聲	10
文錦堂		1893(M.26).12		人々一日もわするなよ　はぐゝみそだてしおやの恩	10
文錦堂		1893(M.26).12		人はよろづの長なれバ　鳥や獸類に劣るなよ	10
山本龍雄		1894(M.27).2		維新此かた改まり　長崎縣治の管轄は	47
山本龍雄		1894(M.27).2		最も尊き日の皇子の　知し召さる、日本國	47
	43号	1894(M.27).4		日々に新に改めて　善に移りて悪を去れ	10
榊原文盛堂		1894(M.27).5		朝には早く起き出で、　手と顔洗ひて口嗽げ	50
榊原文盛堂		1894(M.27).5		光輝やく日の本は　亞細亞東の海の中	10
	48号	1894(M.27).10		廣き日の本ならびなき　音樂雑誌の五周年	10
	48号	1894(M.27).10		人々撃てや懲せよや飽くまでも　日本にあだなす清の國撃てやうて	10
大分尋常小學校		1894(M.27).12		ヒト、ウマレテチウカウヲ　カキテハミクニノヒトデナシ	10
環翠堂		1895(M.28).1		廣い世界に並ない日本國　名誉を列國に輝かす此戦争	10
中野源左エ門		1895(M.28).□		今迄開けぬ此會を　開きし人ハ誰なるぞ	47
和田文宝堂		1895(M.28).4		人は名譽が第一よ　命惜みて笑はれな	10
和田文宝堂		1895(M.28).4		いともはげしき戦を　なしたる日本の諸軍勢	47
	385号	1895(M.28).12		人は一念こらすべし　石にたつ矢のためしあり	10
	56号	1896(M.29).2		人は一念こらすべし　石にたつ矢のためしあり	10
	8年1号(76)	1898(M.31).1		人の國より我國を　治めん事ぞ初なる	10

年代	曲名	作詞者名	種別	出	
				掲載書・雑誌名	編者
	高山彦九郎氏の手鞠歌		一つとや	音樂	
	お正月		一つとえ	京都府教育雑誌	
	數へ歌		一つとや	唱歌の栞	村田定太郎
	修身數へ歌		一つとや	唱歌教程	富田秀吉
	數へ歌		一つとや	明笛獨習	後藤露渓
1899(M.32)	手鞠歌	服部	一つとや	京都教育會雑誌	
	數へうた		一つとや	世界音樂全書	脇田愛之助
	かぞへうた	西山長康	一つとや	愛知教育會雑誌	
	數へ歌		一つとや	小學校生徒用新編唱歌	小林粂次郎
1900(M.33)	葉栗郡地理歴史歌	小島正一	一つとや	愛知教育會雑誌	
	赤穂郡誌イロハ歌	片岡源之助	いろはうた	地理教育赤穂郡唱歌 附録赤穂郡誌イロハ歌	片岡源之助
1901(M.34)	同窓會かぞへ歌(古河尋常小學校)		一つとや	茨城教育協會雑誌	
	絲繰歌	長野榮倫	一つとや	蠶業唱歌 佐野製絲場用	佐野市造
	養蠶數へ歌 其一	大橋重左衛門	一つとや	蠶業唱歌 佐野製絲場用	佐野市造
	養蠶數へ歌 其二	大橋重左衛門	一つとや	蠶業唱歌 佐野製絲場用	佐野市造
	かぞへうた		一つとや	小學生徒唱歌の友 初篇(内表紙は兒童)	今井政兵衛 紫明教史閣
	數へ歌		一つとや	小學生徒唱歌の友 初篇(内表紙は兒童)	今井政兵衛 紫明教史閣
	校訓數へ歌	丹下鎮象	一つとや	上野教育會雑誌	
1902(M.35)	青森聯隊遭難數へ歌	芳川流外	一つとや	私立秋田縣教育雑誌	
	手鞠歌		一つとや	茨城教育協會雑誌	
	おしよーがつ	未詳	一つとや	教訓毬歌 第2集	矢澤峰四郎
	ひとゝうまれし	未詳	一つとや	教訓毬歌 第2集	矢澤峰四郎
	かぞへうた	井上豊子	一つとや	教訓毬歌 第2集	矢澤峰四郎
	數へ歌		一つとや	唱歌集 全	富山正治
1903(M.36)	生徒心得數へ歌		一つとや	私立岡山縣教育會雑誌	

典			樂譜の種別 (空欄は樂譜無し)	歌詞	番數
出版社	巻号	出版・掲載年月日			
	8 年 1 号 (76)	1898 (M.31).1		人に生れし印には　親に孝行せにやならぬ	10
	71号	1898 (M.31).3		ひーとよあくればにぎやかな　おかどにかけたる七五三かざり	10
大館文海堂		1898 (M.31).4		人々一日モ忘ルナヨ　ハグクミ育テシ親ノ恩	10
高橋紋次郎他		1898 (M.31).10	數字譜	人と生れし上からは　人の人たる道を知れ	10
又間精華堂		1898 (M.31).10	數字譜	日の丸錦の御旗こそ　四方の國々吹なびけ	10
	82号	1899 (M.32).2		ひとびと歌へ手鞠歌　相樂郡の手まりうた	19
大阪用達會資會社樂器部		1899 (M.32).6	數字譜	一夜明くれば賑やかで　お飾り立てたる松かざり	12
	152号	1899 (M.32).12		廣き世界のその中に　日本にまされる國はなし	10
大川屋		1899 (M.32).12	數字譜	人々一日も忘るなよ　はぐくみそだてし親のおん	10
	155号	1900 (M.33).3		廣さは僅に貳万里餘　人數参萬土地ひよく	10
井上久太郎		1900 (M.33).12		位置は縣下の西端で　瀬戸の内海南なり	47
	205号	1901 (M.34).4		ひと木のかげさへえんとなる　ましてやよとせの友がきぞ	10
佐野市造		1901 (M.34).5	五線譜	一人で二人の緒を出す　緒求工女をいたはれよ	10
佐野市造		1901 (M.34).5	五線譜	ひとつの座敷に各種の　蚕の種をば育てるな	10
佐野市造		1901 (M.34).5	五線譜	人々早起睦ましく　蚕飼の時には尚のこと	10
今井書店		1901 (M.34).8	數字譜	ひととうまれてちゅーこーを　かきてはみくにのひとでなし	10
今井書店		1901 (M.34).8	數字譜	人々一日もわするなよ　はぐゝみそだてし親の恩	10
	168号	1901 (M.34).10		人のつとめの第一は　君に事ふる道ぞかし	10
	116号	1902 (M.35).3		人のおどろく青森の　五聯隊での大惨事	20
	217号	1902 (M.35).4		人のよいのもわるいのも　子供の時のこゝろがけ	10
秀英舍		1902 (M.35).4		ひとよあくればにぎやかな　おかどにたてたるまつかざり	10
秀英舍		1902 (M.35).4		ひとゝうまれししるしにわ　おやにこーこーせにやならぬ	10
秀英舍		1902 (M.35).4		ひとわこゝろがだいいちよ　みがいておさめてよにたてよ	10
富山正治		1902 (M.35).4	數字譜	人と生れて忠孝を　かきては皇國の人でなし	10
	55号	1903 (M.36).3		日毎に讀めよ御勅語　勅語は人の心ぞや	10

年代	曲名	作詞者名	種別	出	
				掲載書・雑誌名	編者
	言葉矯正の數へ歌	居森藤一郎	一つとや	私立岡山縣教育會雑誌	
1904 (M.37)	益虫(かぞへうた)		一つとや	愛知教育會雑誌	
1905 (M.38)	第一學年用修身歌(イ〜ウ)	大藤粂次	いろはうた	尋常小學修身いろは歌 第1・2學年用	大藤粂次
	第二學年用修身歌(ヰ〜ス)	大藤粂次	いろはうた	尋常小學修身いろは歌 第1・2學年用	大藤粂次
	第三學年用修身歌(い〜の)	大藤粂次	いろはうた	尋常小學修身いろは歌 第3・4學年用	大藤粂次
	第四學年用修身歌(お〜す)	大藤粂次	いろはうた	尋常小學修身いろは歌 第3・4學年用	大藤粂次
1906 (M.39)	トラホーム沿革(一般)の歌	深味貞治	一つとや	秋田縣教育雑誌	
	トラホーム豫防の歌	深味貞治	一つとや	秋田縣教育雑誌	
1910 (M.43)	かぞへ歌		一つとや	尋常小學讀本唱歌	文部省
1912 (M.45)	かぞへ歌		一つとや	尋常小學唱歌　第3學年用	文部省
	かぞへ歌(尋參巻六)		一つとや	尋常高等學校唱歌集	美聲會

曲名のないものは歌い出しの歌詞を ［　］内に示した。

典			樂譜の種別 (空欄は樂譜無し)	歌詞	番數
出版社	巻号	出版・掲載年月日			
	57号	1903 (M.36).7		人々正せよ言葉をば　言葉を正せば身も正し	10
	203号	1904 (M.37).3		ひらたきからだのひらたあぶ　にくき蚜虫をとり喰ふ	10
六盟館		1905 (M.38).11	他曲もあり	イマデハガッコーノセイトデス　センセイノヲシヘヲマモリマス	24
六盟館		1905 (M.38).11	他曲もあり	ヰマカラデテイクオカアサン　オタケモトモドモミオクツテ	23
六盟館		1905 (M.38).11	他曲もあり	いたみくるしむ軍人を　おみまひなさるありがたさ	26
六盟館		1905 (M.38).11	他曲もあり	お恵み厚く類ひなき　日本國のため盡せ	21
	175号	1906 (M.39).5		廣くはびこるトラホーム　國をほろぼす敵なるぞ	10
	175号	1906 (M.39).5		日光は貴き豫防藥　屋外の遊戯をおこたるな	10
		1910 (M.43).7	五線譜	人々忠義を第一に　あふげや高き君の御國の恩	10
		1912 (M.45).3	五線譜	人々忠義を第一に　あふげや高き君の御國の恩	10
岡村盛花堂		1912 (M.45).5		人々忠義を第一に　あふげや高き君の恩國の恩	10

明治年間に出版された唱歌集所載の歌詞及び教育関係雑誌記事から作成

表2　小学校唱歌教授細目

年代	教授細目名	編成者名	発行年月	教授細目		数えうた		
				尋常	高等	有	出典	学年学期
1892(M.25)	高等師範學校附屬小學科教授細目	東京茗溪會	1892(M.25).7	○		○	(幼唱)	尋2③
	唱歌科教授細目	島根縣尋常師範學校附屬小學校	1892(M.25).9	○		○		2.3月
	尋常高等小學科教授細目	瓊裏同窓會(長崎)	1892(M.25).10	○	○	○	(幼唱)	尋2
1893(M.26)	多級尋常小學科教授細目	京都府尋常師範學校附屬小學校	1893(M.26).2	○				
	小學校各教科教授細目	千葉教育會	1893(M.26).2	○	○	○	(幼唱)	尋2①
	青森縣尋常師範學校付屬小學校教授細目	青森縣尋常師範學校	1893(M.26).4	○	○	○		尋2　1週目
	埼玉縣尋常師範學校附屬小學校教授細目	埼玉縣尋常師範學校附屬小學校	1893(M.26).4	○		○		尋1④
	小學教科細目	久米由太郎(信州上田小縣本校)	1893(M.26).5	○				
	唱歌科教授細目	三重縣尋常師範學校附屬小學校	1893(M.26).5	○		○	幼唱	尋1③
	尋常高等小學科教授細目	恵那郡教育會	1893(M.26).6		○	○		高1
	佐野城東郡高等小學校教授細目	静岡縣佐野城東郡役所	1893(M.26).6		○			
	三重縣尋常師範學校附屬小學校尋常科教授細目	學窓会	1893(M.26).7	○		○	幼唱	尋1③
	尋常小學校教授細目	三宅小次郎	1893(M.26).12	○		○		尋1③
1894(M.27)	有渡安倍郡尋常小學各教科目教授細目	静岡縣有渡安倍郡役所第壹課	1894(M.27).3	○				
	後月郡尋常小學科教授細目	後月教育會	1894(M.27).5	○				
	千葉縣尋常師範學校附屬小學校教授細目	千葉教育會	1894(M.27).5	○	○	○		尋3・4①
	三重朝明郡尋常科唱歌科教授細目	三重朝明郡唱歌研究會	1894(M.27).5	○		○		尋1①
	唱歌筆記集	大分尋常小學校	1894(M.27).12	○		○	小唱	
1895M.28)	小學校教授細目全	静岡縣尋常師範學校	1895M.28).4	○	○	○	小唱	尋2①
	豊田山名磐田郡小學校教授細目	大木文藏(同郡教授細目編纂委員総代)	1895(M.28).4	○	○	○	小唱	尋1②
1896(M.29)	仙臺市小學校教授細目	眞山寛	1896(M.29).2	○		○	音枝	尋1③
							小唱	尋2②

に見る「数えうた」

年代	教授細目名	編成者名	発行年月	教授細目		数えうた		
				尋常	高等	有	出典	学年学期
					○			
	鹿児島縣尋常師範學校附屬小學校教授細目	鹿児島縣私立教育會	1896(M.29).4	○		○	幼唱	尋1③
					○			
	山形縣尋常師範學校附屬小學校教授細目	山形同窓會	1896(M.29).4	○				
					○			
	長野縣尋常師範學校附屬小學校尋常科教授細目稿	堀賢吉	1896(M.29).4	○				
	巖手縣尋常師範學校附屬單級小學校實驗報告	巖手縣尋常師範學校	1896(M.29).5	○		○		甲學年①
	志太郡高等小學校教授細目	静岡縣志太郡役所第一課	1896(M.29).6		○			
1898(M.31)	静岡縣榛原郡高等小學校教授細目	静岡縣榛原郡役所第一課	1898(M.31).7		○			
	教授細目	田方郡第二區小學校長會	1898(M.31).9	○		○		尋1②
					○			
1899(M.32)	尋常小學教授細目	知多郡聯合教育會	1899(M.32).3	○			幼唱	尋2②
	長野縣師範學校附屬小學校尋常科教授細目	堀賢吉	1899(M.32).5	○				
	長野縣師範學校附屬小學校高等科教授細目	堀賢吉	1899(M.32).5		○			
	尋常小學校教科教授細目	渥美郡教員組合會	1899(M.32).7	○		○	幼唱	尋1③
	北海道廳小學校現行教授管理細目	畑谷為藏・前田茂	1899(M.32).7	○		○	小唱	尋1②
					○			
1901(M.34)	小學校教授細目	鹽谷郡役所	1901(M.34).3		○	○	幼唱	高1
	小學校教授細目	栃木縣河内郡小學校教授細目編纂委員	1901(M.34).4		○			高2　2月
	神奈川縣師範學校附屬小學校教授細目	神奈川縣師範學校	1901(M.34).4		○	○	小唱	尋1②
							幼唱	尋2①
					○			
	各學科教授細目	山口縣師範學校附屬小學校	1901(M.34).5	○				
					○			
	青森縣師範學校附屬小學校教授細目	青森縣教育會	1901(M.34).6	○		○	幼唱	尋1③
					○			
	小學各科教授細目並教授法	木野崎吉辰・大窪敬治	1901(M.34).8	○		○		尋1
					○			

年代	教授細目名	編成者名	発行年月	教授細目		数えうた		
				尋常	高等	有	出典	学年学期
	小學校教授細目	芦谷重教他	1901(M.34).8	○		○	幼唱	尋1②
							幼唱	尋2①
							小唱	尋2②
	足利郡小學校教授細目	足利郡役所	1901(M.34).9	○				
					○			
	北設楽郡小學校教授細目	(編集委員長)中村仁弌	1901(M.34).9		○			
	小學校教授細目	山梨縣師範學校附屬小學校	1901(M.34).11	○				
					○			
	教授綱目	松本尋常高等小學校	1901(M.34).	○				
					○			
1902(M.35)	埼玉縣北足立郡小學校教授細目	北足立郡小學校長會	1902(M.35).3		○			
	滋賀県師範学校附属小学校唱歌科教授細目	滋賀縣師範學校附屬小學校	1902(M.35).4		○			
	尋常科各教科教授細目	鹿児島縣師範學校附屬小學校	1902(M.35).5	○				
	三重縣師範學校附屬小學校教授細目	三重縣師範學校附屬小學校	1902(M.35).8		○			
	尋常小學科單級教授細目	大阪府師範學校附屬小學校	1902(M.35).8	○				
	教授細目	勢多教育会	1902(M.35).3・9	○			幼唱	尋1③ 尋2①
					○			
	小學校圖畫科唱歌科體操科遊戯法裁縫科教授細目全	東京府師範學校	1902(M.35).10	○			小唱	(参考曲)尋1・2
					○			
	小學校教授細目	山梨教育會東山梨支會	1902(M.35).11	○				
					○			
1903(M.36)	東京高等師範學校附屬小學校教授細目	東京高等師範學校附屬小學校	1903(M.36).4	○				
	尋常小學校教授細目	東茨城郡教員集會	1903(M.36).4	○		○	音枝	尋2①
	高等小學校教授細目	東茨城郡教員集會	1903(M.36).4		○			
	改正小學校教授細目全	新潟縣新潟師範學校附屬小學校	1903(M.36).5	○		○	小唱	尋1①
					○			
	唱歌教授細目	宮崎縣岡元尋常小學校 長崎藤市	1903(M.36).5	○		○		尋1②
	三重縣師範學校附屬小學校唱歌科教授細目一覧	三重縣師範學校附屬小學校	1903(M.36).9	○				
					○			

年代	教授細目名	編成者名	発行年月	教授細目		数えうた		
				尋常	高等	有	出典	学年学期
1904（M.37）	最近小學校教授細目	新潟縣高田師範學校附屬小學校	1903（M.36）.11	○		○	小唱	尋1②
	岐阜縣師範學校唱歌科教授細目	岐阜縣師範學校	1904（M.37）.3	○				
	教授細目ニ關スル調査案	千葉縣師範學校附屬小學校	1904（M.37）.5		○			
	香川縣師範學校附屬小學校唱歌細目	香川縣師範學校附屬小學校	1904（M.37）.8		○			
	島根縣師範學校附屬小學校教授細目	島根縣師範學校附屬小學校	1904（M.37）.9		○			
	小學校教授細目	大阪府師範學校附屬小學校	1904（M.37）.10		○			
	兵庫縣御影師範學校附屬小學校教授細目　全	兵庫縣御影師範學校附屬小學校	1904（M.37）.10		○			
1905（M.38）	國定教科書各科教授細目	長野縣師範學校附屬小學校	1905（M.38）.2		○			
	尋常小學科教授細目	山口縣師範學校附屬小學校	1905（M.38）.3		○			
	鹿児島師範附屬小學校教授細目	鹿児島縣師範學校附屬小學校	1905（M.38）.5	○				
	小學校教授細目	新潟縣新潟師範學校附屬小學校	1905（M.38）.7		○	○	小唱	尋2①
	唱歌科教授細目	東京市明德尋常高等小學校擔任教師山崎謙太郎	1905（M.38）.7-10	○				
	神奈川縣師範學校附屬小學校教授細目	神奈川縣師範學校附屬小學校	1905（M.38）.7		○			
	唱歌科教授細目	尋常高等・尋常第一・尋常第二横須賀小學校	1905（M.38）.11-12	○				
1906（M.39）	福岡縣師範學校附屬小學校教授細目	湯淺俊太郎	1906（M.39）.2		○			
	唱歌科教授細目	京都府師範學校附屬小學校　八木秋樂	1906（M.39）.2	○				

年代	教授細目名	編成者名	発行年月	教授細目 尋常	教授細目 高等	数えうた 有	数えうた 出典	数えうた 学年学期
	小學校各科教授細目	千葉縣師範學校附屬小學校	1906(M.39).4	○				
					○			
	唱歌教授細目	橋本尋常高等小學校	1906(M.39).4	○				
					○			
	奈良縣立師範學校教授細目	奈良縣師範學校附屬小學校	1906(M.39).8	○				
					○			
	三重縣師範學校附屬小學校尋常科教授細目	三重縣私立教育會	1906(M.39).12	○				
1908(M.41)	石川縣師範學校附屬小學校各科教授細目	石川縣師範學校附屬小學校	1908(M.41).5	○				
					○			
	小學校教授細目	千葉縣師範學校附屬小學校・千葉縣女子師範學校附屬小學校	1908(M.41).6	○				
					○			
	新令準據各科教授細目	岡山縣師範學校附屬小學校	1908(M.41).10	○				
1909(M.42)	各科教授細目	小松島町立各小學校職員研究會	1909(M.42).7	○				
					○			
	茨城縣師範學校附屬小學校研究要録	茨城縣師範學校附屬小學校	1909(M.42).7	○				
					○			
1910(M.43)	小學校教授細目	新潟師範學校附屬小學校小學校教科各科研究部會	1910(M.43).3	○				
					○			
1911(M.45)	尋常小學体操科唱歌科圖畫科教授細目	十勝教育會	1911(M.45).5	○		○	読本	尋4①
	唱歌科教授細目	松本尋常高等小學校	1911(M.45).	○				

国立国会図書館等所藏明治期編成唱歌教授細目及び雑誌記事から作成

一部，雑誌掲載の資料については発行年月欄に掲載月を示す。

出典

幼唱：幼稚園唱歌集　全

小唱：小学唱歌

音枝：音楽之枝折

読本：尋常小学読本唱歌

学年のあとの丸数字は学期を示す。

表3　　『大捷軍歌』各編内容一覧

編	発行年月日	曲　名	作詞者	作曲者	検定年月日	検定時版
初	1894(M.27).11.4	豊島の戰 成歓の戰 平壌の戰 黄海の戰	小中村義象 坂正臣 中村秋香 鳥山啓	納所辨次郎 鈴木米次郎 奥好義 山田源一郎	1896(M.29).1.7	訂正5版
二	1894(M.27).12.29	原田重吉（※1） 町田大尉 坂元少佐 旅順口の戰	大和田建樹 坂正臣 佐々木信綱 旗野十一郎	山田源一郎 奥好義 納所辨次郎 鈴木米次郎	1896(M.29).1.7	訂正5版
三	1895(M.28).2.23	雪夜の斥候 野営の月（※2） 勇敢なる水兵 兵士のかゞみ	佐々木信綱 鳥山啓 佐々木信綱 落合直文	納所辨次郎 山田源一郎 奥好義 鈴木米次郎	1896(M.29).1.7	訂正3版
四	1895(M.28).4.13	大寺少將 水雷艇 海城の逆撃 威海衛	鳥山啓 大和田建樹 東宮鐵眞呂 中村秋香	鈴木米次郎 納所辨次郎 奥好義 山田源一郎	1896(M.29).9.5	訂正4版
五	1895(M.28).6.17	樋口大尉 山縣中尉 鈴木少尉 牛荘城の戰	佐々木信綱 鳥山啓 中村秋香 坂正臣	奥好義 納所辨次郎 鈴木米次郎 山田源一郎	1896(M.29).9.5	訂正3版
六	1896(M.29).1.7	北白川能久親王殿下 三角湧 東北男兒 輜重兵	本居豊頴 旗野十一郎 菊池義清 佐々木信綱	納所辨次郎 鈴木米次郎 山田源一郎 奥好義	1896(M.29).9.5	訂正3版
七	1897(M.30).1.1	守永偵察隊 丁汝昌 澎湖島 赤十字	佐々木信綱 旗野十一郎 大和田建樹 鳥山啓	納所辨次郎 山田源一郎 奥好義 鈴木米次郎		

※1　初版の目次・楽譜ともに「原田重吉」であるが，入手した第12版（1903（明治36）年8月）では，同曲が目
　　次では「玄武門」に変更されている。ただし楽曲につけられた曲名は「原田重吉」のままである。
※2　入手した第10版の目次は「野営の月」であるが，実際の楽曲は「大鳥公使」（作詞者：鳥居忱・作曲者：山
　　田源一郎）で，目次とは異なるものである。

表 4　明治期唱歌教授

年代	教授細目名	編成者名	発行年月
1894 (M.27)	有渡安倍郡尋常小學校各教科目教授細目	静岡縣有渡安倍郡役所第壹課	1894 (M.27) 3
	後月郡尋常小學科教授細目	後月教育會	1894 (M.27) 5
	千葉縣尋常師範學校附属小學校教授細目	千葉教育會	1894 (M.27) 5
	三重朝明郡尋常科唱歌科教授細目	三重朝明郡唱歌研究會	1894 (M.27) 5
	唱歌筆記集	大分尋常小學校	1894 (M.27) 12
1895 (M.28)	小學校教授細目全	静岡縣尋常師範學校	1895 (M.28) 4
	豊田山名磐田郡小學校教授細目	大木文藏(同郡教授細目編纂委員総代)	1895 (M.28) 4
1896 (M.29)	仙臺市小學校教授細目	眞山寛	1896 (M.29) 2
	鹿児島縣尋常師範學校附属小學校教授細目	鹿児島縣私立教育會	1896 (M.29) 4
	山形縣尋常師範學校附属小學校教授細目	山形同窓會	1896 (M.29) 4
	長野縣尋常師範學校附属小學校尋常科教授細目稿	堀賢吉	1896 (M.29) 4
	巖手縣尋常師範學校附属單級小學校實驗報告	巖手縣尋常師範學校	1896 (M.29) 4
	志太郡高等小學校教授細目	静岡縣志太郡役所第一課	1896 (M.29) 6
1898 (M.31)	静岡縣榛原郡高等小學校教授細目	静岡縣榛原郡役所第一課	1898 (M.31) 7
	教授細目	田方郡第二區小學校長會	1898 (M.31) 9
1899 (M.32)	尋常小學教授細目	知多郡聯合教育會	1899 (M.32) 3
	長野縣師範學校附属小學校尋常科教授細目	堀賢吉	1899 (M.32) 5
	長野縣師範學校附属小學校高等科教授細目	堀賢吉	1899 (M.32) 5
	尋常小學校教科教授細目	渥美郡教員組合會	1899 (M.32) 7
	北海道廳小學校現行教授管理細目	畑谷為藏・前田茂	1899 (M.32) 7
1901 (M.34)	小學校教授細目	鹽塩谷郡役所	1901 (M.34) 3
	小學校教授細目	栃木縣河内郡小學校教授細目編纂委員	1901 (M.34) 4
	神奈川縣師範學校附属小學校教授細目	神奈川縣師範學校	1901 (M.34) 4

細目掲載の軍歌

教授細目		『大捷軍歌』所載曲		他の主要な軍歌集所載の曲名
尋常	高等	曲名	配当學年	
○				
○				
○				敵ハ幾万
	○			行軍の歌・敵は幾万
○				
○				
○				
	○			海ゆかば（日）
○				朝日に匂ふ
	○			海行かば（軍）・ますらたけを（軍）
	○			敵は幾万・行軍歌（小学唱歌）
○				矢玉はあられ・來れや々々（小学唱歌）
	○			海行かば・皇國の守
○				海ゆかば（日）・大和島根（日）・いざ進め（日）・隙ゆく駒（日）・きるべし（日）
	○			凱旋（日）・進撃の歌（日）・腰刀（日）
○				いでや兵士（忠）・凱旋（日）
○				いでや兵士・いでや皇國
	○			朝日に匂ふ・海行かば
	○	豊島の戰・三角湧・威海衛	3・4（男）	海ゆかば（日）・進め矢玉（忠）
○				進め矢玉
	○			海行かば（日）・進め矢玉
○				「軍歌」とあり
○				
	○	北白川宮能久親王殿下	3・4（甲）	やまと嶋根（日）・海ゆかば（日）・進め矢玉（忠）・水城（忠）・國の御稜威（明）
○		坂元少佐	4	敵は幾万
○				敵は幾万・「軍歌」とあり
	○			敵ハ幾萬・「軍歌」とあり
	○	兵士のかがみ	4	朝日に匂ふ（忠）
	○	樋口大尉・雪夜の斥候	4	敵は幾万
○		水雷艇・坂元少佐	3（男）	兵士來ル（忠）・朝日ニ匂フ（忠）・進メ矢玉（忠）
	○	勇敢ナル水兵・豊島ノ戰	1（男）	男：イデヤ皇國（忠）・鬼將軍（忠）／女：鬼將軍（忠）
		平壤ノ戰・旅順口・威海衛・雪夜斥候	2（男）	忠君愛國（帝軍）・喇叭卒（忠）

年代	教授細目名	編成者名	発行年月
	各學科教授細目	山口縣師範學校附屬小學校	1901（M.34）5
	青森縣師範學校附屬小學校教授細目	青森縣教育會	1901（M.34）6
	小學各科教授細目並教授法	木野崎吉辰・大窪啓治	1901（M.34）8
	小學校教授細目	芦谷重教他	1901（M.34）8
	足利郡小學校教授細目	足利郡役所	1901（M.34）9
	北設樂郡小學校教授細目	（編集委員長）中村仁弌	1901（M.34）9
	小學校教授細目	山梨縣師範學校附屬小學校	1901（M.34）11
	教授綱目	松本尋常高等小學校	1901（M.34）
1902（M.35）	埼玉縣北足立郡小學校教授細目	北足立郡小學校長會	1902（M.35）3
	滋賀県師範学校附屬小学校唱歌科教授細目	滋賀縣師範學校附屬小學校	1902（M.35）4
	尋常科各教科教授細目	鹿児島縣師範學校附屬小學校	1902（M.35）5
	三重縣師範學校附屬小學校教授細目	三重縣師範學校附屬小學校	1902（M.35）8
	尋常小學單級教授細目	大阪府師範學校附屬小學校	1902（M.35）8
	教授細目	勢多教育會	1902（M.35）3・9

教授細目		『大捷軍歌』所載曲		他の主要な軍歌集所載の曲名
尋常	高等	曲名	配当學年	
		町田大尉・大寺少將・東北男兒・樋口大尉	3（男）	忠勇（帝軍）・皇國ヲ守〈ママ〉（帝軍）
		海城ノ逆撃	4（男）	海陸軍（帝軍）
○				海行かば・皇國を守れ
	○			旭に匂ふ・大和島根・進め矢玉・忠君愛國
○	○			來れや々々々・喇叭卒・富士の裾野
○	○			ひまゆく駒・大和島根・朝日に匂ふ（忠）・海ゆかば（日）・婦人従軍歌（雑）
○				
○				朝日ににほふ
	○	坂本少佐〈ママ〉	1（男）	進め矢玉・海行かば・喇叭卒（忠）
		勇敢なる水兵	2（男）	喇叭ノ響（軍歌）・斥候（軍歌）・日本海（軍歌）
		樋口大尉・黄海戰・雪夜の斥候・赤十字	3（男）	勇士のほまれ（軍歌）
	○	平壤の戰	2	來れや來れ
		勇敢なる水兵	3	敵は幾万
				旭に匂ふ（忠）・來れや來れ〈ママ〉（明）・軍艦（帝軍）・凱旋（日）
○				
	○			富士の裾野（忠）
○		坂元少佐・勇敢なる水兵	2	旭に匂ふ・大和島根・日本男兒
	○	北白川宮能久親王殿下	3	敵は幾万・富士の裾野
○				いでや御國〈ママ〉（忠）・進め矢玉（忠）・喇叭卒（忠）
	○	勇敢なる水兵	1	
		阪元少佐〈ママ〉・北白河宮〈ママ〉	2	
		威海衞・野営の月	3・4（甲）	
		玄武門・兵士の鏡・赤十字・旅順口〈ママ〉	3・4（乙）	
○		平壤の戰・水雷艇	4	戰鬪歌（大東）・婦人従軍歌・朝日に匂ふ（忠）
	○	勇敢なる水兵	1（男）	朝日に匂ふ（忠）
		豊島の戰・黄海の戰・坂元少佐・海城の逆撃・水雷艇	2（男）	敵は幾萬（國）・進め矢玉（國）・躰育の歌（帝）
		威海衞・旅順口の戰・雪夜の斥候	3・4（男・甲）	益荒武夫（日）・凱旋の歌（皇國）
		赤十字	3・4（女・乙）	婦人従軍歌（大東）
○		勇敢ナル水兵	乙年	進め矢玉・喇叭のひびき・軍艦（帝軍）
○				
	○	平壤の戰	3	敵は幾万・我が海軍

年代	教授細目名	編成者名	発行年月
	小學校圖畫科唱歌科體操科遊戲法裁縫科教授細目全	東京府師範學校	1902 (M.35) 10
	小學校教授細目	山梨教育會東山梨支會	1902 (M.35) 11
1903 (M.36)	東京高等師範學校附屬小學校教授細目	東京高等師範學校附屬小學校	1903 (M.36) 4
	尋常小學校教授細目	東茨城郡教員集會	1903 (M.36) 4
	高等小學校教授細目	東茨城郡教員集會	1903 (M.36) 4
	改正小學校教授細目　全	新潟縣新潟師範學校附屬小學校	1903 (M.36) 5
	唱歌教授細目	宮崎縣岡元尋常小學校　長崎藤市	1903 (M.36) 5
	三重縣師範學校附屬小學校唱歌科教授細目一覧	三重縣師範學校附屬小學校	1903 (M.36) 9
	最近小學校教授細目	新潟縣高田師範學校附屬小學校	1903 (M.36) 11
1904 (M.37)	岐阜縣師範學校唱歌科教授細目	岐阜縣師範學校	1904 (M.37) 3
	教授細目ニ関スル調査案	千葉縣師範學校附屬小學校	1904 (M.37) 5

教授細目		『大捷軍歌』所載曲		他の主要な軍歌集所載の曲名
尋常	高等	曲名	配当學年	
○		守永中尉〈ママ〉	4	兵士來る(忠)・朝日に匂ふ(忠)・婦人從軍歌［女］(帝)・日本男児(忠)・いでや兵士(忠)他
	○	水雷艇・雪夜の斥候	1(男)	進め矢玉(忠)・いでや御國〈ママ〉(忠)
		樋口大尉	2(男)	
		樋口大尉	1・2(女・乙)	
		威海衛	3(男)	喇叭卒(忠)・御國の旗(日)・我艦隊(忠)
		丁汝昌	3・4(男・甲)	喇叭卒(忠)・我艦隊(忠)
		大寺少將	3・4(男・乙)	御國の旗(日)
		赤十字	3・4(女・乙)	
○				凱旋(日)・軍艦(帝軍)
	○			富士の裾野(忠)
○		勇敢なる水兵	3	
	○	兵士の鑑	1	進め矢玉(忠)
			2	抜刀隊(陸軍々樂隊撰)
○		勇敢なる水兵・豊島の戰	4	
	○	平壤の戰・黄海の戰	1	敵は幾万・富士の裾野
		兵士のかがみ・水雷艇	2	軍艦
		雪夜の斥候	3	
○		勇敢なる水兵	3・4(甲)	喇叭の響
	○	阪元少佐〈ママ〉	1(男)	朝日に匂ふ(忠)・凱旋(日)・進め矢玉(忠)
		澎湖嶋〈ママ〉	2(男)	大和嶋根(日)
		樋口大尉	3・4(男・甲)	
		威海衛	3・4(男・乙)	海ゆかば(日)
		雪夜の斥候	1・2(女・甲)	大和島根(日)
			1・2(女・乙)	婦人從軍歌(東)
		威海衛	3・4(女・甲)	
		樋口大尉	3・4(女・乙)	
○		兵士のかゞみ	3	軍艦
		豊島戰	4	
○				
	○	勇敢なる水兵・平壤の戰	1	朝日に匂ふ(忠)
		黄海の戰・坂元少佐・海城の逆撃・水雷艇	2	體育の歌(帝)
		威海衛・兵士のがゞみ・赤十字	3・4	益荒武夫(日)
○		勇敢なる水兵	3	朝日に匂ふ
		豊島の戰	4	
○				軍艦(帝軍)・婦人從軍の歌(東)・凱旋(日)
	○	三角湧	1(男)	
		北白川宮能久親王殿下・旅順口の戰・水雷艇	2(男)	皇統(明)
		雪夜斥候・威海衛	3・4(男)	海戰(帝)・進め矢玉(忠)
		北白川宮能久親王殿下	1・2(女)	皇統(明)
○		水雷艇	2	

年代	教授細目名	編成者名	発行年月
	香川縣師範學校附屬小學校唱歌細目	香川縣師範學校附屬小學校	1904（M.37）8
	島根縣師範學校附屬小學校教授細目	島根縣師範學校附屬小學校	1904（M.37）9
	小學校教授細目	大阪府師範學校附屬小學校	1904（M.37）10
	兵庫縣御影師範學校附屬小學校教授細目　全	兵庫縣御影師範學校附屬小學校	1904（M.37）10
1905（M.38）	國定教科書各科教授細目	長野縣師範學校附屬小學校	1905（M.38）2
	尋常小學科教授細目	山口縣師範學校附屬小學校	1905（M.38）3
	鹿児島師範附屬小學校教授細目	鹿児島縣師範學校附屬小學校	1905（M.38）5
	小學校教授細目	新潟縣新潟師範學校附屬小學校	1905（M.38）7
	唱歌科教授細目	東京市明德尋常高等小學校擔任教師山崎謙太郎	1905（M.38）7-10
	神奈川縣師範學校附屬小學校教授細目	神奈川縣師範學校附屬小學校	1905（M.38）7
	唱歌科教授細目	尋常高等・尋常第一・尋常第二横須賀小學校	1905（M.38）11-12
1906（M.39）	福岡縣師範學校附屬小學校教授細目	湯淺俊太郎	1906（M.39）2
	唱歌科教授細目	京都府師範學校附屬小學校　八木秋樂	1906（M.39）2
	小學校各科教授細目	千葉縣師範學校附屬小學校	1906（M.39）4

教授細目		『大捷軍歌』所載曲		他の主要な軍歌集所載の曲名
尋常	高等	曲名	配当學年	
		黄海の大捷〈ママ〉	3・4	
	○	雪夜の斥候	3・4（男）	
○		勇敢なる水兵	4	
	○	豊島の戰・水雷艇	1（男）	
		雪夜の斥候	3（男）	黄海の大捷（大東）
		北白河能久親王殿下・威海衛	4（男）	喇叭卒（忠）
		雪夜の斥候・威海衛	3・4（女）	黄海の大捷（大東）
○				
	○			
○		勇敢なる水兵	4	戰闘歌（大東）・軍艦（帝軍）・勝軍（帝軍）
		三角湧	3（男）	黄海の大捷（大東）
		威海衛	4（男）	御国の旗（日）・進撃歌（日）
		威海衛	3・4（女・乙）	婦人從軍〈ママ〉
	○			仁川の海戰・駆逐隊の夜襲（戰捷）
○				凱旋（日）・朝日に匂ふ（忠）
	○			喇叭卒（忠）
○	○			いでや皇國（忠）
	○	北白川宮殿下〈ママ〉	3・4（女・甲）	朝日に匂ふ（忠）・日本男兒（明）
○				軍人・婦人從軍歌
○		勇敢なる水兵	3	廣瀬中佐
	○			日清戰争
○		勇敢なる水兵	3	廣瀬中佐・軍艦（帝軍）・喇叭の響（明）
	○	水雷艇	1（男）	朝日に匂ふ（忠）・凱旋・進め矢玉（忠）
		澎湖島	3・4（男・甲）	凱旋の歌
		三角湧・雪夜の斥候・威海衛	3・4（男・乙）	
		威海衛	3・4（女・乙）	婦人從軍歌（大東）・赤十字
○				
	○			兵士の門出（戰争）
○				朝日ニ匂フ（忠）
	○	北白川宮〈ママ〉	1（男）	
		北白川宮〈ママ〉	1（女）	鬼將軍（忠）
		威海衛	2（男）	進め矢玉（忠）
○		勇敢なる水兵・北白川宮殿下〈ママ〉	3	
		勇敢なる水兵	4	
	○	勇敢なる水兵	1（男）	敵は幾萬
		威海衛	2（男・女）	
				鬼將軍（忠）・加藤清正（忠）・赤十字［女兒用］
○				朝日に匂ふ
	○			我國兵士（少年）
○				朝日に匂ふ（忠）・兵士來る（忠）
○				
	○			我赤十字（戰捷）

年代	教授細目名	編成者名	発行年月
	唱歌教授細目	橋本尋常高等小學校	1906 (M.39) 4
	奈良縣立師範學校教授細目	奈良縣師範學校附屬小學校	1906 (M.39) 8
	三重縣師範學校附屬小學校尋常科教授細目	三重縣私立教育會	1906 (M.39) 12
1908 (M.41)	石川縣師範學校附屬小學校各科教授細目	石川縣師範學校附屬小學校	1908 (M.41) 5
	小學校教授細目	千葉縣師範學校附屬小學校・千葉縣女子師範學校附屬小學校	1908 (M.41) 6
1909 (M.42)	新令準據各科教授細目 各科教授細目	岡山縣師範學校附屬小學校 小松島町立各小學校職員研究會	1908 (M.41) 10 1909 (M.42) 7
	茨城縣師範學校附屬小學校研究要錄	茨城縣師範學校附屬小學校	1909 (M.42) 7
1910 (M.43)	小學校教授細目	新潟師範學校附屬小學校小學校教科各科研究部會	1910 (M.43) 3
1912 (M.45)	尋常小學體操科唱歌科圖畫科敎授細目 唱歌科教授細目	十勝教育會 松本尋常高等小學校	1912 (M.45) 5 1912 (M.45)

教授細目		『大捷軍歌』所載曲		他の主要な軍歌集所載の曲名
尋常	高等	曲名	配当學年	
○				
○	○			日本男兒（忠）
	○			
○				
○				朝日に匂ふ（忠）・進め矢玉（忠）
	○			
○				
○				
○				
	○			
○				
	○			
○				朝日に匂ふ
	○			矢玉は霰
○		三角湧	尋6（男）	進め矢玉（忠）
○		北白川宮	尋6（女）	

国立国会図書館等所蔵明治期編成唱歌教授細目及び雑誌記事等から作成
一部，雑誌掲載の資料については発行年月欄に掲載月を示す。
『大捷軍歌』所載の曲で，曲名が異なるものについては，出典が『大捷軍歌』であることを確認済みである。
『大捷軍歌』以外の主要な軍歌集所載の曲名については学年を記さずに列記する。
この時代の教授細目には曲名や出典の誤記がしばしば見られるが，曲については漢字や仮名の表記
は教授細目記載のママとする。ただし明らかな誤記については〈ママ〉を付した。
上記表中の（　）内に示した主要な軍歌集名を以下に示すが，出典は教授細目記載に準拠している。
出典が明記されていないものや単に（軍歌）という表記もある。
（日）:『日本軍歌』（忠）:『忠實勇武軍歌集』『忠勇軍歌集』〔第壹・第貳〕（明）:『明治軍歌』（大東）:『大
東軍歌』（帝）:『帝国軍歌』（帝軍）:『新編帝国軍歌』（戰捷）:『戰捷軍歌』（戰争）:『戰争軍歌』
（少年）:『教科統合少年唱歌』

表5　『地理教育鐵道唱歌』全5集一覧

（作詞はいずれも大和田建樹）

集	内容	発行年月	作曲者	
1	東海道	1900（M.33）.5	東京音楽學校講師　上眞行	大阪師範學校教諭　多梅稚
2	山陽・九州	1900（M.33）.9	東京音楽學校講師　上眞行	大阪師範學校教諭　多梅稚
3	奥州線—磐城線	1900（M.33）.10	東京華族女學校教師　奥好義	東京音楽學校助教授　田村虎藏
4	北陸地方	1900（M.33）.10	學習院助教授　納所辨次郎	東京女子師範學校助教授　吉田信太
5	關西・参宮・南海各線	1900（M.33）.10	大阪師範學校教諭　多梅稚	奈良師範學校教師　目賀田萬世吉

（作曲者名は表紙に記されたもので，実際には第3集には奥好義のものの代わりに第1集の多梅稚の曲が掲載され
ている。また第5集の楽譜は2曲とも多梅稚の曲となっている。）

表6　明治年間出

年代	曲　名	曲集名	出版年月日	初版年月日
1887 (M.20)	甲斐地誌の數へ歌	小學生徒用游戲唱歌集	1887 (M.20).8	
	日本地誌の數へ歌	小學生徒用游戲唱歌集	1887 (M.20).8	
1890 (M.23)	地理之花　日本の部	新撰唱歌地理之花	1890 (M.23).4	
	岡山縣地理いろは數へ歌	繪入運動會 (増補)	1890 (M.23).5	
	三重縣地理唱歌　伊勢の國	三重縣地理唱歌	1890 (M.23).11	
	三重縣地理唱歌　宇治山田他	三重縣地理唱歌	1890 (M.23).11	
	三重縣地理唱歌　伊賀の國	三重縣地理唱歌	1890 (M.23).11	
	三重縣地理唱歌　志摩の國	三重縣地理唱歌	1890 (M.23).11	
	三重縣地理唱歌　牟婁郡	三重縣地理唱歌	1890 (M.23).11	
	品治郡地理數へ歌	小學校生徒用品治郡地理數へ歌	1890 (M.23).12	
1891 (M.24)	鈴鹿郡歌　愛郷乃歌	訂正增補鈴鹿郡歌	1891 (M.24).7	1890 (M.23).2
1893 (M.26)	日本地理數へ歌	古今雜歌集	1893 (M.26).1	
1894 (M.27)	長崎縣地理歌	地理乃數へ歌：記憶のよすが	1894 (M.27).2	
	日本國數歌	小學生徒修身唱歌	1894 (M.27).5	
1898 (M.31)	京都	京都	1898 (M.31).1	
1900 (M.33)	地理教育鐵道唱歌　第一集　東海道	地理教育鐵道唱歌　第一集　東海道	1900 (M.33).5	
	鐵道唱歌	地理歷史鐵道唱歌	1900 (M.33).8	
	地理教育鐵道唱歌　第1　上野青森線	地理教育鐵道唱歌　第1　上野青森線	1900 (M.33).9	
	地理教育鐵道唱歌　第2　信越線	地理教育鐵道唱歌　第2　上野高崎信越間	1900 (M.33).9	
	地理教育鐵道唱歌　第3　水戸線	地理教育鐵道唱歌　第3　水戸線	1900 (M.33).9	
	甲斐唱歌	地理歷史教育甲斐唱歌	1900 (M.33).9	
	東京唱歌	東京唱歌	1900 (M.33).9	
	東京唱歌	地理教育東京唱歌　第一集・第二集	1900 (M.33).9	
	大阪府管内地理歷史教育唱歌	大阪府管内地理歷史教育唱歌	1900 (M.33).9	
	知育鐵道唱歌　奥州降り	知育鐵道唱歌　第一集　奥州降り	1900 (M.33).9	
	地理教育鐵道唱歌　第二集　山陽, 九州	地理教育鐵道唱歌　第二集　山陽, 九州	1900 (M.33).9	
	鐵道唱歌	歷史地理教育鐵道唱歌	1900 (M.33).9	1900 (M.33).7
	鐵道唱歌　關西參宮部	地理歷史鐵道唱歌　關西參宮部	1900 (M.33).9	
	世界唱歌　上卷	地理教育世界唱歌　上卷	1900 (M.33).10	
	大和名所鐵道唱歌	大和名所鐵道唱歌	1900 (M.33).10	
	航海唱歌	日本一週航海唱歌　第一集	1900 (M.33).10	1900 (M.33).9
	地理唱歌汽車の旅　第三集	地理唱歌汽車の旅　第三集	1900 (M.33).10	
	世界唱歌　下卷	地理教育世界唱歌　下卷	1900 (M.33).10	
	地理教育鐵道唱歌　第三集　東北地方	地理教育鐵道唱歌　第三集　東北地方	1900 (M.33).10	
	地理教育鐵道唱歌　第四集　北陸地方	地理教育鐵道唱歌　第四集　北陸地方	1900 (M.33).10	
	地理教育鐵道唱歌　第五集　畿内及隣邦	地理教育鐵道唱歌　第五集　畿内及隣邦	1900 (M.33).10	
	因伯地理唱歌	因伯地理唱歌　全	1900 (M.33).10	
	歸省の旅路	因伯地理唱歌　全	1900 (M.33).10	

版の郷土地理唱歌

出版地　出版社	作詞者	作曲者	樂譜有無	樂譜の形態	歌詞の形態	番	価格
山梨　徵古堂	中田尹治		無		あいうえお歌	50	} 3銭
山梨　徵古堂	埼玉縣浦和學校教員		無		あいうえお歌	50	
福島　明石吉五郎			無		いろは歌	47	7銭
岡山　細謹舎			無		いろは歌	47	2銭
津　文化堂	松岡鋼一郎		無		数うた	10	}
津　文化堂	松岡鋼一郎		無		七五調	126	
津　文化堂	松岡鋼一郎		無		数うた	10	} 1.5銭
津　文化堂	松岡鋼一郎		無		七五調	48	
津　文化堂	松岡鋼一郎		無		数うた	10	}
廣島　香文舎			有	五線譜・数字譜	数うた	10	1銭
亀山町　加藤書林			有	数字譜　　　　2種	七五調　×2	73	不詳
福岡　文港堂	大熊淺次郎		無		数うた	30	8.5銭
長崎　山本龍雄	山本叢雲		無		いろは歌	47	5銭
東京　榊原文盛堂	遠藤半平		無		数えうた	10	6銭
京都　福井源次郎	黒川眞頼	上眞行	有	五線譜	七五調　×4	3	2銭
大阪　三木佐助	大和田建樹	上眞行・多梅稚	有	五線譜　　　　2種	七五調　×4	66	6銭
東京　東崖堂	南堂知足	中村林松	有	五線譜・数字譜　2種	七五調　×4	64	不詳
東京　小川尚栄堂	尚栄堂編輯部	不詳	有	五線譜・数字譜	七五調　×4	66	5銭
東京　小川尚栄堂	尚栄堂編輯部	不詳	有	五線譜・数字譜	七五調　×3	63	5銭
東京　小川尚栄堂	尚栄堂編輯部	不詳	有	五線譜・数字譜	七五調　×4	60	5銭
仙台　山本音四郎	大和田建樹	本元子	不詳	不詳	七五調　×4	42	不詳
東京　正文堂	大槻如電	山田武城	有	五線譜　　　　2種	七五調　×4	48	5銭
東京　大倉書店	武島又次郎	小山作之助	有	五線譜・数字譜	七五調　×4	106	6銭
大阪　中井書店	橋詰良一	小畠賢八郎・土岐達	有	五線譜・数字譜　2種	七五調　×4	37.29	6銭
仙台　有千閣	四竈訥治	四竈仁邇	有	五線譜・数字譜	七五調　×4	48	5銭
大阪　三木佐助	大和田建樹	上眞行・多梅稚	有	五線譜・数字譜　2種	七五調　×4	68	6銭
東京　自省堂	菜花園主人	古谷弘政	有	五線譜・数字譜	七五調　×8	32	不詳
四日市　伊藤書肆	恒川鐐之助	恒川鐐之助	不詳	不詳	七五調　×4	49	5銭
東京　十字屋書店他	大和田建樹	納所辨次郎・多梅稚	有	五線譜・数字譜　2種	七五調　×4	64	6銭
奈良　阪田購文堂	安藤留治	清水菊松	有	五線譜・数字譜	七五調　×4	53	不詳
東京　自省堂	福永文雄	古谷弘政	有	五線譜・数字譜　2種	七五調　×4	66	不詳
東京　松栄堂	竹の家主人	狛の家主人	有	五線譜・数字譜	七五調　×4	25	不詳
大阪　三木佐助	大和田建樹	山田源一郎・田村虎藏	有	五線譜・数字譜　2種	七五調　×4	67	6銭
大阪　三木佐助	大和田建樹	多梅稚・田村虎藏	有	五線譜・数字譜　2種	七五調　×4	64	6銭
大阪　三木佐助	大和田建樹	納所弁次郎・吉田信太	有	五線譜・数字譜　2種	七五調　×4	72	6銭
大阪　三木佐助	大和田建樹	多梅稚・目賀田萬世吉	有	五線譜・数字譜　2種	七五調　×4	64	6銭
鳥取　旭日堂書房	田中瑞穂	不詳	無		七五調　×4	58	} 6銭
鳥取　旭日堂書房	三島吉太郎	三島吉太郎	有	数字譜	七五調　×4	120	

年代	曲　名	曲集名	出版年月日	初版年月日
	愛知縣唱歌	地理歷史愛知縣唱歌	1900(M.33).11	
	近江唱歌	地理歷史近江唱歌	1900(M.33).11	
	三重縣唱歌	地理歷史三重縣唱歌	1900(M.33).11	
	京都地理唱歌	京都地理唱歌	1900(M.33).11	
	上野唱歌	上野唱歌　全	1900(M.33).11	
	伊香保八景	上野唱歌　全	1900(M.33).11	
	山形縣鐵道唱歌	山形縣鐵道唱歌	1900(M.33).11	
	地理教育伊豫鐵道唱歌	地理教育伊豫鐵道唱歌	1900(M.33).11	
	地理教育世界漫遊唱歌	地理教育世界漫遊唱歌　附，六大都府唱歌	1900(M.33).11	
	附録世界六大都府　（１）東京	地理教育世界漫遊唱歌　附，六大都府唱歌	1900(M.33).11	
	地理唱歌汽車の旅　第一集　東海道	地理唱歌汽車の旅　第一集	1900(M.33).11	
	地理唱歌汽車の旅　第四集	地理唱歌汽車の旅　第四集	1900(M.33).11	
	岩手管内地理唱歌	岩手管内地理唱歌全	1900(M.33).11	
	航海唱歌　上卷	海事敎育航海唱歌　上卷	1900(M.33).12	
	地理教育赤穗郡唱歌	地理教育赤穗郡唱歌	1900(M.33).12	
	地理教育赤穗郡唱歌　イロハ歌	地理教育赤穗郡唱歌	1900(M.33).12	
	南河凱車の旅	南河凱車の旅　一名，古蹟名所案内	1900(M.33).12	
	北海道鐵道唱歌	地理教育北海道鐵道唱歌　第一集	1900(M.33).12	
	安芸國	廣嶋縣地理歷史管内唱歌　上卷	1900(M.33).12	
	地理歷史唱歌　大和之部	地理歷史唱歌　第二集　大和之部	1900(M.33).12	
	世界周遊唱歌	地理歷史教育世界周遊唱歌	1900(M.33).12	
1901(M.34)	北海道旅行唱歌	北海道旅行唱歌	1901(M.34).1	
	地理歷史教育福岡縣内唱歌　第貳集	地理歷史教育福岡縣内唱歌　第貳集	1901(M.34).1	
	新潟縣地理唱歌	新潟縣地理唱歌	1901(M.34).2	
	信濃の國	信濃唱歌　第一編	1901(M.34).2	
	歷史唱歌宇治川	歷史唱歌宇治川　全	1901(M.34).2	
	千葉縣郷土唱歌	千葉縣郷土唱歌	1901(M.34).2	
	海東郡地理教育海東唱歌	海東郡地理教育海東唱歌	1901(M.34).3	
	兵庫縣地理唱歌	兵庫縣地理唱歌	1901(M.34).4	
	新撰秋田縣地理唱歌	新撰秋田縣地理唱歌　全	1901(M.34).4	1900(M.33).12
	兵庫縣多紀郡郷土唱歌	兵庫縣多紀郡郷土唱歌	1901(M.34).5	
	地理教育三浦郡廻遊唱歌	地理教育三浦郡廻遊唱歌	1901(M.34).5	
	地理歷史教育甲斐唱歌	地理歷史教育甲斐唱歌	1901(M.34).5	
	越後國	地理歷史教育新潟縣唱歌　全	1901(M.34).5	
	佐渡國	地理歷史教育新潟縣唱歌　全	1901(M.34).5	
	岡山唱歌	地歷教育岡山唱歌	1901(M.34).5	
	仙臺名區里	宮城縣郷土唱歌　第一集	1901(M.34).6	
	松島游記	宮城縣郷土唱歌　第一集	1901(M.34).6	

出版地　出版社	作詞者	作曲者	樂譜有無	樂譜の形態	歌詞の形態	番	価格
名古屋　伊藤書肆	恒川鐐之助	安田俊高	有	五線譜・数字譜	七五調　×4	64	5銭
京都　大道和一	大道和一	沢保治郎	有	五線譜	七五調　×4	44	6銭
四日市　伊藤書肆	恒川鐐之助	山田源一郎	有	五線譜・数字譜	七五調　×4	48	5銭
京都　村上書店	岩内誠一	楠美恩三郎	有	五線譜・数字譜	七五調　×4	28	6銭
東京　冨山房	石原和三郎	田村虎蔵	有	五線譜・数字譜	七五調　×4	23	⎫6銭
東京　冨山房	石原和三郎	田村虎蔵	有	五線譜・数字譜	七五調　×4	49	⎭
山形　有斐堂	關時發	岡井二郎	有	五線譜・数字譜	七五調　×4	30	6銭
松山　向井湊居堂	尚文會	不詳	無		七五調　×4	43	6銭
東京　正文堂	大田樂海	山田武城	有	五線譜・数字譜	七五調　×4	53	⎫6銭
東京　正文堂	大田樂海	山田武城	有	五線譜・数字譜	七五調　×4	2	⎭
東京　松栄堂	與謝野鐵幹	奥好義	有	五線譜・数字譜	七五調　×4	78	不詳
東京　松栄堂	竹の家主人	狛の家主人	有	五線譜・数字譜	七五調　×4	43	不詳
盛岡　便益堂	八重樫七兵衛	八重樫七平治	有	数字譜　　2種	七五調　×4	45	6銭
大阪　開成館	大和田建樹	田村虎蔵・多梅稚	有	五線譜・数字譜	七五調　×4	68	6銭
井上久太郎	片岡源之助	不詳	無		七五調　×4	44	⎫4銭
井上久太郎	片岡源之助		無		数えうた	47	⎭
大阪　藤田照文堂	内田愛藏・西尾幾次	端山文仲	有	五線譜・数字譜	七五調　×4	47	不詳
東京　北便舎出版部	古川金次郎	不詳	有	五線譜	七五調　×4	50	6銭
廣島　三木半左衛門	長屋基彦・五弓安二郎	山本生	有	五線譜・数字譜　2種	七五調　×4	55	5銭
奈良　藻文堂	一柳安次郎	目賀田萬世吉	有	五線譜・数字譜	七五調　×4	42	不詳
東京　嵯峨野平左衛門	栗島山之助	櫻井信影	有	五線譜	七五調　×4	97	不詳
札幌　富貴堂	勝又郊次郎・石森和男	玉川瓶也	有	五線譜・数字譜	七五調　×4	49	5銭
福岡　森岡榮	山王堂定	山下虎吉	有	五線譜・数字譜	七五調　×4	53	5銭
新潟　櫻井產作	原省吾	入江好治郎	有	五線譜・数字譜　2種	七五調　×4	116	8銭
東京　上原書店	浅井洌	北村季晴	有	数字譜	七五調　×8	6	6銭
東京　文友館	勝家貞文	こまのや主人	有	五線譜・数字譜	七五調　×4	16	6銭
不詳	秀英舎偏輯所	山田源一郎	無		七五調　×4	60	6銭
愛知　愛郁社	岩間左馬之丞	不詳	有	五線譜・数字譜　2種	七五調　×4	83	5銭
東京　女學院	中村秋香	不詳	有	五線譜・数字譜	七五調　×4	158	不詳
秋田縣　鮮進堂	小泉秀之助・細谷則理	神山末吉・半田左武郎	有	五線譜・数字譜　2種	七五調　×4	69	5銭
兵庫　藤田勉強堂	福原律太郎	米野鹿之助	有	五線譜	七五調　×4	52	5銭
横須賀　文華堂	石黒七郎	藤原祐造	有	五線譜・数字譜	七五調　×4	44	5銭
甲斐　芳文堂	大和田建樹	本元子	不詳	不詳	七五調　×4	61	6銭
東京　目黒書店	内田慶三	白井規矩郎	有	五線譜・数字譜	七五調　×8	34	⎫7銭
東京　目黒書店	内田慶三	白井規矩郎	有	五線譜・数字譜	七五調　×8	6	⎭
岡山　武内教育書房	岡千春	香川實	有	数字譜	七五調　×4	39	不詳
東京　吉田半七	四竃仁邇	四竃仁邇	有	五線譜	七五調　×4	25	⎫不詳
東京　吉田半七	四竃仁邇	四竃仁邇	有	五線譜	七五調　×4	37	⎭

年代	曲　名	曲集名	出版年月日	初版年月日
	地理教育神奈川縣唱歌	地理教育神奈川縣唱歌	1901(M.34).6	
	岐阜縣唱歌	岐阜縣唱歌　第一集	1901(M.34).6	
	土佐唱歌	地理教育土佐唱歌	1901(M.34).7	
	和歌山縣周遊唱歌　其一	和歌山縣周遊唱歌	1901(M.34).7	
	和歌山縣周遊唱歌　其二	和歌山縣周遊唱歌	1901(M.34).7	
	和歌山縣周遊唱歌　其三	和歌山縣周遊唱歌	1901(M.34).7	
	越後案内(こしのしるべ)	越後案内	1901(M.34).8	
	世界一週唱歌	世界一週唱歌	1901(M.34).8	
	岐阜縣地理唱歌	岐阜縣地理唱歌	1901(M.34).10	
1902(M.35)	日本地理唱歌	日本地理唱歌	1902(M.35).1	
	外國地理唱歌	外國地理唱歌	1902(M.35).1	
	地理教材風景唱歌	地理教材風景唱歌	1902(M.35).3	
	揖保郡郷土唱歌	揖保郡郷土唱歌	1902(M.35).6	
	遠州高天神城唱歌	遠州高天神城唱歌　全	1902(M.35).8	
	教科適用福島縣地理歴史唱歌	教科適用福島縣地理歴史唱歌	1902(M.35).12	
1903(M.36)	大阪市の歌	大阪市の歌	1903(M.36).1	
	上田唱歌	上田唱歌	1903(M.36).1	
	郷土誌料小諸唱歌	郷土誌料小諸唱歌	1903(M.36).9	
	兵庫縣歌我が軍旗	兵庫縣歌我が軍旗　全	1903(M.36).10	
1904(M.37)	野外散歩唱歌　秋之部	野外散歩唱歌　秋之部	1904(M.37).11	
1905(M.38)	野外散歩唱歌　春之部	野外散歩唱歌　春之部	1905(M.38).5	1905(M.38).3
1906(M.39)	京都	京都　地理歴史唱歌	1906(M.39).4	
	淺草八景	淺草八景	1906(M.39).10	
	滿韓鐵道唱歌	滿韓鐵道唱歌	1906(M.39).12	1906(M.39).8
1907(M.40)	福島縣地理歴史唱歌	福島縣地理歴史唱歌	1907(M.40).3	
	内地旅行唱歌(關東地方)	内地旅行唱歌(關東)	1907(M.40).6	
	内地旅行唱歌(奥羽地方)	内地旅行唱歌(奥羽)	1907(M.40).6	
	内地旅行唱歌(本州中部北の卷)	内地旅行唱歌(本州中部北の卷)	1907(M.40).7	
	日本一週船旅行唱歌　全	日本地理教育日本一週船旅行唱歌　全	1907(M.40).8	1907(M.40).6
	東京唱歌	東京唱歌	1907(M.40).11	
1908(M.41)	京の名所	京の名所	1908(M.41).4	
	奈良の公園	奈良の公園	1908(M.41).4	
	千葉縣一週唱歌	地理教育千葉縣一週唱歌	1908(M.41).5	
	内地旅行唱歌(北海道及樺太地方)	内地旅行唱歌(北海道樺太)	1908(M.41).6	
	内地旅行唱歌(九州臺灣地方)	内地旅行唱歌(九州臺灣)	1908(M.41).6	
	地理歴史山形唱歌	地理歴史山形唱歌　第一編　村山地方	1908(M.41).10	
	上田週遊唱歌	上田週遊唱歌	1908(M.41).10	

出版地　出版社	作詞者	作曲者	樂譜有無	樂譜の形態		歌詞の形態		番	価格
東京　秀英舍	三山春次	山田源一郎	有	五線譜・数字譜		七五調　×4		45	6銭
名古屋　片野東四郎	松平静	高井徳造	有	五線譜・数字譜	4種	七五調　×4		44	5銭
東京　冨山房	横江卯一郎	近森出來治・伊與田能盈	有	五線譜・数字譜	2種	七五調　×4		100	6銭
和歌山　津田萬壽堂	鳥山啓	前田久八	有	五線譜・数字譜		七五調　×8		14	}6銭
和歌山　津田萬壽堂	鳥山啓	前田久八	有	五線譜・数字譜		七五調　×8		14	
和歌山　津田萬壽堂	鳥山啓	前田久八	有	五線譜・数字譜		七五調　×8		6	
東京　山本昇	不詳	不詳	有	五線譜・数字譜		七五調　×4		75	非売品
東京　吉川半七	池邊義象	田村虎藏	有	五線譜・数字譜		七五調　×4		20	6銭
岐阜　玉成堂	伊藤榮治	不詳	有	五線譜・数字譜	2種	七五調　×4		65	6銭
東京　金港堂	新保磐次	田村虎藏	有	五線譜・数字譜		七五調　×4		68	6銭
東京　金港堂	新保磐次	田村虎藏	有	五線譜・数字譜		七五調　×4		44	6銭
東京　芙蓉書館	大和田建樹	山田源一郎	有	五線譜・数字譜		七五調　×4		32	6銭
揖保郡　梅林書店	松本信治	富山正治	有	数字譜		七五調　×2		70	6銭
掛川　兼岩活版所	松下盈太郎(淡水)	不詳	有	五線譜・数字譜		七五調　×4		27	4銭
東京　水野慶次郎	押部謙晤	渡邊貞雄	不詳	不詳		七五調　×4		66	8銭
大阪　大阪朝日新聞	一柳安次郎	小山作之助・山田源一郎	不詳	不詳		七五調　×7		4	不詳
長野　百合舍書店	飯島保作・村松今朝太郎	田口信太郎	有	五線譜・数字譜		七五調　×4		38	7銭
長野　中七書店	池田蘆舟(定一郎)	長尾亥三太	有	五線譜・数字譜		七五調　×4		65	5.5銭
神戸　吉岡書店	井上昌基	米野鹿之助	有	五線譜		七五調　×6		40	6銭
大阪　開成館	大和田建樹	多梅稚	有	五線譜・数字譜		七五調　×4		20	5銭
大阪　開成館	大和田建樹	多梅稚	有	五線譜・数字譜		七五調　×4		20	5銭
京都　五車樓書店	池邊義象	吉田恒三	有	五線譜・数字譜		七五七七調		9	3銭
東京　金華堂	伊藤藤次郎	菊池盛太郎	有	五線譜・数字譜		七五調　×4		10	6銭
東京　金港堂	大和田建樹	天谷秀	有	五線譜・数字譜		七五調　×4		60	8銭
伊達教育部會第二支會	平泉弘人	渡邊貞雄	有	数字譜		七五調　×4		57	5銭
東京　金港堂	大和田建樹	田村虎藏	有	五線譜・数字譜		七五調　×4		25	5銭
東京　金港堂	大和田建樹	田村虎藏	有	五線譜・数字譜		七五調　×4		25	5銭
東京　金港堂	大和田建樹	田村虎藏	有	五線譜・数字譜		七五調　×4		25	5銭
東京　加藤全捷堂	須藤流鴬	田村虎藏	有	五線譜・数字譜		七五調　×4		45	7銭
東京　國定教科書共同販売所	東京市教育會	岡野貞一	有	五線譜・数字譜		七五調　×4		20	5銭
東京　昇文館	大和田建樹	田村虎藏	有	五線譜・数字譜		七五調　×4		15	5銭
東京　昇文館	大和田建樹	田村虎藏	有	五線譜・数字譜		七五調　×4		15	5銭
東京　榊原文盛堂	村山自彊	不詳	有	五線譜・数字譜		七五調　×4		54	8銭
東京　金港堂	新保磐次	田村虎藏	有	五線譜・数字譜		七五調　×4		25	5銭
東京　金港堂	新保磐次	田村虎藏	有	五線譜・数字譜		七五調　×4		25	5銭
山形　遠藤書店	五十嵐晴峰	宮島慎三郎	有	五線譜・数字譜		七五調　×4		173	10銭
上田　信濃週報社	宮川鴬溪	北村季晴	有	五線譜・数字譜		七五調　×4		50	7銭

260

年代	曲　名	曲集名	出版年月日	初版年月日
1909 (M.42)	宮崎縣地理唱歌	宮崎縣地理唱歌	1909 (M.42).1	1908 (M.41).4
	田村郡地理唱歌	田村郡地理唱歌	1909 (M.42).3	
	汽車　東海道唱歌	汽車　東海道唱歌	1909 (M.42).5	1909 (M.42).1
	地理教育富士登山唱歌	地理教育富士登山唱歌　一名登山のとも	1909 (M.42).7	
	地理歷史愛媛唱歌	地理歷史愛媛唱歌	1909 (M.42).10	
1909 (M.43)	汽車　山陽線唱歌	汽車　山陽線唱歌	1910 (M.43).1	1909 (M.42).10
	汽車　九州線唱歌	汽車　九州線唱歌	1910 (M.43).2	1909 (M.42).10
	名古屋唱歌	名古屋唱歌	1910 (M.43).6	
	愛知縣唱歌	愛知縣唱歌	1910 (M.43).6	
	郷土唱歌吉備の光	郷土唱歌吉備の光	1910 (M.43).11	
1911 (M.44)	福島縣地理歷史唱歌	福島縣地理歷史唱歌	1911 (M.44).2	
	高松唱歌（その二）	高松唱歌	1911 (M.44).5	
	木曾鐵道唱歌	中央線木曾鐵道唱歌	1911 (M.44).10	
1912 (M.45)	盛岡近郊案内唱歌	盛岡近郊案内唱歌	1912 (M.45).2	
	山陰鐵道唱歌	山陰鐵道唱歌	1912 (M.45).2	1911 (M.44).11
	廣島市歌	廣島市歌	1912 (M.45).2	
	汽車旅行山陰唱歌	汽車旅行山陰唱歌	1912 (M.45).3	
	地理教育飛行機唱歌	地理教育飛行機唱歌	1912 (M.45).3	
	舞鶴唱歌	舞鶴唱歌・舞鶴軍港唱歌	1912 (M.45).7	
	東京散歩唱歌	東京散歩唱歌	不詳	

出版地　出版社	作詞者	作曲者	樂譜有無	樂譜の形態	歌詞の形態	番	価格
宮崎　丸屋書店	田村正一	黒木寛	有	五線譜・数字譜	七五調　×4	60	7銭
福島　橋本慶明	橋本慶明	渡邉貞雄	有	五線譜	七五調　×4	80	12銭
東京　市田元藏	大和田建樹	田村虎藏	有	五線譜・数字譜	七五調　×4	50	6銭
静岡　静岡印刷	赤池常作	内藤俊二	有	五線譜・数字譜	七五調　×4	70	10銭
松山　土肥文泉堂	田中好賢・景浦直孝	田村虎藏	有	五線譜・数字譜	七五調　×4	58	12銭
東京　市田元藏	大和田建樹	田村虎藏	有	五線譜・数字譜	七五調　×4	52	6銭
東京　市田元藏	大和田建樹	田村虎藏	有	五線譜・数字譜	七五調　×4	54	6銭
名古屋　永昌堂	大和田建樹	田村虎藏	有	五線譜・数字譜	七五調　×4	22	6銭
名古屋　永昌堂	大和田建樹	安田俊高	有	五線譜・数字譜	七五調　×4	35	6銭
岡山　吉田書店	堤鈺太郎	小笠原良造	有	五線譜・数字譜	七五調　×4	50	5銭
福島　文栄堂	齋藤辰治	渡邉貞雄	有	五線譜・数字譜	七五調　×4	33	7銭
高松　高松市參事會	堀澤周安	岡野貞一	有	五線譜	七五調　×7	3	不詳
長野　神村書店	原近一(華嶺)	不詳	有	五線譜・数字譜	七五調　×4	50	7銭
岩手　橘正三	橘正三	鐵道唱歌(多)と同曲	有	数字譜	七五調　×4	86	5銭
鳥取　關西新報社	岩田勝市	田村虎藏	有	五線譜・数字譜	七五調　×4	34	5銭
矢田部藤吉	矢田部藤吉	納所辨次郎	有	五線譜・数字譜	七五調　×6	5	3銭
大阪　市田元藏・鳥取　竹田松藏	田中瑞穂	田村虎藏	有	五線譜・数字譜	七五調　×4	44	6銭
東京　博文堂書店	鷲尾義直	田村虎藏	有	五線譜・数字譜	七五調　×4	55	6銭
舞鶴　坂本支店	坂本清幸	小幡静江選曲	有	五線譜	七五調　×4	55	6銭
不詳	野村八良	大和田愛羅	有	五線譜・数字譜	七五調　×4	不詳	不詳

国立国会図書館等所蔵資料より作成

<著者略歴>

嶋田　由美（しまだ　ゆみ）

　　　　愛知県生まれ
　　　　武蔵野音楽大学大学院音楽研究科音楽教育専攻修士課程修了
　　　　博士（教育学　東京学芸大学）
現　職　学習院大学文学部教授（和歌山大学教育学部教授を経て）
著　書　「音楽教材と学習指導」「音楽授業の成立」（『音楽教育史論叢Ⅲ（上）音楽教育の内容と方法』所収）
論　文　「明治後半期『唱歌調』とは何か—その構造的特殊性と生成に至る教育的背景—」「戦後の器楽教育の変遷—昭和期の『笛』と『鍵盤ハーモニカ』の扱いを中心として—」など　多数

唱歌教育の展開に関する実証的研究

2018年12月5日　第一版第一刷発行

著　者　嶋田由美

発行所　株式会社　学文社

発行者　田中千津子

〒153-0064　東京都目黒区下目黒3-6-1
電話(03)3715-1501（代表）　振替　00130-9-98842
http://www.gakubunsha.com

印刷／東光整版印刷㈱
〈検印省略〉

ISBN 978-4-7620-2853-3